Heidelberger Fachbücher
für Praxis
und Studium

# Praktische Personalführung und Führungstechnik

## Ein Handbuch für die Übernahme von Führungsverantwortung

von

Professor Dr. Walter Schmidt

Gröbenzell

I. H. Sauer-Verlag GmbH
Heidelberg

**Die Deutsche Bibliothek – CIP-Einheitsaufnahme**

**Schmidt, Walter:**
Praktische Personalführung und Führungstechnik : ein Handbuch für die Übernahme von Führungsverantwortung / von Walter Schmidt. – Heidelberg : Sauer, 1999

(Heidelberger Fachbücher für Praxis und Studium)
ISBN 3-7938-7204-1

ISBN 3-7938-7204-1



Satz: ProSatz Unger, 69469 Weinheim

Druck und Verarbeitung: Wilhelm & Adam, Werbe- und Verlagsdruck GmbH, 63150 Heusenstamm

Umschlagentwurf: Horst König, 67067 Ludwigshafen

♾ Gedruckt auf säurefreiem, alterungsbeständigem Papier, hergestellt aus chlorfrei gebleichtem Zellstoff (TCF-Norm)

Printed in Germany

# Vorwort

Dieses Buch will in erster Linie Lern- und Orientierungshilfen bei Fragen, Problemen einer zielorientierten, zeitgemäßen Personalführung anbieten. Es ist geschrieben für diejenigen, die sich auf die Übernahme von Führungsaufgaben vorbereiten wollen, die sich mit Fragen konfrontiert sehen wie:

- Soll ich eine Vorgesetztenposition anstreben?
- Bin ich – schon jetzt – Führungsanforderungen gewachsen?
- Was muß ich zur Vorbereitung auf die Übernahme von Führungsaufgaben selbst noch tun, um als Führungskraft erfolgreich zu sein?
- Was bedeutet Führung überhaupt?
- Welchen Grundsätzen hat eine zeitgemäße Führung zu folgen?
- Wie sehen die Führungsmittel, die „Werkzeuge" einer effizienten Personalführung aus?

Dieses Buch ist aber auch ein Angebot an diejenigen – weiblichen oder männlichen – Vorgesetzten, die ihr Führungswissen überprüfen und aktualisieren wollen, also für Praktiker, die neue Führungsmittel einer modernen Personalführung kennen und erlernen wollen und nach Antworten auf Fragen suchen:

- Wie organisiere ich ein zeitgemäßes Zeitmanagement?
- Wie kann ich Mitarbeiterinitiativen fördern?
- Wie sehen zeitgemäße teamorientierte Führungstechniken aus?

Dieses Buch ist die Summe meiner Erfahrungen als Trainer bzw. Seminarleiter beim Deutschen Institut für Betriebswirtschaft (DIB) Frankfurt, bei verschiedenen Industrie- und Handelskammern, bei Inhouse-Seminaren in deutschen und ausländischen Unternehmungen und als Hochschullehrer für die Lehrgebiete Personalführung und Managementtechniken an der Fachhochschule München.

Gröbenzell, im Januar 1999

*Walter Schmidt*

# Inhaltsverzeichnis

# 1. Einführung in die Personalführung*

In der Vergangenheit – und bis in die Gegenwart hinein – wurden vom Vorgesetzten die Aufgaben verteilt, die Mitarbeiter angewiesen, das „Wie“ der Aufgabenerledigung von Planungsabteilungen und Vorgesetzten geplant und den unterstellten Mitarbeitern vorgegeben, die Aufgabenerfüllung überwacht und das Arbeitsergebnis kontrolliert. Schwierige fachliche Probleme wurden vom Vorgesetzten selbst bearbeitet.

Diese Konzeption ist sicherlich auch heute noch die Basis, der Ausgangspunkt der Personalführung. Aber die Entwicklung ging und geht weiter – und ist auch tatsächlich weitergegangen.

*Wohin geht nun die Entwicklung der Personalführung?*

- Nach den Grundsätzen einer zeitgemäßen Personalführung werden sich künftig die Führungskräfte vor allem mit der Erarbeitung, Umsetzung und Vermittlung von betrieblichen Zielen an ihre Mitarbeiter zu befassen haben.
- Auf dem Wege zur Zielerreichung haben dann die Vorgesetzten die Aufgabe, die Voraussetzungen dafür durch förderliche Arbeitsbedingungen zu schaffen und die Mitarbeiter zu betreuen („coaching“).
- War der Vorgesetzte in der Vergangenheit in erster Linie durch sein überlegenes Fachwissen charakterisiert, so soll er künftig vor allem der Coach und Personalförderer seiner Mitarbeiter sein.

Bei der Einführung in die Personalführung – und auch in komplexen, „stressigen“ Situationen der betrieblichen Praxis – bieten *Grundsätze der Personalführung Orientierung und Entscheidungshilfen*, woran man sich konkret halten kann (Kap. 2).

In Kapitel 2 werden deshalb solche Führungsgrundsätze dargestellt:

- Wenn der Vorgesetzte erreichen will, daß jeder Mitarbeiter sein Bestes gibt, muß er sich mit der individuellen *Eigenart seines Mitarbeiters* beschäftigen, d.h. jeden Mitarbeiter dort abholen,

* Wenn in diesem Buch von Vorgesetzten und Mitarbeitern die Rede ist, sind immer auch Frauen gemeint.

wo dieser sich gerade in seiner persönlichen und fachlichen Entwicklung befindet.

- Die *Zielorientierung* ist ein Hauptwesensmerkmal des Menschen. Ohne Ziele kann nicht geplant, entschieden, realisiert und kontrolliert werden. Führen durch Vorgabe von Zielen bzw. partnerschaftliche Zielvereinbarung gilt heute als eine der erfolgreichsten Führungsgrundsätze.
- Das Führen durch *Delegation* von Aufgaben, Kompetenzen und Verantwortung gehört zu den Basisgrundsätzen eines zeitgemäßen Managementkonzepts.
- Seine Ziele kann ein Vorgesetzter nur dann erreichen, wenn seine Mitarbeiter „mitspielen", wenn sie *zur Arbeit motiviert* sind. Deshalb kann auf die motivationspsychologischen Grundsätze nicht verzichtet werden.

Noch so detaillierte Kenntnisse über die Grundlagen und Grundsätze der Personalführung bringen für die praktische Menschenführung nichts, wenn der Vorgesetzte nicht seine *Führungspersönlichkeit* entwickelt hat und wenn er keine *persönliche Akzeptanz* bei seinen Mitarbeitern genießt. So werden die persönliche Autorität, führungsethische Bindungen, die zielorientierte, partnerschaftliche Grundeinstellung zu Schlüsselqualifikationen für erfolgreiche Vorgesetzte (s. Kap. 3).

Mitarbeiter wollen Vorgesetzte, die sie auch persönlich akzeptieren können. Anerkannt wird die Autorität, die auf einer entwickelten Persönlichkeit basiert. Das haben wir schon an anderer Stelle (*Schmidt*, 1996, 1997b) nachgewiesen.

Eine gezielte, individuelle Personalentwicklung bedarf auch der Eigeninitiative und der Eigenverantwortung (*Schmidt,* 1997b). Unsere empirischen Befunde über die Zusammenhänge zwischen Persönlichkeit, Karriere und Führungsverhalten (s. unter 3.3) erleichtern die persönliche Zielsetzung für die individuelle Personalentwicklung (*Schmidt*, 1997a).

Zu dem erlernbaren Handwerkszeug des Vorgesetzten gehört das große Sortiment der *Führungsmittel*, um den Führungsprozeß zu steuern. Die Führungsmittel wird der Vorgesetzte entsprechend der jeweiligen Führungssituation gezielt einsetzen, um den Mitarbeiter auf das betriebliche Ziel, die Aufgabenerledigung hin zu steuern. In Kap. 4 werden die „klassischen" Führungsmittel wie *Kontrolle, Kritik, Anerkennung, Unterweisung, Gesprächsführung* und *Zeitmanagement* beschrieben.

In den letzten Jahren wurden für die Personalführung *teamorientierte Führungsmittel*, insbesondere zur Förderung von Mitarbeiterinitiativen, entwickelt. In Kapitel 5 werden teamorientierte Führungstechniken unter besonderer Berücksichtigung der organisatorischen und psychologischen Grundlagen der *Gruppenarbeit* sowie die Vorgehensweisen teamorientierter Problemlösungstechniken dargestellt.

Zu den neuen, wichtigen Aufgaben des Vorgesetzten zählt die Nutzung des sogenannten Expertenwissens (der arbeitsplatz- und betriebsbezogenen Erfahrungen, Einsichten, Überlegungen, Erkenntnisse) der Mitarbeiter für die Erreichung der betrieblichen Ziele.

Besondere Bedeutung kommt dabei der Förderung von Gruppeninitiativen zu wegen der in der Regel höheren Effektivität von Gruppenvorschlägen (s. unter 5.2) und der Nutzung der Leistungsüberlegenheit der Gruppe für spezifische betriebliche Probleme. Das ist die Umsetzung der Erkenntnis, daß beim „kontinuierlichen Verbesserungsprozeß“ der Mitarbeiter und die methodisch geeignete Personalführung für den Erfolg entscheidend sind (s. unter 5.3).

Am Beispiel eines praxiserprobten methodischen Hilfsmittels, des „Lernbausteins“, wird der Einsatz teamorientierter Führungsmittel demonstriert.

# 2. Grundsätze der Personalführung

Wenn Personalführung effizient und zielstrebig sein soll, kann sie auf eine Führungskonzeption, auf *Führungsgrundsätze* nicht verzichten. Diese Führungsgrundsätze haben sich sowohl an der menschlichen Wesensart, an einem zutreffenden Persönlichkeitsbild ebenso zu orientieren wie an den Zielen des Unternehmens. Die Personalführung muß aber auch situative Einflüsse, nicht zuletzt den Zeitgeist, die Konventionen und Bewertungsmaßstäbe der öffentlichen Meinung, berücksichtigen.

## 2.1 Der Grundsatz der Individualität: Führen mit Sensitivität unter Beachtung der Eignung

Der Erfolg eines Unternehmens, aber auch die Zufriedenheit der Mitarbeiter, hängen von der richtigen Plazierung, vom eignungsgerechten Personaleinsatz ab. Wenn der Vorgesetzte erreichen will, daß jeder seiner Mitarbeiter sein Bestes gibt, muß er sich mit der individuellen Eigenart seiner Mitarbeiter beschäftigen, d. h. jeden Mitarbeiter dort abholen, wo dieser sich gerade in seiner persönlichen und fachlichen Entwicklung befindet. Dieses „Abholen" des Mitarbeiters kommt u. a. in einer angemessenen Weisungsform zum Ausdruck

### 2.1.1 Individuell und situativ angemessene Weisungsformen

Die Aufgaben, die Position und die Führungsverantwortung des Vorgesetzten und das Unterstellungsverhältnis der Mitarbeiter begründen das *Weisungsrecht* des Vorgesetzten. In Form von Weisungen teilt der Vorgesetzte seinem Mitarbeiter mit, was er im Hinblick auf die Arbeitserledigung von ihm erwartet.

Obwohl eigentlich eine alltägliche Angelegenheit, tun sich Vorgesetzte oft schwer, sich klar und eindeutig zu äußern. Oft lassen Weisungen des Vorgesetzten Fragen offen, es entstehen Zweifel, wie etwas wirklich gemeint war. Nicht selten bleibt für den Mitarbeiter unklar, ob sich der Vorgesetzte nur unverbindlich geäußert hat, ob es ein Ratschlag oder eine verbindliche Weisung war. Grundsätzlich müssen alle Arten von Weisungen von anderen Arten sprachlichen

Kontaktes (z. B. Unterhaltung, Gespräch, Diskussion) klar unterschieden werden. Die Weisungsform muß die Individualität der Mitarbeiter angemessen berücksichtigen.

(1) Anweisung

Die Anweisung hat das Ziel, eine bestimmte Arbeitsweise oder die Einhaltung von Vorschriften sicherzustellen. In der Anweisung wird z. B. ein bestimmter Arbeitsplan, eine bestimmte Arbeitsmethode vorgeschrieben. Es wird dem Mitarbeiter gesagt, was er wie zu leisten hat. Nicht selten gehen Anweisungen bis ins Detail, es wird zwingend vorgeschrieben, wie ein bestimmter Arbeitsschritt auszuführen ist.

Diese direktive Vorgehensweise hat ihre Berechtigung wenn z. B.

- schnell gehandelt werden muß, etwa in einer aktuellen Gefahrensituation;
- wenn der Wille des Vorgesetzten durchgesetzt werden soll, wenn etwa einer betrieblichen institutionellen Norm (z. B. Einhaltung der Arbeitszeitordnung) Beachtung verschafft, wenn Widerstände ausgeschaltet, wenn Störungen des betrieblichen Zusammenwirkens (z. B. Mobbing) mit anderen Führungsmitteln nicht (mehr) erreicht werden;
- wenn Mitarbeiter (noch) nicht in der Lage sind, ihre Arbeiten selbständig zu planen und zu realisieren, weil ihnen noch Fachkenntnisse und praktische betriebliche Erfahrungen fehlen.

(2) Unterweisung

Die Unterweisung zielt im Kern auf einen Lernprozeß beim Mitarbeiter.

- Kenntnisse sollen vermittelt, Fähigkeiten entwickelt,
- ein Verhalten erlernt,
- ein fehlerbehaftetes Arbeitsverhalten korrigiert,
- die Delegation einer Aufgabe zur selbständigen Erledigung vorbereitet werden.

Die Unterweisung steht im Dienste der individuellen Personalentwicklung.

Vorgehensweise bei der Unterweisung:

- Anschaulich bleiben
- Wesentliches vom Unwesentlichen trennen. Nichts vergessen.

- Kernpunkte herausarbeiten. Nicht mehr unterweisen als nötig.
- Überprüfen, ob alles verstanden wurde.
- Einüben des Erlernten unter Aufsicht.

(3) Auftrag

Der Auftrag besteht im Übertragen einer (größeren) Aufgabe zur selbständigen Erledigung an den Mitarbeiter. Das „Wie" (Planung, Organisation, Steuerung, Durchführung und Kontrolle) der Erledigung des Auftrages wird dem Mitarbeiter übertragen.

Der Auftrag verschafft dem Mitarbeiter einen von ihm selbst auszufüllenden Handlungsspielraum und überträgt ihm auch die Handlungsverantwortung.

Kennzeichnende Merkmale des Auftrages sind: Arbeitsaufgabe, Menge, Qualitätsanforderungen, Zeitangaben, Fertigstellungstermin. Zur Vorbereitung auf die Weisungsform Auftrag ist vorher die Unterweisung notwendig.

Vorgehensweise:

- Eignung überprüfen (ob Mitarbeiter zur selbständigen Auftragserledigung geeignet ist);
- Festlegen: Wer? Was? Wann? Womit? Warum?
- Rahmen abgrenzen, innerhalb dessen selbständig gehandelt werden kann;
- Fragen und Einwände äußern lassen;
- Kontrolle, ob alles verstanden wurde.

Durch die Weisungsform des Auftrages werden Eigeninitiative, Mitdenken und Eigenverantwortung beim Mitarbeiter gefördert.

(4) Zielvorgabe

Die Zielvorgabe stellt die höchsten Anforderungen an den Mitarbeiter, gibt diesem aber auch den größten Handlungsspielraum. Dem Mitarbeiter wird lediglich das Ziel, möglichst anhand quantitativer Zielbeschreibungsmerkmale, vorgegeben bzw. beschrieben. Dem Mitarbeiter obliegt es, die für die Zielerreichung notwendigen Schritte bzw. (Teil-)Aufgaben zu formulieren, zu planen, zu organisieren, zu steuern, durchzuführen und die Zielerreichung zu kontrollieren.

Allgemeine Hinweise für alle Weisungsformen

Sich Zeit nehmen, die Sprache der Mitarbeiter sprechen. Richtigen Ort, Zeitpunkt und „Ton" wählen.

Wer seine Mitarbeiter zum Mitdenken und zur Selbständigkeit entwickeln will, wird nach und nach immer mehr Unterweisungen statt Anweisungen, mehr Aufträge erteilen und danach streben, den Mitarbeiter dahin zu führen, daß dieser „unternehmerisch" zu denken beginnt, d. h. daß der Vorgesetzte den Mitarbeiter zu einem partnerschaftlichen Zielvereinbarungsprozeß hinführt. Unerläßlich sind dann aber ausreichende und klare Informationen über alle relevanten betrieblichen Ziele und Prozesse.

### 2.1.2 Sensitivität entwickeln

Führen mit Sensitivität heißt, sich bewußt einzulassen auf die Individualität des Mitarbeiters. In dieser Hinwendung zum anderen, in der Bereitschaft, den anderen vorurteilsfrei wahrnehmen zu wollen, drückt sich auch eine das betriebliche Zusammenwirken sehr förderliche Grundhaltung aus: sich für den anderen, den Mitarbeiter zu interessieren. Dieses Sich-interessieren für den anderen ist die Basis für die Achtung und Respektierung des anderen als Person, ist die Grundlage für einen kooperativ-partnerschaftlichen Umgang miteinander. Wenn ich den anderen in seiner Individualität begreife und damit zutreffend einschätze, wenn mein Bild von ihm stimmt, kann ich ihn richtig ansprechen, werde ich ihm gerecht, kann ich ihn z. B. so führen, daß er sich bemüht, sein Bestes zu geben.

#### 2.1.2.1 Hinhören lernen

Sich auf den anderen einzulassen heißt dann ganz konkret, das Zuhören bzw. das Hinhören zu lernen.

Wenn es einem Menschen nicht gelingt, sich auf den anderen einzustellen, wenn er nicht zuhören kann, dann ist das die häufigste Ursache dafür, daß man sich zu sehr mit sich selbst und den eigenen Problemen beschäftigt. Wenn man mit seinen Gedanken um sich selbst, die eigenen Probleme, Aufgaben, Anliegen kreist, wenn man also in seiner Bewußtseinslage *egozentriert* ist, wird es kaum gelingen, sich dem anderen zu öffnen und sich für ihn zu interessieren.

Das Interesse am anderen als Grundlage einer guten zwischenmenschlichen Beziehung betont auch *Dale Carnegie* (1979). Er empfiehlt demjenigen, der Freunde gewinnen will: „Wer sich für andere interessiert, gewinnt in zwei Monaten mehr Freunde als jemand, der nur versucht, die anderen für sich zu interessieren, in zwei Jahren.“

Der Mensch, der sich *nicht* für seine Mitmenschen interessiert, hat im Leben die meisten Schwierigkeiten und fügt anderen am meisten Schaden zu. Solche Menschen sind die Ursachen alles menschlichen Elends (*Carnegie*, 1979).

Egoismus ist sicher eine der Wurzeln von Kontaktschwäche. Egozentriertsein ist oft mit Subjektivität vergesellschaftet. Subjektivität fördert Unsachlichkeit. Der Subjektivität fehlt es an Offenheit, Aufgeschlossenheit – letztlich an den Tugenden der Klugheit, Weisheit und Gerechtigkeit.

Wenn ich nicht zuhören kann, lerne ich den anderen nicht kennen, kann mir kein Bild von ihm machen, kann ihn nicht beurteilen, gewinne kein zuverlässiges Bild von seiner Eignung und kann ihn auch nicht wirkungsvoll motivieren.

#### 2.1.2.2 Die Sprache des anderen interpretieren lernen

Ein Hilfsmittel zur bewußten Wahrnehmung und Bewertung der sprachlichen Äußerungen des Gesprächspartners bietet die *Transaktionsanalyse*.

*Thomas A. Harris* hat zusammen mit *Eric Berne* (1975) die sogenannte Transaktionsanalyse wissenschaftlich begründet und praktisch erprobt, wobei unter einer Transaktion eine Art seelischer Geschäftsabschluß zwischen zwei Menschen verstanden wird. Der Begriff der Transaktion deckt sich in etwa mit den Begriffen Interaktion und Kommunikation. Bei der Transaktionsanalyse spielen drei Grundeinstellungen (Ichzustände) eine wichtige Rolle. Nach den Erkenntnissen der Transaktionsanalyse werden die Grundeinstellungen schon im Kindesalter, z. B. in der Familie, erworben. Das läßt sich auch deutlich in der Beschreibung dieser Grundeinstellungen erkennen (*Rüttinger,* 1992 ).

*Die erste Grundeinstellung* ist die Haltung, mit der Eltern oder andere Erzieher ihren Kindern gegenübertreten. Diese Grundeinstellung ist aber auch im Arbeitsleben weit verbreitet.

Dazu ein paar Beispiele:

- Könnten Sie nicht wenigstens *einmal* einen Termin einhalten?
- Was haben Sie denn da schon wieder für einen Blödsinn gemacht?
- Davon haben Sie keine Ahnung.
- Sie müssen immer daran denken, daß …
- Haben Sie überhaupt etwas dabei gedacht, als Sie …?
- Wie konnten Sie nur …
- Was fällt Ihnen ein?
- Schon wieder …

Solche und ähnliche sprachlichen Äußerungen kommen aus einer Grundeinstellung, die die Transaktionsanalyse als *„kritisches Eltern-Ich"* bezeichnet und offenbaren sich in dem häufigen Gebrauch der Wörter: lächerlich, widerlich, unsinnig, idiotisch, Unfug, sollte, müßte …

Die Grundeinstellung des „kritischen Eltern-Ichs" läßt sich beschreiben mit: weist zurecht, schulmeistert, wertet negativ, befiehlt, kritisiert, verallgemeinert schnell, bestraft gerne u. ä. Aus der Grundeinstellung des kritischen Eltern-Ichs heraus wächst eine „Verfolgermentalität". Ein Verfolger greift an, wenn sich der andere vermeintlich oder tatsächlich in einem geschwächten Zustand befindet, wenn er glaubt, überlegen zu sein. Es ist dies die Grundeinstellung, die zum Mobbing führt. Mobbing oder Bossing (wenn der Boss mobbt) ist ein „Verfolgerspiel" ohne Verantwortungsbewußtsein.

Mit Hilfe von Grundeinstellungen (Ich-Zuständen) können zwischenmenschliche Situationen bzw. Abläufe dargestellt werden, die in der Transaktionsanalyse als *psychologische Spiele* beschrieben werden.

„Spiele" werden gespielt, um

- beim anderen Beachtung und Bestätigung zu erreichen,
- die Zeit auszufüllen,
- Nicht-o. k.-Lebenspositionen und Einstellungen zu verstärken,
- ein vernünftiges, ehrliches Gespräch zu vermeiden.

Je nach Rolle kann man zwischen Opfer-, Retter- und Verfolgerspielen unterscheiden. Wer in eine Rolle geht, macht dem anderen gegenüber – meist unbewußt – das Angebot, auch in eine Rolle zu gehen (*Rüttinger*, 1992).

Die Rolle des Verfolgers basiert auf der Grundeinstellung des kritischen Eltern-Ichs.

*Beispiele* für Merkmale von Verfolgerspielen:

- Was haben Sie denn da wieder für einen Blödsinn gemacht?
- Jetzt habe ich sie wieder erwischt …

Dabei handelt es sich um den Einstieg in typische Verfolgerspiele. Ziel eines solchen Spieles ist, einen Sündenbock, einen Schuldigen zu finden, den man mit gutem Gewissen bestrafen, legal attackieren, fertig machen kann (Mobbing).

*Eine zweite Grundeinstellung* der Transaktionsanalyse kommt in sprachlichen Äußerungen wie

- Machen Sie sich keine Sorgen, das kriegen wir schon hin.
- Kann ich Ihnen helfen?
- Ich werde versuchen, das für Sie zu erledigen.

Die Grundeinstellung, die diesen und ähnlichen Formulierungen zugrunde liegt, wird „unterstützendes Eltern-Ich“ genannt. Bei dieser sozial positiven Komponente des Eltern-Ichs finden sich oft Wörter wie: dürfen, schön, gut, recht so, ausgezeichnet, weiter so.

Das unterstützende Eltern-Ich gibt viele Ratschläge und Normen, die den anderen vor Schaden bewahren sollen:

- Tue nichts, was deine Selbstachtung untergraben könnte.
- Lasse dich mit niemandem ein, der nicht in Ordnung ist.

Diese Grundeinstellung des unterstützenden Eltern-Ichs läßt sich durch Wendungen charakterisieren wie: hilft, beruhigt, tröstet, ermutigt, wertet positiv, hat Geduld u. ä. Dieser Grundeinstellung liegt eine Rettermentalität zugrunde.

Obwohl meist gut gemeint, hindert sie möglicherweise den anderen daran, eigene Erfahrungen zu sammeln, selbst Problemlösungstechniken zu entwickeln.

Die Grundeinstellung des unterstützenden Eltern-Ichs steht der „Overprotection“-Erziehungshaltung nahe, die verwöhnt, verweichlicht und in extremer Ausprägung bei den Behüteten zur Lebensuntüchtigkeit führen kann. In der betrieblichen Praxis führt diese Grundeinstellung nicht zu wirklichen Problemlösungen, wenn nicht gleichzeitig eine Problemlösungsmethode für künftige, ähnliche Fälle von den Hilfesuchenden erlernt wird.

Das unterstützende Eltern-Ich ist die Grundlage für „Retter-Spiele“.

*Beispiele* für Retter-Spiele:

- Ich will doch nur Ihr Bestes.
- Lassen Sie mich das für Sie machen.
- Ich will Ihnen doch nur helfen.

Nicht selten steht hinter einer Rettermentalität ein verdeckter Dominationsanspruch, wenn dem anderen seine Schwächen indirekt vorgeführt werden, wenn ihm gezeigt wird, daß er einen „Retter“ braucht, weil er selbst unfähig ist, das Problem zu lösen.

*Eine dritte Grundeinstellung* ist das „angepaßtes Kindheits-Ich“. Es ist zu erkennen an Äußerungen wie

- ich darf nicht, weil …
- ich möchte zwar gern, aber …
- ich wünsche, aber …

Das sind Ausdrücke, die übertriebene Höflichkeit signalisieren, häufiges Sichentschuldigen, große Bereitschaft, sich anzupassen. Diese Grundeinstellung tendiert bei den von ihr geprägten Menschen dazu, sich möglichst unauffällig zu benehmen, das zu tun, was man von ihnen erwartet, „brav zu sein“.

Das angepaßte Kindheits-Ich ist der Ichzustand in uns, der leidet, duldet, klagt, verzichtet, der passiv bleibt, der nichts unternimmt, der wartet, der glaubt, daß es schon gut gehen wird oder daß es von selbst besser wird. Bei psychologischen Spielen fällt dem Träger dieses Ich-Zustandes in der Regel die Rolle des Opfers zu.

Nicht selten wird mit tatsächlichen oder vorgeschobenen Schwächen gearbeitet, um einen anderen, etwa einen Menschen mit einer Rettermentalität in den Dienst für die eigene Bequemlichkeit zu nehmen. Zuweilen können, wenn ein Verfolger – unbewußt – provoziert wird (auf Schwächen sprechen ja nicht nur die Retter, sondern auch die Verfolger an), masochistische Tendenzen mitwirken.

*Beispiele* für den Einstieg in Opfer-Spiele:

- Ich komme nicht weiter. Ich bin schon ganz verzweifelt, können Sie mir helfen?
- Ist es nicht schrecklich, wenn ich Ihnen solche Umstände mache?

*Die vierte Grundeinstellung* wird „natürliches Kindheits-Ich“ genannt. In der menschlichen Entwicklung ist es praktisch von Anfang an da; jedenfalls ab dem Zeitpunkt, zu dem das Kind Gefühle und Affekte erlebt. Wenn das Kind etwas haben will, stellt es keine tiefschürfenden Überlegungen an, sondern äußert sich oder greift es sich.

Das Verhalten des natürlichen Kindheits-Ich ist offen, direkt, impulsiv, authentisch, unmittelbar, zuweilen nur wenig rational gesteuert. Man erkennt es an sprachlichen Ausdrücken wie: phantastisch, Klasse, toll, stark u. ä.

*Die fünfte Grundeinstellung*, „das Erwachsenen-Ich“, orientiert sich an der Realität, betont die Sachbezogenheit, wird vom Selbstvertrauen getragen.

Von den bisher besprochenen Grundeinstellungen (Ich-Zuständen) entwickelt es sich in der Regel als letzte; erste Anzeichen lassen sich bereits ab etwa dem sechsten Lebensjahr beobachten.

Kennzeichnend für das Erwachsenen-Ich ist das Sammeln von Informationen, das Stellen von Fragen, bevor es sich entscheidet. Aufgrund des starken Realitätsbezuges des Erwachsenen-Ichs ist es ein guter Problemlöser; es hat eine deutlich erkennbare Tendenz zur Versachlichung von Problemen und Konflikten.

Das Erwachsenen-Ich ist auch die persönliche Instanz, die sich mit den Normen des Eltern-Ichs auseinandersetzt und die emotionalen, vitalen Reaktionen aus dem natürlichen Kindheits-Ich steuert.

Ziel der Transaktionsanalyse ist es, das Erwachsenen-Ich so zu stärken bzw. zu entwickeln, daß es als Werkzeug der persönlichen Entwicklung eingesetzt werden kann, um in aktuellen Situationen frei zu entscheiden, aus welchem Ichzustand der Mensch reagieren bzw. agieren will. Durch dieses Bewußtsein, daß es Verhaltensalternativen (Ichzustände) gibt, wird der Mensch freier, souveräner und unabhängiger von inneren und äußeren Einflüssen.

*Anwendungsbeispiele* – Gesprächsanalyse auf der Basis der Grundeinstellungen der Transaktionsanalyse.

(1) *Parallele Transaktionen* liegen vor, wenn der Gesprächspartner aus der angesprochenen Grundeinstellung heraus reagiert.

Beispiel 1

Mitarbeiter: „Es tut mir leid, daß ich beim Anziehen mit dem Schraubenschlüssel die Schraube abgedreht habe.“

Vorgesetzter: „Machen Sie sich deswegen keine Sorgen, das kriegen wir schon wieder hin."

Der Mitarbeiter reagiert aus der Grundeinstellung des angepaßten Kindheits-Ichs heraus, der Vorgesetzte aus dem des unterstützenden Eltern-Ichs.

*Problem*: Es wird nichts unternommen, um ein derartiges Ereignis für die Zukunft zu vermeiden.

Beispiel 2

Vorgesetzter: „Wie lange brauchen Sie noch für diese Reparatur?"

Mitarbeiter: „Gegen 14.00 Uhr werde ich voraussichtlich fertig sein."

Beide Gesprächspartner reagieren aus der Grundeinstellung des Erwachsenen-Ichs.

Beispiel 3

Vorgesetzter: „Ich weiß nicht, wie ich meinen Mitarbeitern die Notwendigkeit von Überstunden klar machen soll."

Meisterstellvertreter: „Da kann man nichts machen, wenn der Betriebsleiter das anordnet."

Beide reagieren aus der Grundeinstellung des angepaßten Kindheits-Ichs.

*Problem*: Meister und Meisterstellvertreter sind geeint im Selbstmitleid, ohne an die praktische Problemlösung zu denken.

Beispiel 4

Vorgesetzter: „Wann werden Sie endlich mit dieser Reparatur fertig?"

Mitarbeiter: „Es tut mir leid, daß ich wieder so lange brauche."

Der Vorgesetzte reagiert aus dem kritischen Eltern-Ich, der Mitarbeiter aus dem angepaßten Kindheits-Ich.

*Problem*: Dieses Gespräch erbrachte keinen Schritt zur Klarheit oder Problemlösung.

(2) Überkreuz-Transaktionen sind dadurch kennzeichnet, daß der Empfänger (der Gesprächspartner) einer Mitteilung nicht aus der

angesprochenen, sondern aus einer anderen Grundeinstellung heraus reagiert.

Beispiel

Vorgesetzter: „Was haben Sie denn da schon wieder angerichtet?"

Mitarbeiter:

Möglichkeit A: „Es tut mir leid, daß Sie mich schon wieder rügen mußten."

Möglichkeit B: „Ich würde mich an Ihrer Stelle solcher Reden enthalten. Was Sie sich in letzter Zeit für Fehlentscheidungen geleistet haben!"

Möglichkeit C: „Wovon sprechen Sie? Können wir uns das einmal gemeinsam ansehen?"

Möglichkeit A beruht auf einer kindlich angepaßten Einstellung und entspricht dem kritischen Eltern-Ich des Vorgesetzten. Die Möglichkeiten B und C sind Überkreuz-Transaktionen. Die Möglichkeit B fußt auf der gleichen Grundeinstellung wie der des Vorgesetzten. Die Möglichkeit C stellt die Reaktion des Erwachsenen-Ich dar.

*Mitarbeitergespräche im Betrieb* sollten *sachdienlich* und *konstruktiv* sein, d.h. aus dem Erwachsenen-Ich geführt werden.

(3) Die folgenden Beispiele zeigen Reaktionen aus der Grundeinstellung des Erwachsenen-Ichs.

Beispiel 1

Kollege A: „Ich komme mit dieser Passung nicht zurecht. Könnten Sie mir nicht ausnahmsweise helfen?"

Kollege B: „Wo kommen Sie denn nicht weiter?"

A reagiert aus dem Kindheits-Ich, B aus dem Erwachsenen-Ich.

Beispiel 2

Kollege C: „Wenn Sie so vorgehen, wie ich es in der letzten Woche gemacht habe, dürfte alles glatt gehen."

Kollege D: „Ich wäre Ihnen dankbar, wenn Sie mir sagen würden, wie Sie es gemacht haben, damit ich dann entscheiden kann, ob ich Ihre Erfahrung für mein Problem übernehmen kann."

Kollege C reagiert aus dem unterstützenden Eltern-Ich, Kollege D aus dem Erwachsenen-Ich.

Zuweilen mag eine rein sachliche Reaktion, vor allem wenn der andere (wie im zweiten Beispiel) mit seinem Gesprächsbeitrag eine gefühlsmäßige Beteiligung zeigt, unerwartet sein. Es ist deshalb häufig angezeigt, vor die Überkreuz-Transaktion zunächst eine Paralleltransaktion zu setzen.

Kollege D hätte beispielsweise zunächst eine parallele Transaktion wählen können, etwa: „Vielen Dank für Ihre Hilfsbereitschaft. Könnten wir uns darüber eingehender unterhalten? Ich wäre Ihnen ..." (siehe oben).

In Beispiel 1 könnte die dazwischengeschobene Paralleltransaktion etwa so aussehen:

Kollege B: „Ich werde Ihnen helfen. Wo kommen ...?"

Möglichkeit C: „Es tut mir leid, wenn ich Ihnen Kummer gemacht habe" (parallele Transaktion). Dann: „Wovon sprechen Sie?"

#### 2.1.2.3 Die Äußerungen des anderen interpretieren lernen

Die expressiven Äußerungen sind jene gestischen und mimischen unwillkürlichen Äußerungen des menschlichen Innenlebens, die man als dessen „Ausdruck" bezeichnet. Dazu gehören das bewegte Mienenspiel wie die mimischen Formen der Stirn bei Aufmerksamkeit, Konzentration, Aggression oder Gereiztheit, die Stellung der Mundwinkel, in der sich Heiterkeit, Schwermut oder Verbitterung zeigen.

Wie die Mimik, so sind auch die Bewegungen und Haltungen des ganzen Körpers, die „Körpersprache" (Gestik und Pantomimik) Äußerungen des Seelischen, vor allem Ausdruck des Temperaments und des Selbstgefühls. Deutbarer Ausdruck in der zwischenmenschlichen Kommunikation ist schließlich auch die von Mensch zu Mensch verschiedene Sprechweise. Wir erkennen den Depressiven an der Mattheit seiner Stimme, den Schüchternen an der Zaghaftigkeit seines Sprechens, den Erregten an gewissen Schwingungen und Lauten, den seelisch Gehemmten an Stockungen und Verkrampfungen (*Lersch*, 1964 ).

Von Ausdruck spricht man, wenn zwischen einer sinnlich wahrnehmbaren Erscheinung (z.B. vertikalen Stirnfalten) und einer seelischen Befindlichkeit ein Zusammenhang besteht; es ist üblich, zwischen Momentan- und Dauerausdruck (z. B. „eingegrabene Falten") zu unterscheiden.

*Mimik.* Unter Mimik versteht man den aktuellen Ausdruck des Gesichts. Sie kann viel über das Innenleben aussagen. Der Grund hierfür ist leicht einzusehen: Im Gesicht gibt es auf engem Raum viele Muskeln, die eine vielfältige Abwandlung ermöglichen. Da das Innenleben sehr mannigfaltig ist, kann es sich nur in einer so wandelbaren Körperpartie adäquat ausdrücken, wie sie das Gesicht darstellt.

*Ausdrucksmöglichkeiten des Auges*

Das Auge ist das Organ, das unmittelbar den Umweltkontakt herstellt.

*Das aufgerissene Auge:* Sein primärer Sinn liegt darin, mehr und intensivere optische Eindrücke zu empfangen als das normal geöffnete Auge. Dies kann der Fall sein, wenn man den angenehmen Eindruck eines erfreulichen Erlebnisses verstärken will. Im anderen Fall versucht ein überraschter Mensch, durch starkes Öffnen der Augen die im Moment unklare Situation schneller zu erfassen. Im Einzelfall kann ein aufgerissenes Auge folgende Bedeutungen haben: Entsetzen, Schreck, Angst, Erstaunen, Bestürzung, aber auch Freude, Glück und Begeisterung sowie Hunger und Gier.

*Das voll geöffnete Auge: Strehle* (1974) nennt es auch das „schauende Auge". Es bedeutet Aufgeschlossenheit, Aufnahmebereitschaft, keine kritisch-intellektuelle Einstellung, Vertrauen aus Naivität, Unbefangenheit, Unerfahrenheit, Offenheit.

*Das abgedeckte Auge:* Hier wird das Gesichtsfeld durch ein Herabziehen des Oberlides und ein Heraufschieben des Unterlides eingeengt. Beobachtet ein Auge kritisch-konzentriert, zeugt es von Nüchternheit, Aktionsbereitschaft, geistiger Disziplin und zielstrebiger Entschlossenheit. Beobachtet es mit Reserviertheit, deutet es auf einen vorsichtigen, verschlossenen, distanzierten, möglicherweise auch verschlagenen, hinterhältigen Charakter hin.

*Das verhängte Auge:* Beim verhängten Auge wird im Gegensatz zum abgedeckten nur das Oberlid heruntergezogen. Das läßt sich ebenfalls zweifach deuten: Es kann geistiger Stumpfsinn, aber auch Uninteressiertheit vorliegen. Im letzteren Fall macht die Person einen erschöpften bzw. gelangweilten, gleichgültigen, trägen, resignierenden, vielleicht sogar einen überheblichen Eindruck. Diese Erscheinung kann jedoch auch durch eine Ptosis, eine krankhafte Lähmung des Muskels des Augendeckelhebers, bedingt sein.

*Das zugekniffene Auge:* Beidseitig kann es der Ausdruck der Lustlosigkeit sein, einseitig wirkt es pfiffig, listig, angeberisch. Auch hier muß man vorsichtig sein: Kurzsichtige Menschen, bei denen der Augapfel zu lang geworden ist, können diesen durch ringförmiges Zusammenziehen der Augenmuskeln etwas verkürzen und erhalten dadurch ein schärferes Bild auf der Netzhaut. Dieses Verhalten hat natürlich keine psychologische Bedeutung.

*Der Lidschlag:* Ein häufiger Lidschlag, der nicht nur zum Befeuchten des Auges dient, kann auf Unsicherheit, Befangenheit oder schlechtes Gewissen hindeuten.

*Das tränende und das spannungslos geschlossene Auge:* Diese beiden Ausdrucksmöglichkeiten seien hier nur der Vollständigkeit halber erwähnt, haben jedoch in der Praxis der Beurteilung keine Bedeutung.

### *Verschiedene Blickrichtungen*

*Der gerade Blick* ist die Voraussetzung für ein optimal scharfes Bild. Er bedeutet Interessiertheit, Achtung, Höflichkeit, Anerkennung der Gleichberechtigung und drückt die Bereitschaft aus, sich offen und direkt mit den anderen auseinanderzusetzen.

*Intensiver Augenkontakt* zeugt von Offenheit und gutem Gewissen, kann aber auch blindes Vertrauen signalisieren.

*Augenkontakt mit abgedecktem Auge:* Dieser meist als unangenehm empfundene Blick deutet auf mißtrauische Prüfung, Zudringlichkeit, Aggression, Hinterhältigkeit, u. U. sogar auf sadistische Anlagen hin.

*Der schräge Blick:* Im Gegensatz zum geraden Blick vermittelt der schräge ein unscharfes Bild. Allgemein bedeutet er Bequemlichkeit, Gleichgültigkeit und Uninteressiertheit.

*Der seitlich schräge Blick:* Trägheit, defensive zuweilen (unter bestimmten zusätzlichen mimischen Merkmalen) offensive Haltung; gebremste Zuwendung; Protest oder Aggression; Arroganz.

*Der stirnwärts schräge Blick* als *Blick von unten:* Heimliche Beobachtung, sonst wie „seitlich schräger Blick“.

*Blick nach oben:* Passivität; wenig Kontakt mit der Umwelt; Demut, Verehrung, Unterwürfigkeit; Fernbezogenheit.

*Der kinnwärts schräge Blick* als *Blick von oben.* Stolz, Hochmut, gehobenes Selbstbewußtsein.

*Blick nach unten:* Scham, Schüchternheit, Schuldbewußtsein.

*Die Blickbewegungen*

Sie gehören zu den am schwierigsten zu beobachtenden und zu beurteilenden mimischen Erscheinungen. Insbesondere muß dabei die Situation besonders genau beachtet und berücksichtigt werden.

*Unterschiede in den Blickbewegungen und ihre Bedeutungen:*

*Ruhiger Blick:* Ohne besondere Bedeutung.

*Lebhafter Blick:* Interesse, Betriebsamkeit.

*Träger Blick:* Ohnmacht, Bewußtseinstrübung, Schwachsinn.

*Unruhiger Blick:* Erhöhte Ansprechbarkeit. Mangelnde Nachhaltigkeit der Willensrichtung (*Lersch,* 1964*; Strehle,* 1974).

*Ausdrucksmöglichkeiten der Stirn*

*Glatte Stirn:* Entspannung, innere Entlastung.

*Vertikale Stirnfalten:* Inneres Gespanntsein, Aufmerksamkeit, angestrengtes Nachdenken, Willensanspannung, kritisches Betrachten, Entschlossenheit, Trotz, Eigensinn, Ärger.

*Horizontale Stirnfalten:* Empfangsbereitschaft, Erwartung, Angst, Staunen, plötzliches Begreifen, Schrecken.

*Notfalten* (Mischform aus vertikalen und horizontalen Stirnfalten): Ratlosigkeit, unfruchtbares Grübeln, Leiden, Hilflosigkeit.

*Arten des Mundverschlusses*

*Der betont verschlossene Mund:* Entschlossenheit, keine Neigung zum Verhandeln, sondern Wille zum (wortlosen) Handeln.

*Der „verpreßte" Mund:* Empfindlich, kontaktscheu, Einzelgänger, Sonderling, trotzig-verstockt.

*Der „verbissene" Mund:* Temperamentvoll, zum Jähzorn neigend.

*Das Sich-auf-die-Zunge-beißen (Lippe):* Abwartendes Verhalten, Wille zur Beherrschung.

*Vorschieben des Unterkiefers:* Provozierend-aggressives Verhalten; Brutalität.

### *Die Geschmacksreaktionen*

Die Geschmacksreaktionen haben einen sogenannten „Als-ob-Charakter". Man bewegt den Mund so, als ob man einen z. B. bitteren Gegenstand schmecken würde.

*Bitterreaktion:* Willensschwäche; enttäuscht, verbittert sein. Schmerzliche Hilflosigkeit; Weichheit.

*Bitterreaktion mit herabgezogenen Mundwinkeln*

*Mit locker gesenkten Mundwinkeln.* Trauer; Enttäuschung; schmerzlicher Verzicht.

*Mit gespannt gesenkten Mundwinkeln.* Abscheu; Geringschätzung; Neid, Hohn, Nörgelsucht; Mißmut, Ironie, Skepsis.

*Sauerreaktion:* Unbehagen mit Unmut und Wut vermischt. Temperamentvoll, energisch.

*Süßreaktion:* Naive Eitelkeit; bei längerer Dauer: Selbstgefälligkeit.

*Süßreaktion mit lächelndem Mund*

*Süßliches Lächeln:* Geschmeichelt fühlen; Sentimentalität.

*Schmunzeln:* Aufmerksamkeit; Beherrschung; Verstehen, eventuell auch „Überlegensein" signalisierend.

*Feixen:* Frech, provozierend, hämisch.

*Aufgelockertes Lächeln:* Freude.

*Entwertendes Lächeln:* Ironie; Besserwisserei; Schadenfreude; Galgenhumor.

*Schiefes Lächeln:* Ambivalente Einstellung; Aversions-Appetenz-Konflikt.

*Sprechstimme*

Die Analyse der Sprechstimme bezieht sich auf den Sprechvorgang und nicht auf die (verbale) Sprachanalyse (nicht auf die Gesprächsinhalte).

*Art der Artikulation:* Menschen, bei denen verstärkt eine vokalische Artikulation feststellbar ist, haben überwiegend ein stärkeres Gefühlsleben, während solche mit einer mehr konsonantischen Artikulation eine größere Willensstärke aufweisen.

*Stimmlage:* Hoch: fröhlich, beschwingt, vergnügt, lustig, heiter. Tief: ernst, traurig, schwermütig, resignierend.

*Sprachmelos:* Darunter wird die Schwankungsbreite der Tonhöhen verstanden.
Reich: gefühlsbetont; gering: wenig gefühlsbetont; monoton: gleichgültig.

*Sprechtempo:* Zwischen Sprechtempo und Temperament besteht meist ein direkter Zusammenhang.

*Lautstärke:* Die Lautstärke kann ein Zeichen für Selbstbewußtsein, für Geltungsstreben, Dominanz, aber auch für die Kompensation von Unsicherheit sein.

*Allgemeine Empfehlungen zur Interpretation expressiver Äußerungen (der Mimik und der Sprechstimme)*

Die Beobachtung und Deutung (Interpretation) von einzelnen Ausdrucksmerkmalen (Details) kann dazu führen, das Ganze, die Persönlichkeit, aus dem Auge zu verlieren. Die Details als Ergebnis der Beobachtungen müssen also immer wieder zu einem Gesamtbild zusammenfließen. Der Gesamteindruck, den ein Mensch macht, ist eine Integration all dessen, was über den Beobachteten durch das gründliche Beobachten im Detail ausgemacht werden kann. Dieses Gesamtbild spiegelt sich im Auftreten, Benehmen, in der Haltung, in den verbalen Äußerungen wider. Es zeigt sich in den Interessen und Neigungen, in der Motivation, ebenso natürlich auch in seinen Beziehungen zu anderen Menschen und in der Gestaltung seiner Umwelt.

## 2.2 Grundsatz der Zielorientierung: Führen durch Zielvorgabe bzw. Zielvereinbarung

Die Zielorientierung ist ein Wesensmerkmal des Menschen. In der abendländischen Philosophie kommt in den Begriffen der Finalität (v. Lat. *finalis* = auf das Ziel, den Zweck bezogen) das Bestimmtsein des Menschen von seinen Zielen her und der Teleologie (v. Griech. telos = Ziel, Zweck, Vollendung) die Zielgerichtetheit allen Geschehens zum Ausdruck (*Schmidt,* 1997 b).

Die Bestrebungen und Antriebe des Menschen sind nicht nur auf das Herauswollen aus der Mangelsituation, sondern auch auf ein Ziel gerichtet.

„Ist jedes Antriebserlebnis ein Suchen und Fragen, so ist das Erfragte und das Gesuchte das Ziel. Sofern ein Gegenstand oder ein Zustand ein solches Ziel darstellt, seine Erreichung also die Erfüllung eines Bedürfnisses ist, repräsentiert er einen Wert" (*Lersch*, 1964).

Die Zielbezogenheit menschlichen Handelns ist aber nicht nur im Zusammenhang mit seinen Bedürfnissen zu sehen, denn die Zielsetzung des Menschen sollte nicht zuletzt vom Ich, dem Zentrum des menschlichen Bewußtseins, von seinem Denken und bewußten Wollen her erfolgen.

Das Denken und Wollen, die Entschlußfähigkeit und Selbständigkeit der Zielsetzung des Menschen sollte die Basis für den betrieblichen Zielvereinbarungsprozeß zwischen Vorgesetztem und Mitarbeiter bilden.

Damit sich der menschliche Leistungswille entfalten kann, muß er sich an Zielen orientieren können, denn:

- Ohne Ziele gibt es keine gezielte Information.
- Ohne Ziele gibt es keine Planung.
- Ohne Ziele gibt es keine Entscheidung; es wird überhaupt nicht, zögernd oder wahllos gehandelt.
- Ohne Ziele gibt es keine gesteuerte Realisation; man arbeitet möglicherweise hart, aber ins „Blaue", Ungewisse.
- Ohne Ziele gibt es keine sachbezogene Kontrolle. Es gibt keinen Vergleich zwischen der Zielsetzung und dem erreichten Ergebnis; es fehlt der objektive Maßstab.
- Ohne Ziele gibt es keine oder nur eine unbefriedigende Korrektur menschlicher Mängel, also keine Verbesserung und Innovation.

- Ohne Ziele gibt es keine ausreichende Korrektur menschlicher Mängel, etwa durch Training.
- Ohne Ziele gibt es somit auch keine Anpassungsvorgänge bzw. Flexibilität.

*Zusammenfassung:* Ohne Ziele kann nicht geplant, entschieden, realisiert und kontrolliert werden.

Nach den Grundlinien einer zeitgemäßen Personalführung werden sich künftig die Führungskräfte vor allem mit der Erarbeitung, Umsetzung und Vermittlung von betrieblichen Zielen befassen müssen. Auf dem Wege zur Zielerreichung haben Vorgesetzte die Aufgabe, die Voraussetzungen dafür durch förderliche Arbeitsbedingungen zu schaffen und die Mitarbeiter zu betreuen („coaching").

Führen durch Vorgabe von Zielen (Management by objectives) gilt heute als eine der erfolgreichsten Führungskonzeptionen. Diese Konzeption löst sich von einer reinen Funktions- oder Verfahrensorientierung und betont die Zielorientierung.

Damit wird erreicht, daß

- eine einmal aufgestellte Zielorientierung kein für lange Zeit feststehendes Datum bleibt, sondern daß sich die Aufgaben durch die in der Organisation vollziehenden Prozesse, sowie die Reaktion der Umwelt auf das Unternehmen flexibel anpassen können. Das Prinzip: Management by Objectives fördert den Prozeß der Zielüberprüfung und -neufestlegung für die jeweils folgende Wirtschaftsperiode.
- Führen durch Zielvorgabe fördert die Einsicht in die Notwendigkeit, die betrieblichen Zielvorstellungen nicht nur in globaler Form darzustellen, sondern *konkrete Einzelziele für die Mitarbeiter zu formulieren.* Sie geht insofern über eine bloße Aufgaben- bzw. Stellenbeschreibung hinaus; enthält also ein dynamisches Element.

Ein wesentlicher Grundgedanke dieser Konzeption besteht in der Forderung der gemeinsamen (Vorgesetzter und Mitarbeiter) Zielformulierung. Führen durch Zielvereinbarung heißt, Ziele aufzeigen, formulieren und gemeinsam mit den Mitarbeitern zu erreichen suchen. Dieser Forderung liegt die These zugrunde, daß durch die Beteiligung der Mitarbeiter an den für sie verbindlichen Zielen eine stärkere Motivation für die Zielerreichung sowie ein stärkeres Verantwortungsbewußtsein geweckt werden.

Der Grad der Zielerreichung wird zum Maßstab für die Beurteilung und Entlohnung des Mitarbeiters, wobei der Schwierigkeitsgrad der Aufgabendurchführung angemessen zu berücksichtigen ist (*Korff/ Schmidt,* 1983).

### 2.2.1 Das Führen mit Zielen

Das Führen mit Zielen bedarf gewisser Voraussetzungen. Von der Unternehmensführung müssen globale, richtungsweisende Zielsetzungen formuliert und die Mitarbeiter durch geeignete Personalführung zu selbständigem, eigenverantwortlichem Handeln entwickelt worden sein.

#### 2.2.1.1 Merkmale „guter" Ziele

- Ziele schaffen Klarheit, informieren, geben die Maßstäbe vor, woran der Mitarbeiter gemessen wird, ermöglichen aber auch planbare Erfolgserlebnisse.
- Das Erreichen von Zielen soll zum Erfolgserlebnis für den Mitarbeiter bzw. vom Vorgesetzten gestaltet werden (Führungsmittel: Anerkennung einsetzen).
- Ziele sollten möglichst quantitativ formuliert werden, d.h. sie sollten meßbar sein (z.B. Zeitaufwand in Tagen, Stückzahl, Kennzahlen).
- Der Prozeß der Zielerreichung muß für Vorgesetzte und Mitarbeiter kontrollierbar sein. Wenn sich der Mitarbeiter auch selbst über den Fortschritt seiner Arbeit informieren kann, so fördert dies seine Bereitschaft zur Leistungsentfaltung.
- Ziele sollten möglichst aufeinander abgestimmt sein; beispielsweise müssen Quantität, Qualität und Zeitaufwand aufeinander bezogen sein, damit nicht etwa eine Qualitätssteigerung einen unangemessenen Zeitaufwand zur Folge hat.
- Gute Ziele sind solche, die mit dem Mitarbeiter vereinbart worden sind. Ziele motivieren dann, wenn sie vom Mitarbeiter akzeptiert worden sind. Dieses Akzeptieren ist eine wichtige Voraussetzung dafür, daß sich der Mitarbeiter mit den Zielen identifiziert.
- Gute Ziele haben für den Mitarbeiter den Charakter einer Herausforderung, d.h. sie bringen den Mitarbeiter in seiner persönlichen und fachlichen Entfaltung ein Stück weiter; sie sind Bestandteil des „Job-enrichment", der Arbeits- bzw. Tätigkeitsbereicherung.

### 2.2.1.2 Wege zu „guten" Zielen

Zwei Hauptwege bieten sich an, um zu guten, konkreten Zielen zu kommen. Dabei handelt es sich nicht um ein „entweder oder", sondern um ein „sowohl als auch".

*(1) Erster Weg:* Ableitung der Teilziele für Abteilungen bis hin zu den Zielen der einzelnen Mitarbeiter von den Unternehmenszielen (den Zielen der Geschäftsleitung, des Vorstandes o. ä.) Die Teilziele der einzelnen Betriebe, Abteilungen oder Gruppen werden aus den Zielen der jeweils übergeordneten Ebene abgeleitet (bzw. heruntergebrochen).

Von besonderer Bedeutung ist hierbei die Kompatibilität, die Vereinbarkeit der Teilziele miteinander (die sich nicht widersprechen sollten), d. h. die Abwesenheit von Zielkonflikten in der Zielhierarchie. Dieses Kriterium erfordert einerseits eine exakte Aufgliederung des Gesamtzieles, andererseits die präzise Formulierung der Teilziele. Eine präzise Formulierung ist nicht allein aus Gründen der Kompatibilität, sondern auch für eine erfolgreiche, konfliktarme Kommunikation zwischen Vorgesetzten und Mitarbeitern erforderlich. Es muß eine *verläßliche, klare Grundlage* für die Zusammenarbeit gelegt werden.

*Klare, präzise (quantitative) Ziele werden effektiver erreicht als vage formulierte.*

*(2) Zweiter Weg:* Konkretisierung mitarbeiterbezogener Ziele aus dem Erfahrungsbereich der Mitarbeiter (Nutzung ihres Expertenwissens) durch *Schwachstellenanalysen.* Die Schwachstellen- bzw. Ist-Zustandsanalysen haben sich natürlich primär an den Zielsetzungen des Unternehmens zu orientieren. Der Einsatz *teamorientierter Analyse- bzw. Problemlösungstechniken* (siehe unter 5.2) ist anzuraten.

Bei der Suche nach Schwachstellen – zur Vermeidung von Verschwendungen – haben sich Checklisten zum Auffinden bewährt (*Grob/Haffner,* 1983 ), z. B.

(1) Fragen zum Auffinden organisatorischer Schwachstellen

Haben Sie Schwierigkeiten mit

- dem Einhalten von Lieferterminen?
- der Länge der Durchlaufzeiten?
- der Höhe der Lagerbestände?

- der Übersichtlichkeit des Materialflusses?
- dem Materialbezug?
- der Flexibilität der Fertigung?
- dem Lohnsystem?
- …

(2) Fragen zum Auffinden technischer Schwachstellen

Haben Sie Schwierigkeiten mit

- der technischen Ausgereiftheit des Produktes?
- dem Einsetzen der Betriebsmittel?
- dem Beherrschen der Fertigungstechnologie?
- der Fertigungsqualität?
- dem Transportsystem?
- den Emissionswerten der Betriebsmittel?
- …

(3) Fragen zum Auffinden kostenmäßiger Schwachstellen

Haben Sie Schwierigkeiten mit

- der Kostenzuordnung?
- der Kostentransparenz?
- den Materialkosten?
- den Gemeinkosten?
- den Kosten für Ausschuß und Nacharbeit?
- den Bestandskosten
- …

(4) Fragen zum Auffinden von personellen Schwachstellen

Haben Sie Schwierigkeiten mit

- der Qualifikation der Mitarbeiter?
- dem Einsatz der Mitarbeiter?
- der Unterweisung der Mitarbeiter am Arbeitsplatz?
- der Leistungsmotivation der Mitarbeiter?
- der Höhe der Kennzahlen für Krankenstand, Fluktuation, Unfallhäufigkeit?
- dem zwischenmenschlichen Verhalten zwischen Vorgesetzten und Mitarbeitern, zwischen den Mitarbeitern, zwischen den Vorgesetzten?

- der Qualifikation der Führungskräfte?
- …

(5) Fragen zur Auffindung von Schwachstellen aus Mitarbeitersicht

Sehen Sie Ansatzpunkte für Verbesserungen hinsichtlich

- der Beziehung zum Vorgesetzten?
- der Beziehungen unter den Kollegen?
- der Gestaltung der Arbeitsplätze?
- der Möglichkeit, sich höher zu qualifizieren?
- der Gestaltung der Arbeitsumgebung (zu laut, zu kalt, zu warm, zu dunkel)?
- der Gestaltung der Sanitäranlagen und Pausenräume?
- der Unfallverhütungsmaßnahmen?
- der Durchschaubarkeit der Entlohnung?
- …

*Untersuchungstechniken*, die zum Auffinden von Schwachstellen eingesetzt werden können:

- Ablaufanalysen (Flußdiagramm, Netzplantechnik, Filmanalyse u.ä.)
- Arbeitsstudien (z.B. Arbeitsanforderungsanalyse, Zeitstudie, Belastungs-, Beanspruchungsanalysen, Multimomentaufnahmen, Selbstaufschreibung)
- Fragebogen, Interview
- Auswertung vorhandener Unterlagen, Statistiken
- A-B-C-Analyse, Wertanalyse
- Kommunikationsanalyse
- …

Aus den gefundenen Schwachstellen werden nun konkrete Ziele für einzelne Mitarbeiter oder Gruppen abgeleitet.

### 2.2.1.3 Der Zielvereinbarungsprozeß

Es ist sicherlich nützlich, dem eigentlichen Zielvereinbarungsprozeß Überlegungen voranzustellen, die durch die „Wozu-Frage“ initiiert werden könnten. Wozu sind die Tätigkeiten notwendig, wichtig, nützlich? Welchen Beitrag leistet eine bestimmte Tätigkeit für den Erfolg? Oder bedeutet diese Tätigkeit eine Verschwendung an Kraft, Zeit, Geld?

Anregungen für eine Checkliste

- Setzen Sie Kundenforderungen in Ziele um.
- Lassen Sie den Mitarbeiter begründen, warum er bestimmte Ziele aufgreifen möchte und andere nicht.
- Setzen Sie gemeinsam zur Fortschrittskontrolle meßbare Zwischenziele.
- Setzen Sie nicht nur Ziele, die Selbstverständliches beinhalten, sondern auch Ziele, die Außergewöhnliches anstreben. Fordern Sie heraus, aber belasten Sie die Mitarbeiter nicht unangemessen.
- Ziele müssen realistisch und situationsbezogen sein.
- Wenn Ziele nicht aufgrund von Fakten präzise festgelegt werden können, dann arbeiten Sie am besten mit Schätzungen. Geschätzte Ziele sind besser als gar keine Ziele.
- Ziele können durch nicht vorhersehbare Effekte (Marktveränderungen, politische Krisen u. ä.) gefährdet werden. Gehen Sie aber bei der Zielformulierung nicht davon aus, was alles passieren könnte, sondern nehmen Sie normale Bedingungen an.
- Setzen Sie die Ziele mit dem Mitarbeiter weitgehend gemeinsam. Führen Sie Mitarbeiter, die von ihrer Persönlichkeitsstruktur abhängig sind, weil sie nicht gelernt haben, unabhängig zu denken, durch allmählich wachsende Partizipation an ein selbständigeres Setzen von Zielen heran.
- Setzen Sie sich mit Hindernissen auseinander, die Ihre Mitarbeiter bei der Zielerreichung haben, und unterstützen Sie Ihre Mitarbeiter.
- Korrigieren Sie, wo Ziele nicht erreicht werden, und bestätigen Sie, wo Ziele erreicht werden. (*Schmidt*, 1985).

## 2.3 Delegation von Aufgaben, Kompetenzen und Verantwortung

Das Führen durch Delegation von Aufgaben, Kompetenzen und Verantwortung gehört zur Basis eines zeitgemäßen Managementkonzepts.

In Deutschland wurde das Delegationsprinzip durch die von *Reinhard Höhn* gegründete „Akademie für Führungskräfte der Wirtschaft“ gefördert und ist als „Harzburger Modell“ bekannt geworden. Der Grundgedanke des „Harzburger Modells“ ist die Übertragung von Aufgaben, Kompetenzen und Verantwortung an die Mitarbeiter.

### 2.3.1 Das Delegationsprinzip

Delegieren heißt: Übertragen von Aufgaben mit abgegrenzten Zuständigkeiten (Stellenbeschreibung) und den daraus resultierenden Verantwortlichkeiten zur selbständigen Erledigung an geeignete Mitarbeiter unter Berücksichtigung geltender Bestimmungen. Vor allem die immer wiederkehrenden Arbeiten sollten von (geeigneten) Mitarbeiter eigenverantwortlich ausgeführt werden. Dabei bleibt die letzte Verantwortung (Führungsverantwortung) für die Erledigung der Aufgabe und die Pflicht zur Kontrolle bei demjenigen, der delegiert. Trotzdem hat auch derjenige, dem etwas delegiert wurde, seine Verantwortung (Handlungsverantwortung) gegenüber dem Delegierenden. Diese Verantwortung entsteht durch Übertragen von (Teil-)Aufgaben auf der nachgeordneten Stufe neu.

Das Delegationsprinzip ermöglicht es, Wissen, Können und Leistungsbereitschaft der Mitarbeiter wirkungsvoll zur Entfaltung zu bringen. Eine sehr wichtige Voraussetzung für das Delegieren, die der Vorgesetzte sicherzustellen hat, ist die Personalentwicklung der Mitarbeiter zu selbständigem Denken und Handeln. Zu diesen Vorbereitungen gehört insbesondere die Beurteilung der Eignung zur selbständigen Aufgabenerledigung, häufig auch die Qualifizierung des Mitarbeiters durch Unterweisung, Information und einem Vertrauen bildenden kooperativen Führungsstil.

Zu den organisatorischen Voraussetzungen gehört die Schaffung einer klaren Organisation: Aufgabenbereiche, Befugnisse, Verantwortlichkeiten müssen klar gegliedert sein und sich decken; die Unterstellungsverhältnisse müssen geklärt sein, z.B. in einer Aufgaben- bzw. Stellenbeschreibung.

Als Organisationsprinzip bedeutet Delegation:

- Der Vorgesetzte bestimmt, wer, was, mit welchen Mitteln tut.
- Der Mitarbeiter bestimmt, wie er den Auftrag ausführt.
- Der Mitarbeiter erhält Entscheidungsbefugnisse und Handlungsverantwortung. Er besitzt eine Zuständigkeit, innerhalb derer er selbständig zu planen, zu entscheiden und zu handeln berechtigt und verpflichtet ist.
- Der Vorgesetzte darf in den Kompetenzbereich des Mitarbeiters nicht eingreifen, es sei denn in drei Ausnahmefällen:
  (1) Wenn eine Fehlleistung des Mitarbeiters offensichtlich ist,

(2) wenn eine Entscheidungssituation eintritt, die die Kompetenz des Mitarbeiters übersteigt,
(3) wenn eine Veränderung der Aufgabe bzw. Ziele eine Verbesserung bewirkt.

Als Stilprinzip bedeutet Delegation:

- den Mitarbeiter bei Führungsentscheidungen zu beteiligen
- den Freiheitsgrad des Mitarbeiters, seine Bereitschaft und Fähigkeit, selbständig zu entscheiden und zu handeln, zu vergrößern,
- das Wertgefühl und Verantwortungsbewußtsein des Mitarbeiters zu heben,
- sich zum Mitarbeiter partnerschaftlich zu verhalten.

### 2.3.2 Delegation von Aufgaben

Im Rahmen tarifvertraglicher Festschreibungen, arbeitsvertraglicher und sonstiger Rechtsnormen, Stellen- bzw. Aufgabenbeschreibungen setzt der Vorgesetzte seine Mitarbeiter für bestimmte Arbeitsaufgaben seiner Abteilung bzw. Dienststelle ein. Dabei kann er sich verschiedener Weisungsformen bedienen.

Für die Delegation von Aufgaben eignet sich die Weisungsform des Auftrages. Das Hauptmerkmal dieser Weisungsform besteht darin, daß dem Mitarbeiter das Ziel (Quantität, Qualität, Termin bzw. Zeitaufwand) vorgegeben, der Weg zum Ziel jedoch nicht (detailliert) vorgeschrieben wird. Es ist also dem Mitarbeiter – unter Beachtung allgemeiner betrieblicher Normen – überlassen, auf welchem Wege er das Ziel angeht bzw. erreicht.

*Unabdingbare Voraussetzung* für die Delegation von Aufgaben ist die *aufgabenbezogene Eignung des Mitarbeiters*; d. h. daß die notwendigen Fähigkeiten, Fertigkeiten und Kenntnisse zur selbständigen Erledigung der Arbeitsaufgabe vorher entwickelt worden sind. Es gehört zu den nicht delegierbaren Pflichten des Vorgesetzten, daß er den richtigen Mitarbeiter für die Aufgabe aussucht. In manchen Fällen ist es notwendig, den Mitarbeiter vorher zu qualifizieren, z. B. durch Arbeitsunterweisung.

Aufgaben delegieren heißt demnach, vor allem das „Wie“ der Aufgabenerledigung dem Mitarbeiter zu übertragen. Der Mitarbeiter wird also bei der delegierten Arbeitsaufgabe nicht mehr mit einzelnen Anweisungen geführt, sondern es wird ihm ein Zuständigkeitsbereich eingeräumt, in welchem er selbständig entscheiden und handeln kann. Der Vorgesetzte soll den Mitarbeiter, wenn dieser es wünscht, beraten bzw. unterstützen (Coaching).

Sollte der Mitarbeiter wider Erwarten der selbständigen Aufgabenerledigung nicht gewachsen sein, bleibt dem Vorgesetzten die Möglichkeit der Rückdelegation, d. h. der Vorgesetzte nimmt dem Mitarbeiter diese Aufgabe wieder, oder er bedient sich einer anderen Weisungsform, etwa der Unterweisung.

### 2.3.3 Delegation von Kompetenzen

Unter Kompetenzen werden die dem Mitarbeiter zugeteilten Rechte und Befugnisse verstanden.

Nach *Ulrich* (1973) lassen sich die Kompetenzen gliedern in

- Anordnungsbefugnisse (Willensdurchsetzung),
- Entscheidungsbefugnisse (Willensbildung),
- Informationsbefugnisse (Rechte auf bestimmte Informationen),
- Verfügungsbefugnisse (Rechte, über bestimmte Mittel oder Objekte verfügen zu können),
- Verpflichtungsbefugnisse (Unterschriftberechtigung o. ä.).

Es ist in jedem einzelnen Falle vom Vorgesetzten zu prüfen und zu entscheiden, welche Kompetenzen der Mitarbeiter zur Durchführung bestimmter Aufgaben oder Aufgabenbereiche von der Sache her benötigt. Aus psychologischer Sicht bedeutet die Übertragung von Kompetenzen die Übertragung von Macht (z. B. Verfügungsmacht) auf den Mitarbeiter.

Es stellt sich somit die Frage, ob sich damit die Macht des Vorgesetzten verringert. Eine solche mengenbezogene Betrachtungsweise ist nicht sehr hilfreich, da sich ja der Vorgesetzte Sanktionsmöglichkeiten gegenüber seinen Mitarbeitern vorbehält, weiterhin Kontrollrechte (im Rahmen seiner Führungsverantwortung) zur Feststellung von Soll-Ist-Abweichungen beim Mitarbeiter und zudem ein Eingreifrecht (z. B. durch Rückdelegation) bei nicht tolerierbaren Soll-Ist-Abweichungen hat.

Befugnisse dürfen nicht nur unter dem Aspekt des Besitzstandes, des Mehr oder Weniger gesehen werden, da Befugnisse in der Praxis nur so weit reichen, wie sie vom anderen akzeptiert werden. Es stellt sich also immer die Frage, inwieweit z. B. einer Weisungsbefugnis Verbindlichkeit verliehen werden kann. Jeder, der seine Weisungsbefugnis gegen den Willen des anderen durchsetzen will, wird erfahren, daß der andere auch über Macht und Möglichkeiten verfügt, sich ihm entgegenzustellen.

Neben den formalen, vom Betrieb zur Verfügung gestellten Machtmitteln (Sanktionen) spielen z. B. auch Intelligenz, Fachwissen, Redegewandtheit, Beziehungen, Gruppenzusammenhalt, Kündigungsdrohungen als Machtfaktoren eine nicht zu unterschätzende Rolle.

In diesem Zusammenhang stellt sich auch die Frage, ob die übertragenen Kompetenzen (z. B. als Amtsautorität bzw. Positionsmacht) mit der persönlichen Autorität korrespondieren. Damit soll der Wert von Kompetenzen nicht in Frage gestellt werden. Kompetenzen müssen mit der Aufgabe delegiert werden. Entscheidend ist jedoch, wie der Träger der Kompetenzen damit umzugehen gelernt hat.

Durch die ihm übertragenen Kompetenzen (Befugnisse) erhält der Mitarbeiter einen Zuständigkeitsbereich, d. h. die Berechtigung und Pflicht, selbständig zu planen, zu entscheiden, zu handeln und dafür die Verantwortung zu übernehmen.

*Wer Macht hat, hat auch Verantwortung.*

### 2.3.4 Delegation von Verantwortung

Wenn einem Mitarbeiter eine Aufgabe und die zu ihrer Durchführung erforderlichen Befugnisse übertragen worden sind, dann erwartet man von ihm auch, daß er die Verantwortung übernimmt. Ist die Aufgabe zur Zufriedenheit gelöst worden, so sollte *Anerkennung* in irgendeiner Form vom Vorgesetzten zum Ausdruck gebracht werden; dann dürften sich auch keine Probleme hinsichtlich der Übernahme von Verantwortung ergeben.

Eine andere Situation ergibt sich beim Mißlingen der Arbeit, bei der Nichterreichung der gesetzten bzw. vereinbarten Ziele. Dann bedeutet Verantwortung tragen, sich fragen lassen müssen und Antwort geben, warum eine Soll-Ist-Abweichung aufgetreten ist. In der Regel ist es der Vorgesetzte, der die Aufgabe und die Kompetenzen übertragen hat, der Rechenschaft fordert. Oft stellt sich aber auch die Frage, ob der Vorgesetzte eine Mitverantwortung trägt.

Eine Mitverantwortung wird nicht auszuschließen sein, wenn der Vorgesetzte

- seiner Kontrollpflicht (z. B. durch Stichprobenkontrollen) nicht planmäßig nachgekommen ist,
- nicht sorgfältig genug die Auswahl des Mitarbeiters für die Aufgabe unter dem Eignungsaspekt vorgenommen hat,
- das Ziel der Aufgabe, z. B. die Merkmale des fertigen Produktes, der zu erbringenden Dienstleistung (nach Quantität, Qualität, Termin, Zeitaufwand) nicht eindeutig (in quantitativer Form) formuliert hat,
- dem Mitarbeiter keine ausreichenden Kompetenzen übertragen hat,
- unzureichende organisatorische Bedingungen vorgegeben oder
- unzureichend eingeführt bzw. informiert hat.

Diese Einschränkungen der Verantwortlichkeit des Mitarbeiters beschreiben auch den Bereich der Führungsverantwortung des Vorgesetzten.

### 2.3.5 Stellenbeschreibung – Hilfsmittel des Delegationsprinzips

Für die Delegation von Aufgaben, Kompetenz und Verantwortung sind Arbeitsanalyse und Stellenbeschreibung wichtige Hilfsmittel. Stellenbeschreibungen sind Bausteine der Betriebsorganisation.

Gemeinsamer Nenner aller Stellenbeschreibungen ist der Versuch,

- die funktionale und disziplinarische Stellung des Mitarbeiters in der betrieblichen Organisation zu definieren,
- seine konkreten Aufgaben zu beschreiben,
- seine Kompetenzen abzustecken, also insgesamt seine Selbständigkeit und Eigeninitiative bei der Arbeit zu fördern.

Neben der Zielsetzung, Tätigkeiten und Kompetenzen schriftlich festzuhalten, muß beim Erstellen von Stellenbeschreibungen zwangsläufig die Delegation von Aufgaben, Kompetenzen und Verantwortung eine zentrale Rolle spielen. Durch die Stellenbeschreibung haben die Mitarbeiter einen Bereich, in dem sie selbständig entscheiden und handeln können.

*Knebel/Schneider* (1997) geben sehr detaillierte Ratschläge für die Vorgehensweise bei der Erstellung von Stellenbeschreibungen, raten aber hinsichtlich ihres Umfangs, sich auf das unbedingt Erforderliche zu beschränken. Stellenbeschreibungen seien nicht Selbstzweck. Bei richtiger Handhabung sind sie Impulsgeber für eine Reihe notwendiger, permanenter betrieblicher Aktivitäten wie beispielsweise vernünftiger Organisation, Kommunikation, Transparenz von Beziehungen und Zielen, sachlicher Ziele und Verbesserungen. Stellenbeschreibungen fördern Flexibilität und Innovation infolge der Auseinandersetzung über zweckmäßige Arbeitsverteilung, Arbeitsinhalte, Arbeitsziele und Arbeitsanforderungen in Gesprächen und Workshops. Die praxisnächsten Ideen für Verbesserungen der Arbeit und der Arbeitsbedingungen haben die betroffenen Mitarbeiter. Diese praktische Erfahrung bzw. Intelligenz vor Ort gilt es zu nutzen.

Jede Einführung und Änderung von Stellenbeschreibungen ist für einen solchen Prozeß Impulsgeber und zugleich Prozeßbegleiter. Das Formular „Stellenbeschreibung“ ist dabei ein nützliches Nebenprodukt für die Personal- und Organisationsarbeit (*Knebel/Schneider,* 1997).

## 2.4 Führen durch Motivieren

Der Betriebspraktiker assoziiert mit dem Wort *Motivation* Verhaltensweisen wie: Schwung, Begeisterung, Eigeninitiative, Engagement, Selbständigkeit u. ä. Fehlt die Motivation, muß der Mitarbeiter „geschoben“, „angetrieben“ oder „gelockt“, „geködert“ o. ä. werden.

Alle seine Ziele kann der Vorgesetzte nur dann erreichen, wenn seine Mitarbeiter mitspielen, wenn sie zur Arbeit motiviert sind. Die erforderlichen Voraussetzungen für die volle Entfaltung der Leistungsbereitschaft hat das Unternehmen bzw. der Vorgesetzte zu schaffen.

Was ist zu tun? Zunächst ist an eine klare Aufgabenstellung zu denken, die den Fähigkeiten und Interessen des Mitarbeiters möglichst gut entsprechen sollte.

*Der Mitarbeiter sollte den Erfolg seiner Tätigkeit sehen können.* Einmal durch die Ergebnisse seiner Arbeit, zum anderen hinsichtlich seines Lohnes. Die betriebliche Lohn- bzw. Gehaltspolitik muß von den Grundsätzen größtmöglicher Gerechtigkeit und weitgehender Transparenz geprägt sein.

Um eine möglichst ungestörte Hinwendung der Mitarbeiter zu den Arbeitsaufgaben zu erreichen, sollte für ein gutes zwischenmenschliches Arbeitsklima Sorge getragen werden. Nicht zuletzt ist auch eine ausreichende Unterrichtung der Mitarbeiter über die wirtschaftliche Situation des Unternehmens notwendig. Die Sicherheit des Arbeitsplatzes hat eine große Bedeutung für die Mitarbeiter gewonnen. Die Unternehmenspolitik sollte deshalb trotz des Zwanges zu wirtschaftlichem Handeln auch geprägt sein von der Verantwortung für die Sicherung der Arbeitsplätze.

### 2.4.1 Motivationspsychologische Grundlagen

Unter Motivation versteht man in der Psychologie die Gesamtheit der Beweggründe des menschlichen Verhaltens; ein einzelner Beweggrund wird als Motiv bezeichnet. Motive lassen sich auch als eine psychisch bedingte Gruppe von Einflußfaktoren auf das Arbeitsverhalten interpretieren. Die Motivationspsychologie liefert Beiträge zur Frage des „Warum" menschlichen Verhaltens und Erlebens.

Es gibt eine Vielzahl motivationstheoretischer Ansätze, in denen sich die unterschiedlichen wissenschaftlichen Interpretationen des Menschen widerspiegeln. Eine Übersicht über gängige Motivationstheorien soll kurz skizziert werden:

(1) Eine der derzeit wohl populärsten, betriebspsychologisch relevanten Modellvorstellungen aus dem Bereich bedürfnisorientierter Ansätze ist die *„Maslowsche Bedürfnishierarchie"*. Aus Abbildung 1 wird das Konzept der hierarchischen Gliederung der Grundbedürfnisse von *Maslow* (1981) deutlich.

Nach dieser Theorie werden höhere (in der Bedürfnispyramide weiter oben plazierte) Bedürfnisse erst wahrgenommen, wenn die niedrigeren (die weiter unten angesiedelten) im großen und ganzen befriedigt worden sind. Obwohl diese Konzeption wissenschaftlich nicht unumstritten ist, hat sie doch eine weite Verbreitung gefunden.

(2) Ein bemerkenswerter Anstoß in der Motivationspsychologie ging von *McGregors* (1984) *„Theorie X und Theorie Y"* aus.

Die Prämissen der *Theorie X* sind:

- Die Arbeit ist dem Durchschnittsmenschen von Hause aus zuwider, und er sucht sie nach Möglichkeit zu vermeiden;

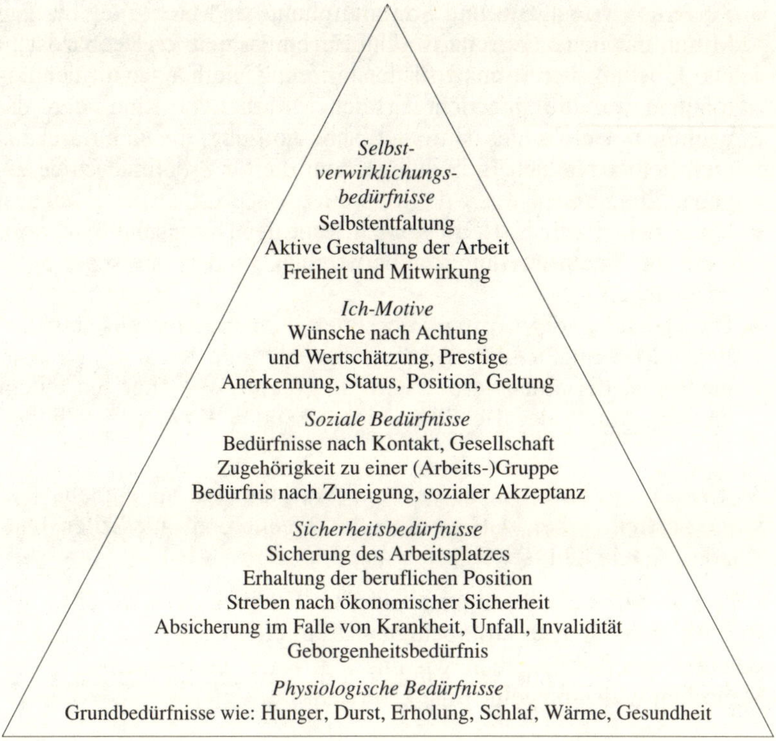


**Abb. 1:** Maslowsche Bedürfnispyramide

- darum müssen die Menschen durch Zwang, Kontrolle, Führung und Strafandrohung dahin gebracht werden, sich in ausreichendem Maße für die Ziele des Unternehmens einzusetzen.
- Der „typische Mensch" läßt sich am liebsten lenken, scheut die Verantwortung, hat wenig Ehrgeiz und strebt vor allem nach Sicherheit.

*McGregor* betont nachdrücklich, seine Theorie X sei keineswegs an den Haaren herbeigezogen, sondern tatsächlich eine Theorie, die in weiten Bereichen der amerikanischen Industrie das Managementverhalten spürbar beeinflußt.

Die *Theorie Y* dagegen geht von völlig anderen Annahmen aus:

- Körperliche und geistige Anstrengung bei der Arbeit ist ebenso natürlich wie beim Spiel bzw. einem Freizeitsport – dem typischen Menschen ist Arbeit nicht von Natur aus zuwider.

- Steuerung von außen und Strafandrohung sind nicht die einzigen Mittel, mit denen Einsatz für Unternehmensziele erreichbar ist.
- Die Leistungsbereitschaft für bestimmte Ziele hängt von der Belohnung ab, die mit dem Erreichen verbunden sind, und die wichtigste Belohnung ist die Selbstbestätigung, die sich durchaus unmittelbar aus den Bemühungen um die Unternehmensziele ergeben können.
- Unter den richtigen Bedingungen lernt der Durchschnittsmensch nicht nur, Verantwortung zu übernehmen, sondern sie sogar aktiv anzustreben.
- Die Gabe, bei der Lösung von Unternehmenszielen ein beträchtliches Maß an Phantasie, Erfindungsgabe und Kreativität aufzubieten, ist bei einem großen Teil und keineswegs nur bei einem kleinen Anteil der Bevölkerung vorhanden (*Peters/Watermann,* 1984).

*McGregor* bestreitet nicht, daß ein Machteinsatz angebracht sein kann, bestreitet aber, daß sie für alle Zwecke und unter allen Umständen angebracht ist.

(3) *Heckhausen* (1980) unterscheidet im Hinblick auf die Leistungsmotivation auch zwei Gruppen von Mitarbeitern.

Bei der einen Gruppe von Mitarbeitern wird die Motivation getragen von der *Hoffnung auf Erfolg.*

Diese Mitarbeiter

- setzen sich realistische, möglichst hohe bzw. weite Ziele,
- sind in ihren Zielsetzungen beweglich und
- stehen der Zukunft aktiv gestaltend gegenüber.

Die andere Gruppe wird nach *Heckhausen* hauptsächlich motiviert durch die *Furcht vor dem Mißerfolg.*

Das führt dazu, daß diese Gruppe von Mitarbeitern

- sich extrem niedrige oder extrem hohe Ziele setzt,
- in ihren Zielsetzungen ziemlich starr ist und
- der Zukunft abwartend und ängstlich gegenübersteht.

Mit hoher Leistungsmotivation geht das Risiko der Nervosität, der Überreaktion einher, vergesellschaftet mit Streß und Ängstlichkeit, d.h. der Furcht vor dem Versagen (etwa Prüfungsängste, -versagen). Diese schädliche und zu hohe Leistungsmotivation ist im Zusammenhang mit einem überzogenen persönlichen Anspruchsniveau zu sehen und bedarf einer behutsamen Einwirkung und Lenkung durch den Vorgesetzten.

(4) *Anreizorientierte Ansätze* gehen davon aus, daß motiviertes Verhalten aus dem Zusammenspiel von individueller Motivationsstruktur und der Situation erwächst; die Situation läßt sich durch (betriebliche) Anreize gestalten. Der Mensch ist am leichtesten durch Anreize motivierbar; das ist die Grundlage derartiger Konzeptionen.

Als Beispiel einer anreiztheoretischen Sichtweise sei die *Herzberg*sche Konzeption der Tätigkeitsbereicherung hier vorgestellt, die es dem Mitarbeiter ermöglichen soll, höherwertige Motive, wie die des persönlichen Wachstums, der Verantwortung, des Erfolges zu befriedigen.

Auf das in Abbildung 2 dargestellte Untersuchungsergebnis gründete *Herzberg* (1967) seine *Zwei-Faktoren-Theorie.* Die Gruppe der *Zufriedenmacher* werden als *Motivatoren*, die Gruppe der *Unzufrie-*

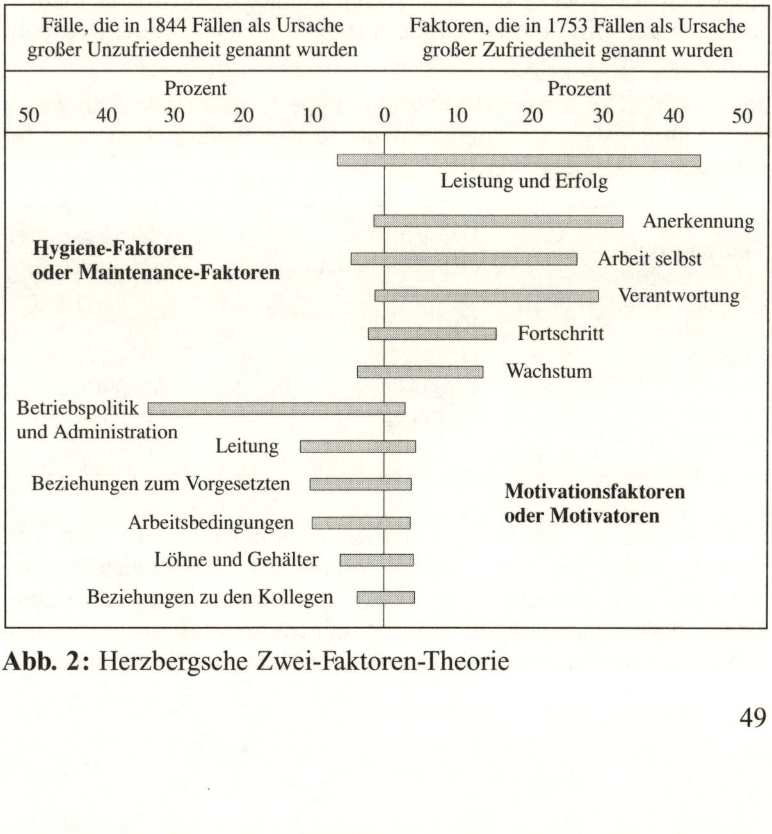


**Abb. 2:** Herzbergsche Zwei-Faktoren-Theorie

*denmacher* als *Hygiene-Faktoren* bezeichnet. *Herzberg* sieht eine weitgehende Unabhängigkeit dieser beiden Faktorengruppen. voneinander.

Wenn ein Betrieb Unzufriedenheit und damit ein schlechtes Betriebsklima, Absentismus, Fluktuation o. ä. reduzieren will muß er – nach Abbildung 2 – z. B. den Arbeitsbedingungen, der Betriebspolitik und der Administration mehr Aufmerksamkeit zuwenden.

Soll die Zufriedenheit erhöht werden, muß die Arbeit von den Mitarbeitern als interessant empfunden werden, Anerkennung bringen, die persönliche Entfaltung begünstigen u. ä.

### 2.4.2 Hilfen zur Gestaltung und Pflege der Leistungsmotivation

Bei der Lösung der Führungsaufgabe: *Motivieren der Mitarbeiter* wird die Erfolgschance für den Vorgesetzten erhöht, wenn er auf den Mitarbeiter persönlich eingeht, sich an der Bedürfnishierarchie (*Maslow*) seines Mitarbeiters orientiert. Der Vorgesetzte sollte sich in seinen Mitarbeiter hineinversetzen können (Senisitivität haben) und sich auf seine Individualität einstellen können (Verhaltensflexibilität zeigen).

Im Anschluß an *Sahm* (1981) seien einige Denkanstöße – abhängig vom Führungstyp des Vorgesetzten und den Bedürfnissen des Mitarbeiters – dazu gegeben:

| Führungstyp | Bedürfnis des Mitarbeiters | Führungsmittel (Denkanstoß) |
|---|---|---|
| Ausgleicher | Partnerschaft | Beteiligung |
| Tröster | Geborgenheit | Zuwendung |
| Anreger | Ehrgeiz | Ansporn |
| Ordner | Ordnung | Regelung |
| Beobachter | Sicherheit | Erklärung |

Der Vorgesetzte, der seine Mitarbeiter motivieren will, wird sich zwar in erster Linie an anreiztheoretischen Modellvorstellungen, etwa der von *Herzberg* oder einer lerntheoretischen Vorstellung (siehe weiter unten unter den Führungsmitteln Anerkennung und Kritik) orientieren, doch wird er darüber hinaus bedürfnisorientierte

Ansätze bei der individuellen, mitarbeiterbezogenen Anwendung berücksichtigen. Ein Anreiz, etwa eine in Aussicht gestellte Beförderung, wird denjenigen motivieren, der ein persönliches Bedürfnis nach Beförderung hat, aber denjenigen möglicherweise sogar demotivieren, der die wahrscheinlich mit der Beförderung verbundene größere Verantwortung scheut.

Der motivierende Wert eines Anreizes hängt von der individuellen, ja sogar situativ-aktuellen Bedürfnislage des Mitarbeiters ab. Der Mitarbeiter muß das Angebot, den Anreiz zu schätzen wissen, wenn er motiviert werden soll.

Nachstehend sollen einige Anreize bzw. Einflußfaktoren beschrieben werden, denen oft eine überwiegend motivierende Wirkung zukommt:

- *Anerkennung* kann dem Mitarbeiter ein Erfolgserlebnis vermitteln, psychische Spannungen abbauen, die zwischenmenschlichen Beziehungen verbessern und nicht zuletzt das Selbstbewußtsein stärken. Anerkennung kann sich ausdrücken in Gehaltserhöhung, verbaler Anerkennung, Beförderung, Übertragung größerer Verantwortung u. ä.
- *Die Arbeitsaufgabe* kann ein entscheidender Einflußfaktor im Hinblick auf die Motivation des Nachgeordneten sein. Die Arbeitsaufgabe, insbesondere die bereicherte (Job enrichment), kann die Möglichkeit zur fachlichen und persönlichen Entfaltung, zum Wachstum im *Herzberg*schen Sinne bieten. Die Arbeitsaufgabe muß jedoch, damit sie positiv motivierend wirken kann, gewisse Freiheitsgrade bzw. Ermessensspielräume (siehe Delegationsprinzip) enthalten.
- *Die Aufstiegs- bzw. Beförderungserwartung* ist ein starker Anreiz, wenn die Beförderung in einem überschaubaren Zeitraum in Aussicht steht (wenn der Mitarbeiter den Aufstieg auch will). Eine geweckte und dann enttäuschte Aufstiegserwartung kann zu einer gravierenden Unzufriedenheit führen.
- *Die Verantwortung* korrespondiert (bei sachlich richtiger Delegation) mit Befugnissen und selbständiger Arbeitserledigung und eröffnet somit die Chance einer positiven Selbstbestätigung.

Diese Motivatoren stehen in engem Zusammenhang mit den selbstbezogen-individuellen Einstellungen wie Dominanz- und Geltungstendenz, die erwiesenermaßen in enger Beziehung zum beruflichen Karriereerfolg stehen (*Schmidt,* 1979).

#### 2.4.2.1 Checkliste zur Überprüfung des Verhaltens des Vorgesetzten im Hinblick auf die Motivierung der Mitarbeiter

Die nachstehende Checkliste orientiert sich an *McGregor* (1971), *Scanlan* (1973) und *Stoewer* (1986):

- Habe ich meinem Mitarbeiter eindeutig dargelegt, welche Leistung ich von ihm erwarte?
- Weiß der Mitarbeiter, warum ich als Vorgesetzter diese Leistung von ihm erwarte?
- Habe ich mit meinem Mitarbeiter die für seine Arbeit bestimmenden Ziele vereinbart, d. h. habe ich ihn bei der Zielformulierung mitwirken lassen?
- Sind dem Mitarbeiter die Rahmenbedingungen und Regeln – die betrieblichen Normen –, innerhalb derer sich sein Handeln zu vollziehen hat, verdeutlicht worden?
- Sind die Konsequenzen der Nicht- bzw. Schlechterfüllung mit dem Mitarbeiter besprochen worden?
- Sind die möglichen Behinderungen der Leistungserfüllung – soweit jetzt schon bekannt – aufgelistet und besprochen worden?
- Habe ich die Aufgabe in dem gestaltbaren Rahmen so angelegt, daß vorwiegend die persönlichen Stärken des Mitarbeiters zum Tragen kommen können?
- Ist der Mitarbeiter für seine Aufgabe gezielt vorbereitet worden?
- Erhält er alle für seine Leistungserbringung notwendige Unterstützung?
- Hat der Mitarbeiter einen angemessenen Freiraum für eigenes Handeln?
- Kann sich der Mitarbeiter überwiegend selbst kontrollieren und Fremdkontrolle lediglich als Absicherung und Hilfestellung erleben?
- Habe ich als Vorgesetzter auch den zwischenmenschlichen Bezug zu meinem Mitarbeiter herstellen können?
- Erfährt der Mitarbeiter als Mensch Wertschätzung?

#### 2.4.2.2 Anregungen zur Pflege der Leistungsmotivation (in Anlehnung an *Herzberg*, 1967)

Die Grundlage der Pflege der Leistungsmotivation ist die Verbesserung des Betriebsklimas, der Hygienefaktoren; dazu zählt insbesondere die Reduzierung bzw. Vermeidung von Mißstimmungen beim Mitarbeiter, die vom Vorgesetzten ausgehen können, wie z. B.

- den Mitarbeiter „hängen lassen“, wenn er Unterstützung dringend benötigt,
- in unklaren Situationen den Mitarbeiter zum Sündenbock machen,
- die Probleme des Mitarbeiters mit Versprechungen auf die lange Bank schieben,
- dem Mitarbeiter nur negative, persönlich gehaltene Kritik zukommen lassen (positiv aufbauende Anerkennung vorenthalten),
- Sachverhalte beurteilen, ohne den betroffenen Mitarbeiter einzubeziehen,
- Vermeiden oder hinauszögern von Entscheidungen durch den Vorgesetzten,
- unvollständige, späte Information des Mitarbeiters.

Die Motivation und die Zufriedenheit des Mitarbeiters kann gesteigert werden durch

- Positive Bewertung der Aufgabe des Mitarbeiters,
- positive Stellungnahme (Anerkennung) auf sachliche, zielorientierte Vorschläge des Mitarbeiters,
- gezielte Hilfen für die persönliche und fachliche Entwicklung des Mitarbeiters durch aufwertende Tätigkeiten/Funktionen und entsprechend steigende Verantwortung,
- positive Stellungnahme des Vorgesetzten bei erfolgter (positiver) Verhaltensänderung des Mitarbeiters,
- anerkennen von konstruktiv-kritischen Beobachtungen und Stellungnahmen,
- einholen von Stellungnahmen, Vorschlägen des Mitarbeiters zu geplanten Vorhaben,
- fördern der Mitarbeiter durch Weiterbildungsangebote, Besuch von Messen u. ä.,
- heranziehen des Mitarbeiters zu besonderen, speziellen Aufgaben.

# 3. Die Führungspersönlichkeit

## 3.1 Die Autorität des Vorgesetzten in der Personalführung

Die überragende Bedeutung der Autorität ist aus dem Bereich der Personalführung nicht wegzudiskutieren. Jeder Praktiker macht immer wieder die Erfahrung, daß ohne ausreichende Autorität die Durchführung seiner Führungsaufgabe sehr erschwert wird. Autorität ist notwendig zur Erreichung betrieblicher Ziele und zur Entstehung eines Betriebsklimas für eine vertrauensvolle Zusammenarbeit. Wenn Vorgesetzte versagen, dann ist der Mangel an Autorität hierfür eine der häufigsten Ursachen.

Nicht zu übersehen ist aber – auch in der Industrie und Administration – das Unbehagen über Fehlformen der Autorität. Etwa wenn die funktionale, aus der übertragenen betrieblichen Aufgabe hergeleitete Autorität Anspruch auf Beachtung erhebt, ohne eine entsprechende Qualifikation vorzuweisen. Wenn kein Verhältnis von Mensch zu Mensch entstanden ist, erhebt nur ein Funktionsträger Einfluß auf einen anderen Funktionsträger. Dieses skizzierte Unbehagen an der Autorität, die Autoritätskrise unserer Zeit, ist keineswegs auf das Arbeitsleben beschränkt. Spätestens seit der Studentenrevolte der 60er Jahre sind die Begriffe „Autorität" und „autoritär" zu pauschalen Bezeichnungen negativ zu bewertender Zustände geworden. Im Trend unserer Zeit liegen die „progressive Gewalt" und die „große Verweigerung", die sich gegen jede Form der Autorität richten; etwa gegen die Autorität der Eltern, der Älteren, gegen alle, die sich in irgendeiner Weise Emanzipationsansprüchen entgegenstellen. Mehr oder weniger pauschal abgelehnt werden persönliche, institutionelle und traditionelle Autorität ebenso wie die von Ämtern, Betrieben, Gruppen, Konventionen und Gesetzen. Autorität gilt für viele, insbesondere für die heranwachsende Generation, als Wurzel allen Übels.

Gegen dieses Unbehagen ist ein Autoritätsbegriff zu setzen, der sich an einem unserer Zeit angemessenen Menschenbild orientiert. Der Mensch ist eine mit der Fähigkeit zu eigenverantwortlicher Lebensführung begabte Persönlichkeit. Dieses Menschenbild, wie es auch das Bundesverfassungsgericht (im Band 5 der Entscheidungen des Bundesverfassungsgerichts) beschreibt, steht in der abendländischen Tradition. Hiernach ist der Mensch ein geistiges Einzelwesen mit einem selbständigen Gewissen und mit der Fähigkeit zu eigenverantwortlichem Handeln.

Die Probleme und Schwierigkeiten in der betrieblichen Personalführung beruhen häufig nicht in einem Mangel an Führungskonzepten, Führungsgrundsätzen oder Führungsmitteln sondern in einem Mangel an akzeptierter Autorität. Es fehlt auch nicht an Vorschlägen für einen zeitgemäßen Führungsstil. So wird derzeit ganz klar der kooperativ-partnerschaftliche Führungsstil favorisiert. Weitgehend übereinstimmend wird ein Führen mit Zielvorgabe bzw. Zielvereinbarung und ein weiterentwickeltes Delegationsprinzip akzeptiert. Akzeptanz genießt auch die Förderung der Weiter- und Fortbildung im Betrieb, um z. B. mit der schnellen technologischen Innovation und den sich rasch ändernden Marktanforderungen Schritt halten zu können.

Schwierigkeiten der Personalführung und die deutlich erkennbare Zurückhaltung begabter, entwicklungsfähiger junger Mitarbeiter, Führungsverantwortung zu übernehmen, sind durch den Zeitgeist initiiert und durch ideologisch akzentuierte wissenschaftliche Meinungsbildung mitbedingt. Die für eine zielstrebige, effiziente und kooperative Personalführung unbedingt erforderliche Autorität des Vorgesetzten wurde in den letzten Jahrzehnten in der Nähe autoritärer Macht bzw. Gewalt angesiedelt und verdammt.

Persönliche Autorität, die wichtigste Komponente der Vorgesetztenautorität, ist nicht angeboren. Persönliche Autorität ist in erster Linie das Ergebnis ständigen An-sich-arbeitens, um die Grundhaltungen zu entwickeln und zu festigen, auf denen die persönliche Autorität beruht. Unser Vorschlag für eine Konzeption zur Entwicklung und Förderung der Autorität des Vorgesetzten basiert auf den persönlichen und organisatorischen Voraussetzungen der Autorität (*Schmidt,* 1990).

### 3.1.1 Grundlagen der Autorität

*Definitorische Abklärung des Autoritätsbegriffs*

Für die Denker der griechischen Antike war Autorität notwendig, um Chaos und Anarchie zu verhindern.

„Aus der Demokratie entwickelt sich, wenn Freiheit im Übermaß bewilligt wird, die Tyrannei. Gleichheit ist die Parole! Eltern und

Kinder, Lehrer und Schüler, alt und jung, alle sind gleich. Der Vater fürchtet den Sohn, der Sohn hat keinen Respekt vor den Eltern. Der Lehrer fürchtet die Schüler und schmeichelt ihnen, und die Schüler verachten den Lehrer. Schließlich tolerieren die Bürger keine Art von Autorität und Gesetz. Sie tolerieren keinen Herrn über sich. Die Folge ist letzten Endes Tyrannei" (*Plato*, 427 v.Chr.). Nach *Platos* Lehre haben Autorität und Freiheit eine unauflösbare Einheit zu bilden. Im platonischen Verständnis vom Gemeinwesen sollen Autorität und Ordnung einerseits und Freiheit und Vernunft andererseits sich gegenseitig stützen.

Im römischen Schrifttum finden sich für die Autorität zwei verschiedene Ausdrücke: „auctoritas" und „potestas". Von auctoritas war die Rede, wenn die Meinung einer Person akzeptiert, anerkannt wird, wenn ihre Erwartungen, Forderungen erfüllt werden, ohne daß sie ein Recht hat, Gehorsam zu verlangen, oder die Macht, sich durchzusetzen. Diese Autorität beruht auf Eignung, auf überlegener Einsicht und Selbstlosigkeit. Hinzu kam, daß derjenige, der so Autorität ausübte, dies nicht unverbindlich tun konnte. So unterwarf man sich freiwillig demjenigen, dem man vertrauen konnte. Auctoritas legitimierte sich durch Sachkenntnis, Verbindlichkeit, Vertrauen und Selbstlosigkeit.

Während man sich der so beschriebenen auctoritas freiwillig unterwarf, verfügte die „potestas" über Amtsgewalt und die Machtmittel, den Anordnungen und Weisungen Gehorsam zu verschaffen. Zur potestas gehörte aber nicht nur die Macht, sondern auch die Berechtigung, das Recht zum Machteinsatz.

Autorität wird häufig im weitesten Sinne als eine irgendwie geartete Überlegenheit beschrieben. Das kann eine Überlegenheit des Wissens (Gelehrter), des Willens (Führernatur), der Glaubwürdigkeit (Zeuge), des Amtes (Staat) oder der bloßen Macht (der Stärkere) sein.

*Strohal* (1955) arbeitete den Begriff der tatsächlichen Autorität heraus; wenn man sich etwa die Urteile des anderen (der Autorität hat) zu eigen macht, ohne dies erst vom Ergebnis einer Überprüfung abhängig zu machen. *Strohal* weist bei seinen Abgrenzungsbemühungen seines Autoritätsbegriffes auf das Phänomen der berechtigten Autoritätsforderung hin. Bei einer „berechtigten Autoritätsforderung haben die Menschen einer bestimmten Gruppe die Pflicht", dem berechtigten Autoritätsanspruch zu entsprechen. Das Wesen der berechtigten Autoritätsforderung liegt in der Pflicht, in einem Sollen. Das Sollen beschreibt *Strohal* als „innere Stimme", an anderer Stelle als „Forderung des Gewissens". Letztlich leitet *Strohal* die berechtigte Autoritätsforderung aus dem „sittlichen Gebot" (*Kant*) ab.

*Rosner* (1983) definiert Autorität als das Recht, Weisungen zu geben und Entscheidungen zu treffen, aber auch als die Möglichkeit, auf das Verhalten einzelner oder von Gruppen einen maßgeblichen Einfluß auszuüben. Zur Autorität gehöre, daß man Gehör findet, daß Weisungen befolgt werden. Autorität setze also die Bereitschaft zu Gehorsam voraus. Sie sei die Anerkennung des Rechts, Weisungen zu geben und deren Erfüllung zu kontrollieren.

*Zusammenfassung*

Autorität beruht

- auf persönlichen Voraussetzungen wie Überlegenheit, Stärke, Wertorientierung; dazu zählen überlegenes, situationsbezogenes Wissen und Können, Urteilsvermögen; Vertrauenswürdigkeit und ethische Wertorientierung, Selbstsicherheit und Gelassenheit. Überlegenheit und Stärke müssen sich in konkreten Situationen als problemlösend und erfolgreich erweisen.
- auf Legitimität, Berechtigung, Verpflichtung gegenüber dem, was getan werden muß, was wertvoll ist etwa im Sinne des *Kant*schen kategorischen Imperativs: „Handle so, daß die Maxime deines Willens jederzeit zugleich als Prinzip einer allgemeinen Gesetzgebung gelten kann." Berechtigung und Verpflichtung sind an Stellung, Position und Status geknüpft.
- auf der Möglichkeit zum legalen Machteinsatz zur Durchsetzung berechtigter Forderungen, etwa mit Sanktionen.

Autorität zeigt sich, wenn

- Weisungen oder Anordnungen als verbindlich angenommen werden, ohne daß jedesmal der Beweis der Richtigkeit oder Berechtigung erbracht werden muß,
- beim anderen Menschen die Bereitschaft zur Beachtung von Anweisungen und Anordnungen sowie der vorgegebenen oder vereinbarten Ziele vorhanden ist und das Recht anerkannt wird, Weisungen zu geben und deren Erfüllung zu kontrollieren (*Schmidt,* 1990).

#### 3.1.1.1 Organisatorische Voraussetzungen der Autorität

*(1) Legal-positionale Autorität*

Die von der betrieblichen Position abgeleitete Autorität tritt mit dem berechtigten Anspruch auf, daß ihren Anordnungen Folge geleistet wird. Der Vorgesetzte erwirbt die legal-positionale Autorität dadurch, daß ihm von einer übergeordneten betrieblichen Stelle eine bestimmte Position übertragen, ein bestimmter betrieblicher Status verliehen wird.

Ein wichtiges Element der legal-positionalen Autorität ist, daß sie dem Vorgesetzten die Möglichkeit zum legalen Einsatz von Druck, Zwang, Belohnung, Bestrafung, Begünstigung, von positiven und negativen Sanktionen ermöglicht, um die Befolgung von Anweisungen und Anordnungen durchzusetzen.

Wenn auch dem Vorgesetzten eine positionale Autorität gegeben wurde, so ist damit allein – und das soll mit aller Deutlichkeit gesagt sein – die tatsächliche Akzeptanz des Vorgesetzten bei seinen Mitarbeitern nicht zwangsläufig gegeben.

Die positionale Autorität ist in hierarchisch gegliederten Institutionen, d.h. in fast allen Industrieunternehmen gegeben. Sie beruht auf dem Vertrauen der höheren Führungsstellen zur beauftragten Person. Es ist die Vollmacht „von oben", die formelle oder formale Macht mit ihren Entscheidungs-, Weisungs- und Zwangsmöglichkeiten.

Im Betriebsleben ist eine große Spannweite beim Einsatz der Machtmöglichkeiten positionaler Autorität zu beobachten. Manche Vorgesetzten sind zu vorsichtig oder ängstlich, neigen zum Abwarten, setzen ihre Positionsmacht nur zögerlich oder überhaupt nicht ein und haben deshalb große Führungsprobleme. Andere machen von der Macht bzw. Amtsautorität unbeeindruckt von möglichen Reaktionen und Gefühlen oft Gebrauch, stoßen dann nicht selten auf offenen – meist aber verdeckt hinhaltenden – Widerstand und scheitern daran.

Der Einsatz der Positionsmacht, wie er etwa im autoritären Verhalten zum Ausdruck kommt, wird eingeschränkt vor allem durch die legale Sozialbindung. Inhalt und Umfang der sachbezogenen Machtausübung werden durch den Begriff „Sozialbindung" bestimmt.

Die Ausübung der Macht von der Unternehmensspitze bis zur Ebene der ausführend Tätigen hat als Rechtsgrundlage den zwischen der Unternehmensleitung und den Betriebsangehörigen geschlossenen Arbeitsvertrag. Durch diesen Arbeitsvertrag wird der Mitarbeiter – weisungsgebunden und in persönlicher Abhängigkeit – zur Leistung von Arbeit verpflichtet.

Legal nicht gebundene (einklagbare, z.B. vor dem Arbeitsgericht) Macht ist Gewalt.

Die etablierte Macht in den verschiedenen betrieblichen Bereichen hat legal in der Grundlage und Ausübung zu sein. Legalität ist die Übereinstimmung des Handelns aus der Machtposition mit der gegebenen Rechtsordnung. Die Normen des Rechts als Gebote und Verbote verlangen zumindest ein äußeres Verhalten in Form von Handlungen und Unterlassungen. Wenn diese den Rechtsnormen entsprechend sind, sind sie rechtens, d.h. dem Recht ist entsprochen worden.

### *(2) Funktional-aufgabenbezogene Voraussetzungen der Autorität*

Im Gegensatz zu der positional-legalen Autorität beruft sich die funktional-aufgabenbezogene nicht auf die Position oder Stellung, sondern auf die übertragenen betrieblichen Funktionen bzw. Aufgaben.

Mit der Abgrenzung der übernommenen Aufgabe bzw. den vorgegebenen oder vereinbarten Zielen ist zugleich der Geltungsbereich dieser Autorität bestimmt. Die Funktions- und Aufgabenabgrenzung beschreibt sowohl den Inhalt der zu treffenden Verfügungen als auch den Personenkreis, der von ihr betroffen wird. Die funktional-aufgabenbezogene Autorität entspricht den Sach- und Arbeitserfordernissen.

Der Autoritätsträger ist jeweils nur für diese Funktion, etwa die Arbeitsplanung für ein bestimmtes Gerät oder für ein bestimmtes flexibles Fertigungssystem mit funktional-aufgabenbezogener Autorität ausstaffiert. Diese Autorität reicht nur so weit, wie sie durch die übertragene Aufgabe abgedeckt wird. Damit ist die funktional-aufgabenbezogene Autorität dem Delegationsprinzip sehr eng zugeordnet.

Die funktional-aufgabenbezogene Autorität bezieht sich auf bestimmte Mitarbeiter und ist diesen – von der sachlichen Forderung bzw. Notwendigkeit her – einsichtig und läßt sich daher ggf. klar begründen. Daraus kann ein stark sachbezogener Führungsstil entstehen (*Schmidt*, 1990).

### 3.1.1.2 Persönliche Voraussetzungen der Autorität

Wenn mit Autorität im weitesten Sinne eine irgendwie geartete Überlegenheit gemeint ist, so stellt sich die Frage nach den in der Person liegenden Voraussetzungen für diese Überlegenheit, die von den unterstellten Mitarbeitern akzeptiert werden soll. Diese persönlichen Voraussetzungen lassen sich in *fachliche* und *persönliche* Autorität gliedern.

#### *3.1.1.2.1 Fachautorität*

Fachautorität ist die Überlegenheit, das Ansehen, das auf Fähigkeiten und Kenntnissen beruht, die für die Erfüllung bestimmter (Arbeits-)Aufgaben erforderlich sind. In unserer vom schnellen technologischen Fortschritt geprägten Zeit sind insbesondere Lernfähigkeit und Intelligenz gefordert, um sich kurzfristig umstellen zu können.

Denkvermögen und Intelligenz als individuelle Fähigkeit, Schwierigkeiten und Probleme in neuen ungewohnten Situationen zu überwinden, sind notwendig. Aber auch das für bestimmte Zielsetzungen und Aufgaben notwendige, durch Ausbildung erworbene und gespeicherte, abrufbereite Fachwissen stützt die Fachautorität. *Fachautorität* im engeren Sinne gründet sich auf Fachwissen und überlegenes Können. Sie ist die *Basis für alle Spezialisten*.

Der Autoritätsanspruch des Fachmanns ist begrenzt; er erstreckt sich allein auf das Gebiet seines spezifischen Fachwissens. Der Legitimitätsnachweis ist bei der Fachautorität der geachtete, anerkannte Sachverstand. Die Fachautorität kann sich einer sachlichen Argumentation nicht verschließen, d. h. auch, diese Autorität muß ihre spezifische Überlegenheit immer wieder neu beweisen.

Der Führungsstil des Fachmanns ist daher im allgemeinen nicht autoritär, sondern sachlich angemessen. Der Vorgesetzte muß bereit und in der Lage sein, überlegene Fachkenntnisse eines spezialisierten Mitarbeiters anzuerkennen, gelten zu lassen und sich ihrer zu bedienen. Der Vorgesetzte sollte nicht den Anspruch erheben, immer fachlich besser sein zu wollen (müssen) als die ihm unterstellten Mitarbeiter.

Die Fachautorität ist aber – im Vergleich zu anderen Autoritätsarten – eher instabil. Wenn ein Mitarbeiter seinem Vorgesetzten in Fachfragen überlegen ist, tut er gut daran, seine Autorität zusätzlich aus anderen Quellen zu stützen.

### *3.1.1.2.2 Persönliche Autorität*

Die persönliche Autorität, die nicht auf hierarchische Macht, Position, Amt, Kompetenzen und Sanktionsmöglichkeiten gestützt wird, ist abhängig von den Einstellungen, Wertorientierungen und -haltungen der Persönlichkeit. Die persönliche Autorität muß auch gegenüber der informellen Autorität abgegrenzt werden; die informelle Autorität stellt quasi den Gegenpol zur hierarchischen, formellen Autorität dar. Die informelle Autorität beruht hauptsächlich darauf, daß Verhaltensweisen den in der Gruppe als verbindlich betrachteten Verhaltensnormen angepaßt werden. Dieser Autoritätsanspruch ist relativ labil und geht bei den Erwartungen der Gruppenmitglieder widersprechendem Verhalten verloren. Diese Labilität kann dazu führen – bei machtbewußten informellen Gruppenführern –, daß diese versuchen, sich mit Gewalt durchzusetzen.

Die persönliche Autorität, die auf relativ konstanten, die Persönlichkeit tragenden Grundhaltungen basiert, ist dagegen stabil, vor allem auch, wenn sie eine *ethische Grundlage* hat.

#### *Grundlage Führungsethik*

Die Ethik ist der grundlegende Teil der praktischen Philosophie. Ethik läßt sich auch als Lehre oder Wissenschaft vom Sittlichen beschreiben, also jenem Teil der Philosophie, der das moralische Bewußtsein und das Verhalten der Menschen zum Gegenstand hat. Das Sittliche ist ein Urphänomen. Im Gewissen, besonders in der Erfahrung der Schuld, erlebt der einzelne den Unterschied zwischen eigenen guten und schlechten Handlungen.

Führungsethik hat sich zwar an der vorgegebenen Situation zu orientieren, darf sich jedoch nicht nur vom Faktischen, Vorfindbaren leiten lassen, wenn sie das Zusammenarbeiten und Zusammenleben in der Unternehmung mitgestalten will, sondern muß Impulse geben und Ziele aufzeigen. Vor allem kann sie nicht darauf verzichten, sich an ethischen Werten zu orientieren.

Die Führungsethik muß festlegen, welche ethischen Werte bei der Zusammenarbeit und dem Zusammenleben im Betrieb das Führungsverhalten bestimmen sollen. Diese ethischen Werte sind sowohl auf die betriebliche Situation als auch auf die Persönlichkeit zu beziehen.

*Akzeptanz der persönlichen Autorität und Führungsethik*

Welche führungsethisch relevanten Grundlagen fördern nun die persönliche Akzeptanz des Vorgesetzten bei den Mitarbeitern?

Im Rahmen einer empirischen Felduntersuchung (*Schmidt*, 1986) in einem metallverarbeitenden Großbetrieb gaben wir den in der mechanischen Vorfertigung arbeitenden Maschinenarbeitern folgende Aufgabe zur schriftlichen Bearbeitung: „Welche der nachstehenden Eigenschaften, Verhaltensweisen eines Meisters erscheinen Ihnen am wichtigsten? Setzen Sie vor diese die Ziffer 1, vor die zweitwichtigste die Ziffer 2 usw., bis Sie alle Verhaltensweisen und Eigenschaften in eine Rangreihe gebracht haben."

| Fragestellung | Punkte | Rangplatz |
|---|---|---|
| • Der Meister ist gerecht und unparteiisch | 3233 | 1 |
| • Der Meister interessiert sich für die Gesundheit und das Wohlergehen der Angehörigen des Arbeiters | 1587 | 7 |
| • Der Meister orientiert den Arbeiter rechtzeitig über alle ihn betreffenden Änderungen | 1783 | 5 |
| • Die berufliche, fachliche Tüchtigkeit des Meisters | 2671 | 3 |
| • Der Meister schätzt und würdigt den Arbeiter als Menschen | 3030 | 2 |
| • Der Meister hat ein Auge dafür, wer gut und wer schlecht arbeitet | 2222 | 4 |
| • Bevor Neuerungen und Umstellungen durchgeführt werden, fragt der Meister den Arbeiter um seine Meinung | 1506 | 8 |
| • Der Arbeiter weiß, woran er mit dem Meister ist | 1744 | 6 |

Die Punktzahl wurde in der Weise errechnet, daß für die Bewertung einer Eigenschaft/Verhaltensweise mit dem ersten Rangplatz 8 Punkte, für den zweiten 7 Punkte usw. angerechnet wurden. *Das Ergebnis*: Die in die Befragung einbezogenen 500 Maschinenarbeiter setzten mehrheitlich die Gerechtigkeit und Unparteilichkeit des Meisters auf den ersten Rangplatz der Eigenschaften und Verhaltensweisen, die ein Meister haben soll. Auch auf dem zweiten Rangplatz steht eine ethisch relevante Forderung an die Meister: die Achtung der Würde des Mitmenschen.

Die *Gerechtigkeit* ist die *oberste der Kardinaltugenden*, die die Ethik herausgearbeitet hat. Die Würde des Menschen wird durch den ersten Artikel des Grundgesetztes der Bundesrepublik Deutschland als unantastbar bezeichnet; sie zu schützen ist Verpflichtung aller staatlichen legalen Macht.

### *3.1.1.2.3 Kardinaltugenden und persönliche Autorität*

In der Antike (griechisch: *arete,* lateinisch: *virtus)* und auch in der ursprünglichen deutschen Übersetzung ist Tugend Tüchtigkeit, Tauglichkeit, Vollkommenheit des Individuums in einem zwar geschichtlich beschränkten, aber doch vielseitigen, an der Betätigung realer Kräfte des Individuums orientierten Sinn.

*Brugger* (1971) setzt Tugend gleich Tüchtigkeit zum Vollbringen bestimmter, dem Menschen angemessener Handlungen. Tugend ist nicht angeboren, nur die Anlagen dazu sind es; die Tugend selbst kann nur durch ernste und andauernde Übung erlangt werden. Tugend ist eine dauerhafte Beschaffenheit. Durch Untätigkeit jedoch und durch ein ihr widersprechendes Verhalten wird sie gemindert oder geht ganz verloren. Ihr Gegenstück ist das Laster, der Hang zu unangemessenem Tun.

Im moralischen Sinne bedeutet Tugend (*Buber*, 1954) die individuelle Tauglichkeit oder Tüchtigkeit (Beharrlichkeit und Willensstärke eingeschlossen) im Hinblick auf individuelles Verhalten, das bestimmten moralischen Normen und Forderungen entspricht. In ihr sind moralische Normen und Werte einer Gemeinschaft zum Leitbild individueller Willensstärke und Vollkommenheit geworden.

Die Bedeutung der Tugend ergibt sich auch daraus, daß der Mensch nur in einer über den Augenblick hinausgehenden Grundentscheidung (optio fundamentalis) seine volle Freiheit gewinnen und verwirklichen kann. Freiheit der Entscheidung muß zur Freiheit der Entschiedenheit werden. Nur wo die Grundausrichtung der Willensentscheidung immer wieder neu bestätigt wird, kann es zu jenem Lernprozeß kommen, in dem sich die verschiedenen Motivationen der menschlichen Natur voll auf das Ziel menschlichen Handeln hin orientieren.

Nachstehend werden die vier Kardinaltugenden der griechischen Philosophie (vor allem nach *Plato*), die Weisheit bzw. Klugheit, die Tapferkeit, die Mäßigung und die oberste der Kardinaltugenden, die Gerechtigkeit, zur Diskussion gestellt; einmal, um Vorgesetzten, die den Erwartungen der Mitarbeiter nach einem „gerechten und unparteiischen" Vorgesetzten entsprechen wollen, bei ihrem Vorhaben zu helfen, zum anderen, um wesentliche Denkergebnisse der Philosophie für die Personalführung überprüfen zu können.

### *(1) Tugend der Klugheit bzw. Weisheit*

Klugheit läßt sich mit Wirklichkeitssinn, mit Realitätsbezogenheit beschreiben. *Brugger* (1971) definiert Klugheit als Fähigkeit, im Hinblick auf das bestimmte einzelne Handeln und am Maßstab praktischer Wahrheit richtig zu entscheiden,

*Kiefer* (1982) spricht von Klugheit als dem Mut zur Wahrheit und als Anerkennung der Wirklichkeit. Vollendete Klugheit schließlich ist Weisheit. *Müller/Halder* (1958) beschreiben Weisheit (griech.: sophia, lat.: sapientia) als die – wenn auch eingeschränkte – Einsicht in die notwendige Wesens- und Rangordnung, in Ursprung und Ziel der Dinge. Sie ist also weder bloße Fachgelehrtheit noch beliebiges Vielwissen.

Das erste, was von einen Handelnden gefordert werde, ist, daß er wissend sei, bemerkte schon *Thomas von Aquin*. Wer nicht weiß, wie die Dinge wirklich sind und liegen, der kann auch nicht das Gute tun; denn das Gute ist das Wirklichkeitsgemäße. Die Klugheit wird als erste unter den Kardinaltugenden genannt, weil das praktische Tun das Wissen um die Realität voraussetzt.

*Pieper* (1964) weist auf eine Erkenntnis der modernen Psychologie hin: Ein Mensch, dem die Dinge nicht so schmecken wie sie sind, sondern in allen Dingen nur sich selbst schmeckt, weil er nur auf sich selbst blickt, hat nicht nur die Chance der Gerechtigkeit eingebüßt, sondern auch die seelische Gesundheit verloren. Eine ganze Kategorie seelischer Erkrankungen besteht in ichhafter „Unsachlichkeit".

Die Tugend der Klugheit bzw. Weisheit ist an Verhaltensmerkmalen erkennbar, z. B. wenn er

- den Mut hat, sich an den Realitäten und Anforderungen der Arbeitsaufgabe zu orientieren und nicht etwa „Anpassungsleistungen" an „Ideologien" oder subjektiv-egozentrisch orientierte „Mächtige",
- die Einstellung hat, objektiv und sachlich sein zu wollen,
- die Einsicht in die Rangordnung der Werte hinsichtlich der Würde des Menschen, der Bedeutung der Kardinaltugenden, der Pflicht, der Verantwortung gegenüber dem Betrieb, den Mitarbeitern, den übertragenen Arbeitsaufgaben u. ä. entwickelt hat,
- sich ernstlich bemüht, nach diesen Einsichten bzw. Vorsätzen zu handeln.

*(2) Tugend des Starkmutes, der Tapferkeit*

Die Tugend des Starkmutes, der Tapferkeit zeigt sich, wenn sich jemand für das, was er als richtig erkannt hat, einsetzt, Durchsetzungswillen hat, um betriebliche Ziele zu erreichen sucht und sich für die berechtigten Belange seiner Mitarbeiter engagiert.

*Brugger* (1971) beschreibt die Tugend der Tapferkeit als die Bereitschaft, sich um eines hohen Gutes willen Gefahren auszusetzen, Übel zu ertragen und vor dem Tod nicht zurückzuweichen. Starkmut überwindet Furcht und zügelt Kühnheit; er verlangt Geduld, Hochherzigkeit, Zuversicht, Großmut, Beharrlichkeit und Ausdauer. *Kiefer* (1982) umreißt die Tugend der Tapferkeit als das Wagnis, Nachteile auf sich zu nehmen und das Gute und Wahre auch im Konflikt anzustreben. *Pieper* (1964) bemerkt zur Tapferkeit, daß es sie nur da gibt, wo die Gerechtigkeit gewollt ist. Wer nicht gerecht ist, kann nicht im echten Sinne tapfer sein.

Bei *Thomas von Aquin* heißt es: „Das Lob der Tapferkeit hängt von der Gerechtigkeit ab. Das bedeutet: Ich kann einen nur dann wegen seiner Tapferkeit loben, wenn ich ihn zugleich auch wegen seiner Gerechtigkeit loben kann. Die Tapferkeit ist also wesensmäßig gebunden an den Willen zur Gerechtigkeit."

Der Starkmut (die Tugend der Tapferkeit) des Vorgesetzten bzw. Mitarbeiters zeigt sich, wenn er

- für die Gerechtigkeit eintritt unter Inkaufnahme von möglichen persönlichen Nachteilen;
- über einen starken Durchsetzungswillen verfügt, wenn er es wagt, sich persönlich bei riskanten Auseinandersetzungen einzusetzen, um die von ihm als richtig und wertvoll erkannten Ziele zu erreichen;
- sich der guten Sache wegen überwinden kann, um die Kontrolle über sich selbst zu gewinnen;
- sich für seine sachlichen, betrieblichen Ziele, für die ihm übertragenen Arbeitsaufgaben einsetzt;
- sich für berechtigte Interessen seiner Mitarbeiter engagiert;
- auf die Einhaltung gerechter betrieblicher Normen drängt und, allgemein zusammengefaßt,
- sein Verhalten an ethischen Werten und nicht an Bequemlichkeit, Opportunität, Anpassungswilligkeit orientiert.

*(3) Tugend der Mäßigung, der Besonnenheit*

Die Tugend der Mäßigung bewahrt vor vorschnellen, unbesonnenen und unüberlegten Entscheidungen. Sie vermeidet insbesondere Entscheidungen aus dem Gefühl, aus Stimmungen heraus und bewahrt somit vor extremen, einseitigen, unrealistischen Entscheidungen. Die Besonnenheit orientiert sich an den Realitäten.

Einen wesentlichen Aspekt der besonnenen, durch Mäßigung bestimmten Grundeinstellung hat der griechische Philosoph *Aristoteles* in der Nikomanischen Ethik beschrieben. Unter Tugend verstand *Aristoteles* die durch Übung erworbene Fähigkeit, besonnen, vernunftgemäß zu handeln, d. h. die richtige Mitte zwischen Gegensätzen einzuhalten. Die Tugend ist nach *Aristoteles* nicht durch das Wissen bestimmt, sondern entspringt dem Wollen, das von der Vernunft geleitet wird.

Ein besonnenes, vernunftgemäßes Leben zu führen ist auch das oberste Moralprinzip der Stoiker. Diese erheben das Sich-in-der-Hand-haben, das Herr-sein-über-sich-selbst zum Ziel der Tugend der Mäßigung, der Besonnenheit.

Die Tugend der Besonnenheit und des Maßes ist die durch Übung zu erlangende Fähigkeit, immer sogleich vernunftgemäß zu handeln, also immer die richtige Mitte zwischen den Gegensätzen einzuhalten. So ist nach *Aristoteles* z.B. die Freigebigkeit die Mitte zwischen Verschwendung und Geiz. Oder – um auf besonders aktuelle, zeitnahe Fragestellungen zu kommen – die Mitte zwischen

- Selbstverwirklichung und sozialer Partnerschaft,
- ökonomischem und ökologischem Denken,
- wirtschaftlichem und persönlichem Handeln.

Merkmale des besonnenen und maßvollen Vorgesetzten

- Er bemüht sich, die richtige Mitte zwischen Extremen einzuhalten, etwa zwischen Starrsinn und Labilität, Starrköpfigkeit und Suggestibilität.
- Er bemüht sich um Mäßigung der von Natur aus zur Unmäßigkeit tendierenden menschlichen Triebe bzw. Triebfedern; er hütet sich vor Geltungssucht, Machtsucht, Selbstsucht u. ä.
- Er ist sich bewußt, daß Maßlosigkeit und Unbeherrschtheit seine Autorität untergraben und schwächen.
- Er ist sich bewußt, daß sowohl der Abbau jeder sozialen Distanz zu seinen Mitarbeitern ebenso wenig hilfreich ist wie die besondere Betonung seines Vorgesetztenprestiges.
- Weder der weitgehende Verzicht auf Kontrolle noch die totale Kontrolle sind erstrebenswert.
- Er identifiziert sich weder voll mit den Interessen der Mitarbeiter (und wirkt als deren Sprachrohr), noch macht er sich zur Marionette der Geschäftsleitung.

*(4) Die Tugend der Gerechtigkeit*

Autorität haben heißt, von den Mitarbeitern anerkannt zu sein. Achtung und Anerkennung sind abhängig vom Vertrauen, das die Menschen zu dem haben, der führt, der ihnen vorgesetzt ist.

Die Bedeutung der Gerechtigkeit des Vorgesetzten für die Mitarbeiter konnten wir durch die Befragung von 500 Maschinenarbeitern in einem metallverarbeitenden Großbetrieb feststellen (*Schmidt*, 1986). Eindeutig mehrheitlich wurde die Gerechtigkeit und Unparteilichkeit auf den ersten Rangplatz der Eigenschaften und Verhaltensweisen gesetzt, die ein Meister haben soll (s. oben unter: Akzeptanz der persönlichen Autorität).

*Plato* bezeichnet die Gerechtigkeit als die oberste der Kardinaltugenden. Diese Erkenntnis des bedeutenden Philosophen korrespondiert mit unserem Befragungsergebnis.

*Kiefer* (1982) definiert Gerechtigkeit als die Anerkennung des Rechtes des Nächsten und der Gemeinschaft aus dem Wissen um die eigenen Aufgaben, Pflichten und Verantwortungen.

Gerechtigkeit, so formuliert *Pieper* (1964), ist das Vermögen, wahrhaft mit dem anderen zu leben; dies ist aber abhängig von der Anerkennung der Wirklichkeit, also von der Tugend der Klugheit bzw. Weisheit. Nur ein sachlicher Mensch ist gerecht; und Unsachlichkeit besagt, auch für den Sprachgebrauch des Alltags, fast dasselbe wie Ungerechtigkeit. *Pieper* macht auf einen naheliegenden Irrtum in bezug auf die Gerechtigkeit aufmerksam: Man könne gerecht sein, ohne tapfer sein zu müssen. Es sei dies nicht so sehr ein Irrtum über das Wesen der Gerechtigkeit, bemerkt *Pieper*, als ein Irrtum über die Seinsverfassung dieser Welt, in welcher die Gerechtigkeit verwirklicht werden muß. „Diese Welt“ ist nämlich nicht so gebaut, daß die Gerechtigkeit sich nicht „von selbst“, ohne den Einsatz von Menschen, „durchsetzt“.

Gerechtigkeit ist zwar ein Anliegen vor allem von unterstellten Mitarbeitern, sie ist aber auch die Grundlage für die Akzeptanz bei den Mitarbeitern. Die persönliche Akzeptanz, deren wichtigste Voraussetzung ohne Zweifel die persönliche Autorität ist, ist ja die Basis für ein erfolgreiches betriebliches Zusammenwirken von Vorgesetzten und Mitarbeitern. Die Tugend der Gerechtigkeit als persönliche Grundeinstellung basiert auf Klugheit, Starkmut (Führungsstärke) und Besonnenheit.

Merkmale des gerechten Vorgesetzten

- Er läßt sich von den Realitäten, der Wirklichkeit, von Sachlichkeit leiten; er weiß: Unsachlichkeit kann zu Ungerechtigkeit werden.
- Er achtet die Würde jedes Mitarbeiters, d. h. er achtet und respektiert die Persönlichkeit jedes Mitarbeiters.
- Der Vorgesetzte ist sowohl dem Mitarbeiter als auch seiner sachlichen Arbeitsaufgabe und der Unternehmung gegenüber gerecht (verpflichtet).
- Die Gerechtigkeit läßt sich als an der Wirklichkeit orientierte, feste und besonnene Einstellung definieren. Gerechtigkeit ist klar zu trennen von Rigorismus oder Selbstgerechtigkeit.
- Der um Gerechtigkeit bemühte Vorgesetzte prüft sich insbesondere, ob seine Entscheidungen und sein Handeln frei sind von Selbstsucht, Opportunismus, Parteilichkeit, Mangel an Aufgaben- und Verbindlichkeitsbewußtsein.

- Er läßt sich von dem Bemühen leiten, die Arbeitsaufgaben (-aufträge) so auf seine Mitarbeiter zu verteilen, daß keiner über- oder unterfordert wird. Er wird sich bemühen, dem Mitarbeiter die Chance der persönlichen und fachlichen Weiterentwicklung zu geben.

## 3.2 Die Verantwortung der Führungspersönlichkeit

> Denn um sich greift der Mensch,
> nicht darf man ihn der eigenen Mäßigung vertraun.
> Ihn hält in Schranken nur
> das deutliche Gesetz und der Gebräuche tiefgetretene Spur.
> (*Schiller*, Wallensteins Tod)

Diese von *Schiller* so treffende Beschreibung des zur Maßlosigkeit neigenden Menschen beunruhigt heute zunehmend viele Menschen, zumal die Folgen dieser Maßlosigkeit immer deutlicher als Gefahr erkannt werden. Die Geschichte zeigt, daß diese Gefährdung des Menschen durch seine Natur schon immer gegeben war, doch erhält die Bedrohung heute durch die von Menschen geschaffenen Möglichkeiten eine neue Dimension. Immer schon wurde versucht, durch Ordnungssysteme das Zusammenleben der Menschen zu regeln, um zu verhüten – um es drastisch auszudrücken –, daß die Menschen sich gegenseitig totschlagen oder – um mit *Thomas Hobbes* zu sprechen – ein Krieg aller gegen alle ausbricht.

Heute scheint weder das von *Schiller* beschworene deutliche „Gesetz" noch „der Gebräuche tiefgetretene Spur" ein verläßlicher Garant dafür zu sein, daß die menschliche Maßlosigkeit nicht zur ernsten Gefahr wird – nicht zuletzt deshalb, weil der heutige Mensch nur ungern Ordnungssysteme akzeptiert, weil er frei von als einengend empfundenen Ordnungen und Bindungen sein will.

Die durch Wissenschaft und Technik geschaffenen Möglichkeiten bei gleichzeitig geringerer Akzeptanz von Ordnungen und Normen bedingen wegen der skizzierten Tendenz zur Maßlosigkeit die bedrohliche Lage. In dieser Situation muß auf die Konsequenzen maßlosen, ungezügelten menschlichen Verhaltens – auch im Bereich der Unternehmungen – hingewiesen werden, oder anders ausgedrückt: muß das Verantwortungsbewußtsein von allen Betriebsangehörigen entwickelt und gefördert werden.

Die Entwicklung von Verantwortungsbewußtsein der Mitarbeiter ist eine Hauptaufgabe von Vorgesetzten. Ohne entwickeltes Verantwortungsbewußtsein sind moderne, zeitgemäße Führungsprinzipien wie „Management by delegation", „Management by objectives" von vornherein zum Scheitern verurteilt; auch ein kooperativ-partnerschaftlicher Führungsstil bedarf verläßlicher Bindungen, also verantwortlichen, berechenbaren Handelns.

In der deutsche Sprache taucht das Wort „Verantwortung" verhältnismäßig spät, erst im Mittelhochdeutschen, auf. Viel spricht dafür, daß es vom lateinischen „responsum, respondere" herkommt und einen Bezug zum römischen Recht hat.

Das Wort „Verantwortung" wurde verwendet für: auf eine Anklage hin antworten, sein Verhalten rechtfertigen, eine Sache vor Gericht verteidigen. Verantwortung wird auch heute noch als ein Aufsichnehmen der Folgen des eigenen Tuns, zu dem der Mensch als sittliche Person sich innerlich genötigt fühlt und das er sich selbst zurechnen muß, verstanden.

Aus psychologischer Sicht bietet sich für die Definition der Verantwortung der Begriff „Einstellung" an. Verantwortung ist eine Einstellung zu sich selbst, zum Mitmenschen (zum Arbeitskollegen, zum Vorgesetzten), zum Betrieb und zur betrieblichen Aufgabe.

Wenn nun eine Einstellung von der persönlichen Anlage, von der persönlichen Lerngeschichte, von der persönlichen Steuerungsinstanz (Ich), vom System der Normen und Werte abhängig ist, ergeben sich mit dem Begriff „Einstellung" (Verantwortungsbewußtsein) Möglichkeiten zur Pflege und Entwicklung des Verantwortungsbewußtseins durch Personalentwicklungsaktivitäten.

Ein entscheidendes Element jeder Führung ist die Übernahme von Verantwortung, die Idee oder Vorstellung, daß man als Vorgesetzter den Lauf der Ereignisse entscheidend beeinflussen kann. Handlungsorientierte Vorgesetzte sehen sich oft Risiken und Unsicherheiten gegenübergestellt. So regen sich nicht selten quälende Zweifel hinsichtlich getroffener oder nicht getroffener, doch notwendig erachteter Entscheidungen und wächst das Bedürfnis, sich zu rechtfertigen oder zu verantworten – auch vor sich selbst.

Offensichtlich tritt die Verantwortung im allgemeinen Bewußtsein an die Stelle, die in der Vergangenheit die Pflicht eingenommen hatte. Mit dem Pflichtbegriff assoziiert man heute aber nicht selten etwas, „was von oben kommt", eine Reglementierung, einen Zwang, oder etwas, was der individuellen Freiheit entgegengesetzt ist. Ob diese Bewertung zutrifft, mag dahingestellt bleiben, zumal Pflicht in der Vergangenheit überwiegend als die Einstellung oder Haltung derjenigen Menschen verstanden wurde, die in einer sittlich-geistigen Ordnung lebten und die durch die Pflicht letztlich ihre Freiheit verwirklichten.

Der Begriff „Verantwortung" hat gegenwärtig Hochkonjunktur, etwa hinsichtlich der Möglichkeiten der Atomphysik, der Gentechnik, der Natur- und Technikwissenschaften. Denn immer, wenn es gehäuft Probleme und Konflikte gibt, wenn Ängste aufbrechen, ergeht der Ruf nach dem Verantwortlichen bzw. nach der Verantwortung.

Im Betrieb stellt sich die Frage nach der Verantwortung des Entwicklers und Konstrukteurs, des Sicherheits-, Produktions- bzw. Fertigungsingenieurs, des Prüf- und Kontrollingenieurs, aber auch des Betriebsrates – vor allem aber die Frage nach der Verantwortung des Vorgesetzten.

Ganz allgemein kann gesagt werden, daß das Moment der Verantwortlichkeit für das Handeln des Menschen als Persönlichkeit spezifisch ist, d.h. daß das Handeln nicht bloß nach (Natur-)Gesetzen mit Zwangsläufigkeit abläuft, sondern sich auch in freier Entscheidung gemäß einer geistigen Wertorientierung vollzieht. Der Mensch vermag sich kraft seines Willens für diese oder jene Werte zu entscheiden und sie so in seinem Handeln verwirklichen.

Diese verantwortliche Seite des menschlichen Handelns kann zusammengefaßt als Charakter bezeichnet werden. Das ist diejenige Werthaltung der Persönlichkeit, die als relative Konstante des persönlichen Wertstrebens, -fühlens und -wollens gilt und das Tun des Menschen bestimmt.

### 3.2.1 Grundlagen der Verantwortung

#### 3.2.1.1 Verantwortung und Freiheit

Das Subjektivitätsdenken der Gegenwart tendiert zur Entkoppelung von uneingeschränkter Freiheit und Verantwortung. Das wurde nicht immer so gesehen. So gehörten z.B. in der *griechischen Antike* Freiheit und Gesetz, Ethik und politisches Handeln zusammen. In seinem Werk „Politik" wies *Aristoteles* (384–322 v. Chr.) auf die

Gefährdung der Freiheit durch willkürliches, subjektives Handeln hin. Um Anarchie und Chaos zu vermeiden, muß sich nach *Aristoteles* die Freiheit des einzelnen an der Gemeinschaft orientieren.

Freiheit bedeutete zur *Zeit der Römer* zwar die Möglichkeit des Freien (nicht des Sklaven) zur Selbstbestimmung und die Absicherung der Rechte des einzelnen gegenüber der Gemeinschaft, die jedoch auch die Beschränkung der individuellen Freiheit durch das Gesetz beinhaltete.

Diese Varianten der Entfaltung des Freiheitsbegriffes der Antike sind bis in unsere Gegenwart zu verfolgen. Die Freiheit des einen hat die Freiheit des anderen zu berücksichtigen. Wenn die Bindung der Freiheit an das Gesetz, die Norm, den Wert gelockert wird, wenn keine verantwortliche Bindungen an diese bestehen, öffnet sich das Tor zur Anarchie und zum Chaos.

Im *Mittelalter* wurde Freiheit vor allem als Aspekt der Abhängigkeit des Menschen von einer hierarchisch gestuften Ordnung verstanden. Als frei galt derjenige, der diese Art von Freiheit akzeptierte. So wurde in mittelalterlichen Schriften Freiheit nicht selten im Kontext mit Dienst, Gehorsam, Abhängigkeit gebraucht.

Im *späten Mittelalter,* zur Zeit der aufkommenden Frührenaissance, setzte eine Rückbesinnung auf die Antike ein. Mit der Wiederentdeckung der Vernunft, dem Vertrauen auf die eigene Einsicht wuchs ein neuer Freiheitsbegriff. Der „aufgeklärte" Mensch sah seine Freiheit nicht mehr begrenzt von der Verantwortung der Obrigkeit gegenüber.

In der *Zeit der Aufklärung* duldete der aufgeklärte Mensch keine normsetzende Instanz über sich, sondern vertraute jetzt seiner Vernunft. Er sah sich selbst in einer unbegrenzten Freiheit und Unabhängigkeit bis in unsere Zeit. Der aufgeklärte Mensch schaffte sich sein Gesetz aus der Vernunft und aus der Zuversicht, die auf seinen Verstandesleistungen basierte.

Die Ideale der Aufklärung bestimmten auch die *französische Revolution*, die die Freiheit als erste Forderung auf ihre Fahnen geschrieben hatte. Es zeigte sich aber bald, daß dieser Freiheitsbegriff sehr emotional bzw. subjektiv interpretiert wurde. Eine Verständigung auf eine gemeinsame Wertgrundlage gelang nicht. Diese Bindungs- bzw. Verantwortungslosigkeit des Freiheitsbegriffs in der französischen Revolution bestätigte die Thesen von *Aristoteles* und desavouierte die Ideale der Aufklärung, nach der sich das sittlich Gute hätte durchsetzen bzw. beweisen können.

Das *Ende des 18. Jahrhunderts* konzipierte Freiheitsbegriffe, die immer stärker idealisiert wurden, indem man das jeweilige eigene System der Freiheit zu realisieren suchte und dazu neigte, jeden Kritiker als Gegner der Freiheit abzustempeln.

Schließlich sei noch kurz auf den *Existentialismus* nach *Sartre* eingegangen. Danach ist die objektive Welt sinn- und wertfrei; der Mensch ist ihr gegenüber frei, und indem er sie subjektiv, aus seiner Wahrnehmung heraus betrachtet, schafft er sich selbst Sinn und Wert, wie er es gerade will. Das ist seine Freiheit. Er kann nicht wählen, ob er diese Freiheit wünscht, er muß selbst entscheiden – und damit begründet Sartre die menschliche Verantwortung. Denn, indem der Mensch sich selbst definiert – gleichsam aus eigener Machtvollkommenheit –, setzt er für sich (und die ganze Welt) fest, was gut und was böse ist. Für eine so verstandene Freiheit ist es bezeichnend, daß sie Verhältnisse, Ordnungen und Werte immer wieder in Frage stellt; sie führt in letzter Konsequenz zur Auflösung aller Werte, zur Anarchie. Denn wenn alles von der Subjektivität des einzelnen abhängt, wird es unmöglich, etwa moralische von unmoralischen Handlungen zu unterscheiden. Auch dies mag bezeichnend sein für unsere heutige Situation.

Verantwortung aber fordert ein offenes Verhältnis zur Welt. Daraus folgt, daß der Mensch nur dann für die Welt verantwortlich sein kann, wenn er ihr offen und frei gegenüberstehen kann, weil sein Dasein ein verantwortliches In-der-Welt-Sein ist. Nur in einem solchen offenen Verhältnis kann die Erfahrung der Verantwortung gemacht werden.

Für das Arbeitsleben bedeutet das Verantwortlich-in-der-Welt-Sein dann auch, im Betrieb verantwortlich zu sein.

So sehr nun im Zusammenhang mit der Verantwortung des Menschen das Grundmoment der Offenheit betont wird, muß doch auf der anderen Seite auf die *Verbindlichkeit der Verantwortung* hingewiesen werden, weil gerade durch sie die besondere Sinn- und Wirklichkeitsdimension der Verantwortung überhaupt erst eröffnet wird. Verantwortung wird als eine notwendige Folge der menschlichen Willensfreiheit und der darin begründeten Zurechnungsfähigkeit verstanden.

### 3.2.1.2 Verantwortung und Macht

Eine grundlegende Voraussetzung für Verantwortung ist (auch) die kausale Macht. Den Zusammenhang zwischen Macht und Verantwortung betont *Jonas* (1982): „Die Sache wird mein, weil die Macht mein ist und einen ursächlichen Bezug zu eben dieser Sache hat. Das Abhängige in seinem Eigenrecht wird zum Gebietenden, das Mächtige in seiner Ursächlichkeit zum Verpflichtenden. Für das so ihr Anvertraute wird die Macht objektiv verantwortlich und durch die Parteinahme des Verantwortungsgefühls affektiert engagiert."

Folgt man diesen Überlegungen, so stellt sich die Frage, was Macht ist und in welcher Form sie auftreten kann. Ganz allgemein wird Macht, ethymologisch betrachtet, als „etwas können oder vermögen" beschrieben. In Anlehnung an *Machiavelli* kann Macht als Mittel zur Steuerung, gleichsam als Energie zur Prozeßsteuerung interpretiert werden.

In der soziologisch akzentuierten Sichtweise wird Macht als Mittel negativer Sanktionen zur Beeinflussung anderer gegen deren Willen verstanden. So versteht *Weber* (1984) Macht ganz allgemein als Chance eines Menschen oder einer Mehrzahl solcher, den eigenen Willen in einem Gemeinschaftshandeln auch gegen den Widerstand anderer daran Beteiligter durchzusetzen. Der Autor bezeichnet an anderer Stelle Macht als Möglichkeit, den eigenen Willen dem Verhalten anderer aufzuzwingen. Als wichtigstes Durchsetzungsmittel sieht er die ökonomische Macht.

Angesichts der Verheerungen, die fehlgeleiteter und entarteter Machtwille anzurichten vermag, könnte man versucht sein, die Macht schlechthin als böse und verdammenswert zu bewerten.

*Pestalozzi*, ein Zeitgenosse der französischen Revolution und Napoleons, hat dem entgegengehalten: „Nicht die Macht, der Mensch, der sie in der Hand hat, ist schuld."

Im Hinblick auf die besondere Bedeutung der Macht in der Personalführung seien in Anlehnung an *French/Raven* (1959) verschiedene Machtarten kurz skizziert:

*Belohnungsmacht.* Der Beeinflussende hat die Möglichkeit, dem Beeinflußten Belohnungen wie z.B. Beförderungen, interessante Aufgaben, Lohn- bzw. Gehaltserhöhungen zukommen zu lassen, oder diese zu reduzieren oder gar zurückzunehmen. Er kann zudem negative Ereignisse wie Versetzung oder Freistellung fernhalten.

*Bestrafungsmacht.* Der Machtinhaber kann seinen ihm abhängig Unterstellten Sanktionen androhen und diese verhängen, etwa Disziplinarverfahren; er kann aber auch anstehende positive Ereignisse vom Beeinflußten fernhalten. Um den negativen Sanktionen zu entgehen, beugt sich der abhängig Beeinflußte möglicherweise dem Einflußversuch. Für die Belohnungs- und Bestrafungsmacht ist es nach *Raven/French* notwendig, daß der Beeinflussende kontrolliert, ob der Beeinflußte seinem Willen nachkommt.

*Legitimitätsmacht.* Diese beruht auf der Anerkennung des Rechts zur Machtausübung durch den Beeinflußten. Rechtsordnung, Geschäftsgrundsätze, Rollenvorschriften, Gruppennormen, Führungsrichtlinien werden anerkannt. Wenn der Beeinflußte die Grundlagen der Legitimitätsmacht innerlich akzeptiert, ist weniger Überwachung als bei der Belohnungs- und Bestrafungsmacht notwendig.

*Identifikationsmacht.* Diese beruht auf der Vorbildswirkung. Dem Verhalten des Vorgesetzten wird nachgeeifert. Negative Bezugspersonen oder -gruppen können eine negative Macht ausüben.

*Expertenmacht.* Diese Art von Macht basiert auf besonderem Wissen und Können des Beeinflussenden auf Gebieten, die für den Beeinflußten von Bedeutung sind; der Sachverstand des Experten wird anerkannt. Unter Expertenwissen fällt auch die Macht von Informationen.

*French/Raven* stellen zu diesen Machtarten die nachstehenden Hypothesen auf:

(1) Für alle Machttypen gilt, daß die Macht um so größer ausfällt, je stärker die Machtgrundlage ist.
(2) Für alle Machttypen kann der Machtbereich variieren. Im allgemeinen genießt die Expertenmacht das größte Ansehen.
(3) Jeder Versuch, die Macht außerhalb des Machtbereichs anzuwenden, führt zu einer Verminderung der Macht.
(4) Belohnungs- und Bestrafungsmacht führen zu einer großen Abhängigkeit vom Beeinflussenden. Bei den anderen drei Machttypen ist die Unselbständigkeit nicht so ausgeprägt.
(5) Bestrafung führt zu einer verminderten Anziehung und zu einem größeren Widerstand des Beeinflußten gegenüber dem

Beeinflussenden; Belohnung hat erhöhte Anziehung und niedrigeren Widerstand zur Folge.

(6) Je legitimer die Bestrafung erfolgt, desto weniger Widerstand und verminderte Anziehung wird sie auslösen.

Im Hinblick auf die gerade skizzierten Formen der Macht – insbesondere der Belohnungs- und Bestrafungsmacht – sind die Sozialbindung der Macht und ein entwickeltes *Verantwortungsbewußtsein* besonders wichtig.

Für die Arbeitswelt muß gelten:

- Jeder Betriebsangehörige, insbesondere die Vorgesetzten, die Machtkompetenz haben, tragen auch die Verantwortung.
- Macht und Verantwortung sind korrespondierende Elemente der Führung und Leitung.
- Aus der wechselseitigen Bezogenheit von Macht und Verantwortung ergibt sich die Notwendigkeit zur Pflege und Entwicklung des Verantwortungsbewußtseins.
- Nicht durch Verantwortung gebundene Macht ist Gewalt, die als Arroganz, Omnipotenz, Destruktion bis hin zur Vernichtung des Schwächeren führen kann.

### 3.2.2 Verantwortung als Steuerungsinstanz

Unter Steuerung versteht man im allgemeinen willkürliche Beeinflussung oder Änderung von Steuergrößen wie Bewegungen, Energien o. ä. Im Zusammenhang mit der Erörterung der Steuerung menschlichen Verhaltens stellt sich die Frage nach der steuernden Instanz, d. h. die Frage nach dem Ich. Das Ich wird in der Psychologie weitgehend übereinstimmend definiert als Instanz des Bewußtseins, der Entscheidung, der bewußten Steuerung.

Das Ich als (bewußte) Entscheidungsinstanz des Menschen bedarf der Orientierung, eines Bezugssystems, benötigt „Maßstäbe" (Normen, Werte o. ä.), wenn der Mensch nicht von Trieben, Stimmungen, Launen, Affekten oder Gefühlen getrieben und hin- und hergeworfen werden soll. Ein entwickeltes Verantwortungsbewußtsein vermag dem Ich Orientierung zu verleihen.

Das Ich als Entscheidungsinstanz des Menschen orientiert sich am Bewußtsein und an verantwortlichen Bindungen. Träger der persönlichen Verantwortung sind Gewissen und Gemüt. Das entwickelte Gewissen ist eine Art Kontrollinstanz für das Ich.

Die Freiheit des Ich findet eine Schranke in dem Bewußtsein der Gebundenheit an Werte, an die Verbindlichkeit ethischer Normen für das eigene Tun. Dieses Bewußtsein nennt man Gewissen. Es ist eine mit der Freiheit zugleich gegebene Hemmung bzw. Bindung. Das Gewissen beruht nicht in erster Linie auf Denkvorgängen, sondern wurzelt in gemüthaften Bindungen. Gemüt bildet den wesentlichen Kern dessen, was unter Rücksichtnahme auf andere, als Mitgefühl, Altruismus, Anhänglichkeit, Menschenliebe, Gemeinschaftsgefühl verstanden wird. Gemüt zeigt sich auch in der Liebe zu Pflanzen und Tieren. Es ist ein Zeichen von Gemüt, sich über etwas zu freuen oder über etwas traurig zu sein. Überall da, wo wir an etwas hängen, wo uns etwas am Herzen liegt oder ans Herz gewachsen ist, handelt es sich um Erlebnisse des Gemüts.

Gemüt kann als eine wertführende Teilnahme an Menschen, Werten und Dingen und im Verbundensein mit ihnen, als ein gegenseitiges Zusammengehören, erlebt werden (*Lersch*, 1964). Im weitesten Sinne verstanden umgreift der Begriff „Gemüt" auch die Gefühlsregungen der Achtung sowie die normativen Regungen des Pflicht- und Gerechtigkeitsgefühls. Gemüt besitzen heißt fähig sein, Bindungen einzugehen mit seiner Um- und Mitwelt.

*Remplein* (1964) bezeichnet Gemüt als den Ort der Bindungen, Gewissen als den Ort der verantwortlichen Bindungen. Das Gemüt erschöpft sich im Gefühl, das Gewissen steht als Urteilskraft des Gefühls in näherer Beziehung zum Verstand und als Ort der verantwortlichen Bindungen zum Wollen und Handeln.

*Gemüt* ist eine *Instanz des Gefühls*, *Gewissen eine des Willens* und damit – auch – *des Geistes und der Vernunft.*

Gewissen und Verantwortung gehören zur innersten und deshalb nicht weiter begründbaren Erfahrung des Menschen, in der er seiner Freiheit gewiß wird, aus eigenem Willen sein Tun zu entscheiden. Im Gewissen verspürt er auch seine Verantwortung für dieses Wollen und Tun, nämlich seine Verpflichtung, allgemein und aus der besonderen Situation die gewonnenen Erkenntnisse seines sittlichen Bewußtseins, das als Wissen noch nicht schon das Gewissen selbst ist, nun als bindende Forderungen anzuerkennen und sich an diese zu halten. Denn erst die Bindung an solche Forderungen kann der Verantwortung ihren Halt geben. Sowohl der das Handeln entscheidende Wille als auch das sittliche Bewußtsein gründen im Wesen des Menschen (*Lersch*, 1964).

„Jeder Mensch hat Gewissen und findet sich durch einen inneren Richter beobachtet, bedroht und überhaupt in Respekt gehalten", schreibt *Kant*. „Es folgt ihm wie ein Schatten, wenn er zu entfliehen sucht. Er kann sich zwar durch Lüste und Zerstreuungen betäuben oder in Schlaf bringen, aber nicht vermeiden, dann und wann zu sich selbst zu kommen oder zu erwachen, wo er alsbald die Stimme des Gewissens vernimmt."

Demgegenüber bemerkt *Lersch*, daß die Regungen des Gewissens nur bei denjenigen auftreten, die sich in der Tiefe des Gemüts überindividuellen Imperativen verpflichtet fühlen, also überindividuelle Bindungen erleben, vor allem Bindungen des Mitgefühls, der Liebe, der Verehrung, der Achtung und solcher normativer Art in der Anerkennung allgemein sittlicher Forderungen von Recht und Unrecht, von Gut und Böse. Nur in diesem Falle regt sich das Gefühl der Verantwortung

Zusammenfassend läßt sich sagen, daß das Verantwortungsbewußtsein weiter reicht als eine vertragliche Verpflichtung. Verantwortung ist eine personale Steuerungsinstanz. In der Verantwortung trägt man Sorge, z.B. für konkrete Wesen oder Werke, die der eigenen Obhut und Sorge anvertraut sind, seien es nun die Mitarbeiter, die vereinbarten oder gesetzten betrieblichen Ziele, die übertragene Arbeitsaufgabe, die Betriebsmittel o.ä.

### 3.2.3 Entwicklung und Pflege des Verantwortungsbewußtseins in der Arbeitswelt

#### 3.2.3.1 Durch Delegation von Macht bzw. Kompetenzen

Nur derjenige Mitarbeiter darf zur Verantwortung gezogen werden, der auch die Macht bzw. Kompetenz hatte, das (Arbeits-)Geschehen zu beeinflussen, seine Arbeit bzw. Arbeitsabläufe zu gestalten. Natürlich bedarf die Übertragung von Aufgaben zur selbständigen Erledigung durch den Mitarbeiter nicht nur der Aussstattung mit Kompetenzen (Macht), sondern auch bestimmter Voraussetzungen wie die vorherige Unterweisung und die Erziehung zu selbständigem Arbeiten.

Wichtig ist, daß dem Mitarbeiter bei der Übertragung einer bestimmten Arbeitsaufgabe vom Vorgesetzten klar bewußt gemacht wird, daß mit dem Einräumen von Handlungs- und Entscheidungsfreiräumen seine persönliche Verantwortung für das Arbeitsergebnis begründet wird.

#### 3.2.3.2 Durch Konsequenz in der Durchführung von Kontrollen

Der Delegation des Rechts zum selbständigen Entscheiden und Handeln des Mitarbeiters muß konsequenterweise auch dessen Verantwortung entsprechen, d. h., daß er für sein Tun oder für seine Unterlassungen persönlich einzustehen hat. Er muß sich zur Rechenschaft ziehen lassen für Fehler oder für mängelbehaftete Produkte oder Dienstleistungen.

Einen besonderen Stellenwert bei der betrieblichen Pflege und Entwicklung des Verantwortungsbewußtseins des Mitarbeiters nimmt deshalb das Führungsmittel „Kontrolle“ ein. Ein waches Gewissen, eine aufmerksame persönliche Kontrollinstanz, d. h. ein entwickeltes Verantwortungsbewußtsein ist weitgehend abhängig von entsprechenden Lern- bzw. Erziehungsprozessen. Hier ist der Vorgesetzte in seiner Funktion als Personalentwickler gefordert. Die durchgeführte Kontrolle deckt – gegebenenfalls – einen Entwicklungs- bzw. Lernbedarf auf und wird somit zu einem Steuerungsmittel in der Hand des Vorgesetzten.

#### 3.2.3.3 Durch die Gestaltung des persönlichen Verhältnisses zwischen Vorgesetzten und Mitarbeitern

Viele Probleme lassen sich im Betrieb nur durch „Kooperation“ lösen. Echte Kooperation ist nur möglich, wenn der Mitarbeiter als Partner akzeptiert, als Mensch geachtet wird. Besteht ein gutes menschliches Verhältnis zwischen Vorgesetzten und Mitarbeitern, werden die emotionalen, gemüthaften Bindungen gestärkt. Diese wiederum sind die tragenden Stützen des Verantwortungsbewußtseins, weil es dann dem einzelnen Mitarbeiter schwerer fällt, seinen Vorgesetzten oder seinen Kollegen menschlich zu enttäuschen.

#### 3.2.3.4 Durch einen zielorientierten Führungsstil des Vorgesetzten

Dabei handelt es sich um das Führungsprinzip der Zielvorgabe, Zielvereinbarung und Zielverantwortung. Der wesentliche Grundgedanke dieser Konzeption besteht in der Tendenz der gemeinsamen Zielformulierung unter Beteiligung des Mitarbeiters. Dieser Grundgedanke ist auch wesentlicher Bestandteil einer Personalführung im Sinne von Kooperation.

Eine Beteiligung der Mitarbeiter an der Erarbeitung der für sie verbindlichen Ziele stärkt nachgewiesenermaßen die Motivation für die Zielerreichung und weckt bzw. stärkt das Verantwortungsbewußtsein.

#### 3.2.3.5 Durch klare Informationen über Bedeutung und mögliche Konsequenzen des Handelns

Hierbei handelt es sich um die Umsetzung des Gedankens von *Jonas* (1982), wonach der Handelnde an die Konsequenzen seines Tuns denken sollte. „Was kann da als Kompaß dienen?“ fragt *Jonas*. Er fährt fort: „die vorausgedachte Gefahr selber.“ Dazu gehört nicht nur *unangenehme Kritik, Lohneinbußen* (etwa durch Nacharbeit), *Rückdelegation* interessanter Arbeitsaufgaben, ungünstige Auswirkungen auf die Beurteilung, sondern auch arbeitsrechtliche Konsequenzen wie *Verwarnung* oder *Abmahnung*.

Will der Vorgesetzte – gleichsam prophylaktisch – das Verantwortungsbewußtsein stärken, wird er den Mitarbeiter über alle wesentlichen Konsequenzen von nichttolerierbaren Abweichungen (d. h. von Fehlern) umfassend informieren, gegebenenfalls auch unterweisen.

## 3.3 Persönlichkeit, Karriere und Führungsverhalten

In der Führungstheorie wurden bisher die triebpsychologischen und die einstellungsorientierten Aspekte der Führungspersönlichkeit vernachlässigt. Die stärkere Einbeziehung dieser Aspekte menschlichen Verhaltens erscheint uns aufgrund unseres Untersuchungsbefundes angezeigt. Deshalb wird nachfolgend der Versuch unternommen, den Zusammenhang zwischen psychologischen Wurzeln der Persönlichkeit auf der einen und dem Führungsverhalten und dem Karriereerfolg auf der anderen Seite zu untersuchen bzw. zu skizzieren.

### 3.3.1 Triebpsychologische Aspekte der Vorgesetztenpersönlichkeit

Nach *Szondi* (1972) bestimmen die Triebe alles Tun und Verhalten, alle Strebungen und Bedürfnisse. Triebe sind Radikale der menschlichen Handlungen; sie reichen hinunter bis in die tiefsten Schichten unseres Seins. Sie wirken aber auch hinauf in die Höhen der Menschwerdung. Man spricht dann von der „Sublimierung und Humanisierung der Triebe“.

Nach *Jaspers* (1948) ist ein Radikal ein Wurzelfaktor, der folgenden Kriterien entsprechen sollte:

(1) Radikale sind in ihrer Wesensart stabil, werden durch Vererbung unhistorisch.
(2) Jedes Radikal verfügt über eine besondere Energiequelle, aus der es sich immer wieder aufbaut. Das Radikal ist gleichsam eine Kraft, die in allem Erleben und Verhalten gegenwärtig ist.
(3) Ein Radikal ist inhaltlich unspezifisch. Von Person zu Person und von Zeit zu Zeit kann sich die Manifestation des Radikals ändern. Die Wurzel selbst aber bleibt jedoch – trotz aller Mannigfaltigkeit der Erscheinungsform – stabil.

Triebhandlungen in diesem Sinne gelten als unvollkommene Instinkthandlungen. Der Mensch ist zu individuellen Abwandlungen der angeborenen (durch Vererbung) Eigenschaften imstande, etwa durch Dazulernen, persönlich erworbene Übung, durch die vom Verstand erworbene Ordnung des Wahrgenommenen. Nach *Szondi* ist der Mensch unter allen Lebewesen mit den unvollkommensten Instinkten ausgestattet. Das Triebleben des Menschen wird erstens durch die latenten Triebe, also durch die Bedürfnisse, und zweitens durch das Ich bzw. das Über-Ich (nach *Freud*) gelenkt.

#### 3.3.1.1 Empirische Grundlagen

Unser Beitrag zu einer triebpsychologischen Beschreibung der Vorgesetztenpersönlichkeit stützt sich auf eine Stichprobe von 55 betrieblichen Vorgesetzten (insbesondere von Abteilungs- und Hauptabteilungsleitern).

*Ausgangsdaten und das Kriterienproblem*

Grundlage für unsere triebpsychologischen Überlegungen zur Vorgesetztenpersönlichkeit waren drei Datensätze, die korrelations- bzw. faktorenanalytisch untersucht bzw. ausgewertet wurden.

*(1) Ein erster* – triebpsychologischer – *Datensatz* bestand aus *dem Ergebnis eines Triebprofils jedes Vorgesetzten*, das mit dem *Szondi*-Test gewonnen wurde. Dieser Test sollte ursprünglich die Triebnatur

des familiären Unbewußten aufdecken, gibt aber erfahrungsgemäß eher Aufschluß über die individuelle Triebstruktur bzw. -problematik. Die „Gütekriterien“ dieses Tests sind trotz vieler Untersuchungen noch umstritten. Die engagierte wissenschaftliche Diskussion der Theorie von *Szondi* wird hier nicht referiert bzw. kommentiert. Ohne engen Bezug zur Begründung des *Szondi*-Tests wird unser empirischer Befund – so vorurteilsfrei wie möglich – dargestellt.

*(2) Merkmale des beruflichen Erfolges.* Ohne Zweifel ist es nicht leicht, valide, aussagefähige Kriterien für den Erfolg von Vorgesetzten zu finden. Nach längerem Suchen haben wir uns für *monetäre* Kriterien entschieden. Obwohl die Höhe des Einkommens als ausschließlicher Indikator für Leistung bzw. Erfolg als nicht voll befriedigend anzusehen ist, weil u. a. auch Alter, Schul- und Berufsausbildungsstand neben der Leistung die Gehaltshöhe bestimmen, so kann doch unter bestimmten, noch zu beschreibenden Voraussetzungen (und nicht zuletzt in Ermangelung anderer mit vertretbaren Aufwand beschaffbarer Kriterien) nicht auf Geld als Äquivalent für Leistung, Erfolg und Karriere verzichtet werden.

Wir haben fünf Außenkriterien des Berufserfolges definiert, die verschiedene Aspekte des Erfolges von Vorgesetzten repräsentieren und in der Summe doch für die Praxis nützliche Erfolgskriterien darstellen.

- Ein erstes Erfolgskriterium wurde gebildet aus dem Gesamteinkommen (Bruttojahresverdienst unter Einbeziehung von Zulagen, Prämien, Beihilfen u. ä.).
- Ein zweites Erfolgskriterium wurde kreiert unter Berücksichtigung des Lebensalters und des Ausbildungs- bzw. Hochschulabschlusses.
- Das dritte Erfolgskriterium berücksichtigt neben dem Ausbildungsstand auch die Berufserfahrung in Jahren.
- Das vierte Erfolgskriterium ist der Zinseszins des Anfangsgehalts beim Berufseintritt (nach Abschluß des Studiums bzw. der Ausbildung).
- Das fünfte Erfolgskriterium stellt die erreichte betriebliche Rangstufe, etwa die des Abteilungsleiters, dar.

*(3) Beurteilung des Vorgesetztenverhaltens* der in die Validierungsuntersuchung einbezogenen Vorgesetzten durch deren Mitarbeiter. Damit stellt sich aber auch das Problem, daß verschiedene Mitarbeiter ihren Vorgesetzten möglicherweise unterschiedlich beurtei-

len. Trotzdem: Wer anders als die unmittelbar unterstellten Mitarbeiter sind als Kenner des zu beurteilenden Vorgesetzten anzusehen? Schon *Aristoteles* weist auf die Vorteile mehrerer Beurteiler hin: „Deswegen beurteilt die Menge musikalische und dichterische Werke richtiger als ein einzelner, nämlich der eine diesen, der andere jenen Teil davon und alle zusammen das Ganze."

Vieles spricht dafür, daß in einer Vorgesetzten-Verhaltens-Beschreibung nicht zuletzt auch die Einstellung der Mitarbeiter zu ihrem Vorgesetzten zum Ausdruck kommt. Durch den in unserer Untersuchung eingesetzten „Fragebogen zur Vorgesetzten-Verhaltens-Beschreibung" (*Fittkau-Garthe/Fittkau*, 1971) werden aus der Sicht der Mitarbeiter beschrieben bzw. beurteilt:

- freundliche Zuwendung bzw. Respektierung,
- mitreißende, stimulierende Aktivität,
- Ermöglichung von Mitbestimmung und Beteiligung,
- Kontrolle vs. Laissez-faire,
- Kombinationsskala: freundliche Zuwendung/stimulierende Aktivität.

### 3.3.1.2 Triebpsychologisch orientierte Typen von Vorgesetzten

Die korrelations- und faktorenanalytisch gestützte statistische Auswertung unserer Untersuchungsergebnisse läßt die Beschreibung von fünf triebpsychologisch relevanten Vorgesetztentypen zu.

#### *3.3.1.2.1 Um persönliche Akzeptanz bei ihren Mitarbeitern bemühte Vorgesetzte*

Den um persönliche Akzeptanz bemühten Vorgesetzten bescheinigten in unserer Untersuchung die Mitarbeiter ein freundliches, sie menschlich respektierendes Führungsverhalten. Diese Vorgesetzten ermöglichen ihren Mitarbeitern Mitwirkung bei den sie betreffenden Entscheidungen. Ihr Führungsstil kann als kooperativ-partnerschaftlich bezeichnet werden.

*Triebpsychologische Grundlagen*

Die hauptsächlichste triebpsychologische Wurzel des Verhaltens dieses Vorgesetztentyps ist ein ausgeprägtes Bedürfnis nach persönlichem, emotionalem Angenommensein, nach zwischenmenschlicher Akzeptanz – und zwar „so, wie man ist“. Dieses triebpsychologische Bedürfnis wird noch verstärkt, wenn zwischenmenschliche Bindungen verlorengegangen, etwa Partnerschaften, Ehen, Verlöbnisse, Freundschaften „in die Brüche gegangen“ sind. Oft manifestiert sich eine tiefe emotionale Verunsicherung hinsichtlich des Selbstwertgefühls bzw. der Selbstsicherheit. Nach dem Verlust der mitmenschlichen Bindung des „Objektes“ des triebpsychologischen Bedürfnisses suchen diese Menschen forciert nach neuen emotionalen Bestätigungen bzw. Bindungen.

Dieses triebpsychologische Bedürfnis kann auch als Besorgnis bzw. Angst beschrieben werden, nicht akzeptiert zu werden; nicht zu übersehen ist dabei die Gefahr, in Abhängigkeit von der Meinung anderer zu geraten, nur um akzeptiert zu werden.

Ein übersteigertes Bemühen um Akzeptanz bei den Mitmenschen kann auch aus der allgemeinen Gefühlsunsicherheit entstehen, ein „Objekt nicht sicher zu besitzen“; es bleibt dann eine ausgeprägte Unsicherheit für diesen Personenkreis, ob man von den anderen Menschen auch wirklich persönlich gemocht, akzeptiert wird.

Sieht man von einer übersteigerten Form dieses Kontakttriebes ab, so kann man – bei normaler Ausprägung dieses Radikals – auch von einem Streben nach mitmenschlicher Teilhabe sprechen. Dieses Streben beruht auf der Erfahrung, daß unser Menschsein unmittelbar mit den Mitmenschen verbunden ist. In dem Wunsch nach mitmenschlichem Kontakt erlebt der Mensch sein Dasein als ursprünglich und sinnvoll bezogen auf seine Mitmenschen. Diese Strebungen lassen sich nach *Lersch* in solche des *Miteinanderseins* oder der *Gesellung* und in solche des *Füreinanderseins* gliedern.

Der *Gesellungs- bzw. Kontaktdrang* äußert sich im *Kontaktsuchen*, in dem Bemühen, in seelische Kommunikation zu treten, sich anderen Menschen mitzuteilen und ihnen selbst Resonanz zu geben. Im *Füreinandersein* ist uns die seelische Lage des anderen nicht gleichgültig. Wir nehmen an ihm Anteil, fühlen uns für ihn mitverantwortlich. Die Triebfeder des Füreinanderseins sind Wohlwollen und Helfenwollen. Je nach dem Vorhandensein oder Fehlen der Strebung des Füreinanderseins sprechen wir von *sozialer oder asozialer Einstellung. Lersch* weist auf die innerseelischen Zusammenhänge, auf denen die asoziale Gesinnung beruhen kann, hin. Eine asoziale Gesinnung kann aus einer Unempfindlichkeit für jene mitmenschlichen Werte, auf die die Strebungen des Füreinanderseins gerichtet sind, entstehen, sofern diese Unempfindlichkeit für das Du den Raum freigibt für das ungehemmte Ausleben der Egoismen, des Machtstrebens und des Geltungsdranges. Die gesteigerte Form asozialer Gesinnung ist im Grunde die Rücksichtslosigkeit.

Anders geartet ist jene Form asozialer Gesinnung, bei der es sich nicht eigentlich um eine Unempfindlichkeit und seelische Blindheit für das Wohl des anderen handelt, sondern um die Tendenz, dem anderen zu schaden – also um *Feindschaft, Übelwollen* und *Bosheit*. Man findet Bosheit als Umkehrung der Triebfeder des Füreinanderseins beim Intriganten, der die Menschen gegeneinanderhetzt, um die Gemeinschaft zu stören oder gar zu zerstören. Die Umgangssprache bezeichnet diese Gesinnungen des Übelwollens, die ihre Wurzeln entweder in der Bosheit oder im Vergeltungsdrang, in Rachsucht oder Ressentiment haben, auch als *Gehässigkeit*.

Zu diesen Gesinnungen gehören schließlich auch *Zynismus* und *Sarkasmus*. Zynismus kann als bewußte, in Worten und Handlungen geäußerte Mißachtung von Wertordnungen und Wertbindungen anderer Menschen, und zwar immer darauf gerichtet sein, die Gefühle anderer Menschen zu verletzen. Sarkasmus ist die Tendenz, Werte und Geltungen, die von anderen anerkannt werden, dadurch fragwürdig bzw. hinfällig zu machen, daß man ihre Schwächen und Unzulänglichkeiten schonungslos aufzeigt (*Lersch*).

In unserer Untersuchung betrieblicher Vorgesetzter (*Schmidt*, 1996) konnten wir statistisch signifikant nachweisen, daß sich Vorgesetzte mit einem ausgeprägten triebpsychologischen Bedürfnis nach persönlicher, emotionaler Akzeptanz im „Führungs-Einstellung-Test" (*Schmidt*, 1997 a) durch eine *ausgeprägte Kontaktoffenheit*, *konfliktvermeidende, tolerante Anpassungsbemühtheit* und durch *Gelassenheit* sich auszeichneten. Dagegen fehlen diesem Vorgesetztentyp Machtstreben, aggressive Konfliktbereitschaft und die Tendenz zu impulsiven Reaktionen weitgehend.

### *Das Vorgesetztenverhalten des um persönliche Akzeptanz bemühten Vorgesetztentyps*

Diesen um persönliche Akzeptanz bemühten Vorgesetzten wird von ihren Mitarbeitern bestätigt, daß sie sie selten in Gegenwart anderer kritisieren, nach Auseinandersetzungen sich meist nicht nachtragend verhalten, in Gesprächen eine gelöste Stimmung zu schaffen vermögen, sich um einen eignungsgerechten Personaleinsatz bemühen, ihnen eher selten das Gefühl vermitteln, daß sie der „Chef" sind, selten Anweisungen in Befehlsform geben, für ihre Mitarbeiter und deren Handlungen einstehen, ihnen bei persönlichen Problemen helfen, sie zu Selbständigkeit anregen, Änderungen der Arbeitsgebiete bzw. Aufgaben erst nach Rücksprache mit ihnen vornehmen, sich für den Arbeitsfortschritt interessieren und sich nicht übergangen fühlen, wenn ihre Mitarbeiter selbständig Entscheidungen treffen.

Der Typ des um persönliche Akzeptanz bei seinen Mitarbeitern bemühten Vorgesetzten zeigt kooperativ-partnerschaftliches Führungsverhalten. Dies belegen statistisch signifikante Zusammenhänge zwischen der Ausprägung der beschriebenen triebpsychologischen Tendenz und dem von den Mitarbeitern beschriebenen bzw. beurteilten Vorgesetztenverhalten (*Fittkau-Garthe/Fittkau,* 1971).

#### *3.3.1.2.2 Autoritäre, sozial-kommunikativ distanzierte Vorgesetzte*

Das kennzeichnende Merkmal dieses Vorgesetztentyps sind Kontaktprobleme mit ihren Mitarbeitern. Distanziert-verschlossen, neigen diese Vorgesetzten zu aggressiven Reaktionen, zu einer erhöhten zwischenmenschlichen Konfliktbereitschaft und sind im mitmenschlichen Umgang wenig anpassungs- und kompromißbereit.

##### *Triebpsychologische Grundlagen*

Eine wesentliche triebpsychologische Wurzel des Verhaltens dieses Vorgesetztentyps ist sein Verlust an Urvertrauen, die fehlende emotionale Gewißheit, von anderen Menschen, von den Mitarbeitern persönlich akzeptiert zu werden. Die daraus resultierende Unsicherheit bildet dann die Grundlage für Mißtrauen und Ressentiment, was dazu führt, daß sich diese Vorgesetzten aus menschlichen Bindungen zurückziehen und deswegen letztlich emotional und menschlich vereinsamen. Sie verfügen nicht mehr über verläßliche, auf gegenseitigem Vertrauen basierende mitmenschliche Beziehungen, und es fehlt ihnen letztlich an emotionalem Halt. Schließlich können sie von sich aus keine menschlichen Bindungen mehr anknüpfen. Diesen seelischen Verlust versuchen sie dann möglicherweise durch rastlose Betriebsamkeit – oft ohne Sinn und Ziel – zu kompensieren.

All das wird häufig als Frustration erlebt und führt dann zu aggressivem Verhalten und Ausnutzung der Macht ihres Vorgesetztenstatus.

Daraus resultiert oft ein weiteres Dilemma: Soll der bei diesen Vorgesetzten vorhandene Geltungsanspruch nach außen aufrecht erhalten oder der Rückzug angetreten werden? Depressiv-aggressive Tendenzen können darin ihre psychische Ursache haben. Im Kontext damit kann dann dieser Vorgesetztentyp auch zum Jammern und Lamentieren neigen.

Sozial-kommunikativ distanzierte Vorgesetzte sind im Grunde kontaktschwach. Diese fehlende Kontaktfähigkeit zeigt sich auch im erschwerten gefühlsmäßigen Ansprechen auf den Mitmenschen, in der verminderten Möglichkeit, sich anderen zu öffnen und mitzuteilen. Diese Kontaktschwäche beruht auf dem Unvermögen, zu anderen in eine seelische Beziehung zu treten.

Kontaktstörungen gehen häufig mit unfroher, trauriger, verdrossenmißmutiger Lebensgrundstimmung einher. Oft ist diese Kontaktschwäche vergesellschaftet mit einer ausgeprägten Selbstbezogenheit.

Wer zu sehr auf das eigene Ich bezogen ist, findet nicht den Weg zum Du. Je mehr man sich selber beachtet und wichtig nimmt, um so unfähiger wird man, sich in andere einzufühlen und andere zu verstehen.

Kontaktschwäche kann aber auch in einem unbefriedigten Geltungsstreben ihren Ursprung haben. Solche Menschen sind höchstens eklektisch gesellig. Sie gehen nur in solche Gruppen bzw. Kreise, in denen man ihrem Ehrgeiz ihrem Überlegenheitswillen Rechnung trägt.

Eine Facette des autoritär eingestellten, sozial-kommunikativ distanzierten Vorgesetzten ist ein erhöhter Anspruch auf Geltung, ist das, was man üblicherweise mit Arroganz bezeichnet. Arrogante Menschen verlangen von anderen geradezu Anerkennung, Beifall, aber auch Unterwerfung.

Ein autoritärer Geltungs- und Machtanspruch geht einher mit Anmaßung, Nörgelei, Schikane, Rücksichtslosigkeit, Überheblichkeit – nicht selten auch mit sadistischer Bosheit bzw. Despotismus.

*Das Verhalten des autoritär eingestellten, sozial-kommunikativ distanzierten Vorgesetzten*

Unser Untersuchungsbefund mit dem oben erwähnten „Fragebogen zur Vorgesetzten-Verhaltens-Beschreibung“ zeigt, daß autoritär eingestellte, sozial-kommunikativ distanzierte Vorgesetzte ihre Mitarbeiter häufig in Gegenwart anderer kritisieren, nach Auseinandersetzungen mit ihren Mitarbeitern oft nachtragend sind, sie selten zu Selbständigkeit anregen, sich übergangen fühlen, wenn ihre Mitarbeiter selbständig Entscheidungen treffen, im Umgang mit ihnen keine gelöste Stimmung schaffen, damit diese sich frei äußern können. Sie geben ihnen vielmehr das Gefühl, daß sie die Chefs sind und die Mitarbeiter unter ihnen stehen, sie geben oft Anweisungen in Befehlsform, ändern Arbeitsgebiete und Aufgaben ihrer Mitarbeiter, ohne es vorher mit diesen besprochen zu haben, helfen ihnen selten, wenn sie Probleme haben, treten nicht für sie und ihre Handlungen ein, lassen sie vielmehr oft mit ihren fachlichen Problemen allein.

Aufgrund dieser statistisch signifikanten Korrelationen läßt sich zusammenfassend sagen, daß distanzierte, sozial-emotional enttäuschte und vereinsamte, geltungsbestrebt-arrogante, aggressiv-ressentimentgeladene Vorgesetzte zu einem von ihren Mitarbeitern als autoritär empfundenen Führungsverhalten neigen.

### *3.3.1.2.3 Der geltungsbestrebt-unabhängige Vorgesetzte*

Dieser Typ des Vorgesetzten fand sich häufig in oberen (hierarchischen) betrieblichen Positionen.

*Triebpsychologische Grundlagen*

Typusbestimmend für diese Vorgesetzten sind zwei Triebtendenzen:

- der Geltungsdrang, d. h. das Bedürfnis, gleichsam auf der Bühne zu stehen, sich „zur Schau zu stellen“ und
- der starke Wunsch nach Unabhängigkeit, Freiheit und sozialer Distanz.

Beim Geltungsstreben geht es dem Menschen in erster Linie um seine Wirkung auf andere. Er strebt nach Beachtung, Beifall, Anerkennung; Bewunderung, Respekt – oder aber auch Neid. Die Beziehung zum Mitmenschen ist beim nach Geltung Strebenden keine selbstlose, sondern eine selbstbezogene. Er strebt nach Erhöhung des Ichs gegenüber der Mitwelt. Die Wege, auf denen dies angestrebt wird, sind verschieden, je nachdem durch welche Mittel man zur Bedeutung gelangen will: durch die Pflege der äußeren Form (Kleidung, Frisur, Bartwuchs, Auftreten, Benehmen, Repräsentation), durch Betonung der sozialen Stellung (Einflußmächtigkeit, Standesbewußtsein), durch materiellen Besitz (Geld, Haus- und Grundbesitz, Auto, Luxus), durch geistigen Besitz (Wissen, Begabungen), durch hervorragende Leistungen (im Betrieb, im Beruf).

Für den nach Geltung Strebenden ist bezeichnend, daß er sich aller dieser Dinge nicht um ihres Eigenwertes, sondern um ihres Geltungswertes willen bedient, anders gesagt, daß er sie zu Mitteln für Geltungszwecke degradiert. So dient etwa die eigene Leistung nicht in erster Linie der Verwirklichung sachlicher Werte, sondern der Steigerung des persönlichen Ansehens. Diese Einstellung bezeichnet man als *Ehrgeiz* (*Remplein*, 1964).

Es gibt freilich auch mühelosere Wege, auf denen ein Geltungsbedürftiger, dem es an Ehrgeiz und Anstrengungsbereitschaft mangelt, dennoch nach Ansehen und Beifall trachten kann: indem er einfach vorgibt, diese und jene Leistung vollbracht zu haben.

Ein starkes Geltungsstreben führt, insbesondere als Ehrgeiz, Erfolgsstreben und Tatendrang, zu einer Anspannung des Willens, die sich als Anstrengungsbereitschaft und Strebsamkeit bewährt und dadurch auch zu beachtlichen sachlichen Leistungen kommt. Es kann auch eine Tendenz zur Selbstvervollkommnung fördern. Aber all diesen Bemühungen haftet ein subjektiver Charakter an: die Steigerung der persönlichen Wirkung. So mangelt es diesen Menschen oft an Sachlichkeit und Objektivität, an der Fähigkeit, sich auf andere einzustellen und von sich selber abzusehen. Daran hindert sie ihre Egozentrik, infolge derer sie die Dinge nur so weit zur Kenntnis nehmen, wie sie für sie selbst von Bedeutung sind. Auch im Hinblick auf sich selbst kann ihr Blick getrübt sein. Sie sehen sich nicht so, wie sie sind – mit Fehlern und Mängeln –, sondern so, wie sie sein möchtem.

Wirklich negativ zu bewerten ist, wenn das Geltungsstreben sich zur Geltungssucht steigert, wenn ein starker Geltungsanspruch durch tatsächliche Leistungen nicht erfüllt werden kann, dennoch aber nicht aufgegeben, sondern hartnäckig aufrechterhalten wird, wenn kein tatsächlicher Erfolg mehr ausreicht, ihren Geltungshunger zu stillen. Dann versucht der Geltungssüchtige oft, durch vorgetäuschte Leistungen, Prahlerei, Aufschneiderei, Renommiererei, Selbstlob, Herablassung, Arroganz oder Großspurigkeit sein Selbst zu erhöhen.

Eine andere Technik des Geltungssüchtigen ist das Ressentiment, das Herabsetzen der Leistung eines anderen; die Überlegenheit anderer anzuerkennen, fällt ihm sehr schwer. Wird er zur Unterordnung aufgefordert, reagiert er oft mit Eigensinn, Starrsinn, Trotz, Widerspruch, Rechthaberei.

Abschließend sei noch auf eine negative Tendenz eines ausgeprägten Geltungsdranges hingewiesen: Das sich selbst Exhibieren führt oft zur Zerstörung moralischer Scham- und Ekelschranken und kann in Zügellosigkeit und Ungehemmtheit ausarten. Ein weiteres Kennzeichen des Geltungsdranges ist der Einsatz theatralisch-hysterischer Effekte.

Die zweite triebpsychologische Komponente dieses Vorgesetztentyps ist ein starker Drang nach Unabhängigkeit und persönlicher Freiheit, oft verbunden mit einer Tendenz zu sozialer Abgrenzung. Dieses Unabhängigkeitsstreben zielt auf eine schärfere Abgrenzung des Ichs von der Mitwelt und verlangt nach Freiheit vom äußeren Zwang. Es manifestiert sich als Verlangen nach Selbständigkeit und Selbstbestimmung, bemüht sich um ein eigenes Urteil und sträubt sich dagegen, die Meinungen, Anschauungen oder Bewertungen anderer unkontrolliert zu übernehmen.

Dieses Verlangen nach äußerer Freiheit bedarf aber auch der inneren Freiheit, d. h. eines gesunden, starken Selbstbewußtseins. Fehlt dieses Selbstvertrauen, wird jeder Einspruch und Anspruch der Mitarbeiter als eine Art Angriff auf die eigene persönliche Freiheit erlebt. Ein solcher Vorgesetzter neigt dazu, nicht nur die unberechtigten, sondern auch die berechtigten Erwartungen und Ansprüche als Beschränkung seiner Unabhängigkeit von sich zu weisen. Er beharrt auf seinem Willen, weiß alles besser und will stets Recht behalten. Je weniger echtes Selbstvertrauen vorhanden ist, desto arroganter und überheblicher tritt ein solcher Vorgesetzter auf.

Ein solches Unabhängigkeitsstreben kann sich auch im ethischen Bereich negativ auswirken als Bindungslosigkeit, Mangel an Pflicht- und Verantwortungsbewußtsein bis hin zur Gewissenlosigkeit.

Dem geltungssüchtigen Vorgesetzten gelingt es – aus der bewertenden Sicht seiner Mitarbeiter (*Schmidt*, 1996, 1997 a) – selten, diese zu Leistung und Aktivität anzuregen. Er vermag meist nicht, auf seine Mitarbeiter zuzugehen, auf sie einzugehen und sie für die betriebsbezogene Leistungsentfaltung zu motivieren. Er gewährt auch seinen Mitarbeitern eher große Freiräume, d. h. er kontrolliert sie selten, kann ihnen infolgedessen auch nicht bei Arbeitsproblemen beistehen und neigt dazu, sie sich selbst zu überlassen. Ein kooperativ-partnerschaftliches Zusammenwirken ist daher kaum möglich.

#### *3.3.1.2.4 Der impulsiv-dynamische, durchsetzungs- und entscheidungsstarke, erfolgreiche Vorgesetzte*

Dieser Vorgesetztentyp glaubt an sich und seinen Erfolg. Seine Leistung wird – wie unser Untersuchungsergebnis belegt (*Schmidt*, 1996) – durch überdurchschnittliche Gehaltszuwächse honoriert. Mit Elan und Zuversicht geht er an betriebliche Aufgaben heran und erlebt sie als zu bewältigende Herausforderungen. Schwierigkeiten überwindet er meist mit seinem Durchsetzungspotential.

*Triebpsychologische Grundlagen*

Grundlage dieses Triebes ist, etwas zu besitzen. Ausgeprägt ist bei diesem Vorgesetzten das Streben nach fachlichem Wissen und Können, nach materiellem Besitz, aber auch nach Selbstentfaltung und Durchsetzung. Dabei bleibt ihm meist der Realitätsbezug erhalten, d. h. nach Prüfung der tatsächlichen Möglichkeiten wird entschieden, welches Bedürfnis sich verwirklichen läßt und welches nicht.

Das hindert ihn jedoch nicht, die Grenzen der eigenen Expansionsmöglichkeiten auszuloten. Unter vollem persönlichem Einsatz bis hin zu auf andere Menschen nicht selten bedrohlich wirkende impulsiv-affektive Entladungen (Wut, Zorn u. ä.) versucht er – meist erfolgreich – den Widerstand anderer bei der Durchsetzung des eigenen Willens zu überwinden bzw. zu brechen.

Nach einer solchen impulsiv-affektiven Durchsetzung – wenn sie erfolgreich war – wird er aber meist versuchen, hinterher die „Wogen zu glätten", d. h. eine Basis für die weitere Zusammenarbeit zu finden – ohne jedoch das Erreichte zu schmälern bzw. zurückzunehmen. Wenn er sich – auch bei vollem Engagement – nicht durchsetzen konnte, erkennt er die Realität zwar an, sucht aber (wenn das Ziel weiter bejaht wird) nach anderen Wegen, um doch noch zum Erfolg zu kommen. Skrupel kennt er nicht.

Wenn dieser Durchsetzungswille von gesundem Selbstvertrauen gestützt wird und als Selbstsicherheit in Erscheinung tritt, wird er von den Mitarbeitern meist akzeptiert, vor allem, wenn der Durchsetzungswille sich auf sachliche (und nicht auf egoistische) Ziele richtet.

Eine solche Vorgesetztenpersönlichkeit setzt sich selbständig und souverän Ziele, verfolgt entschlossen und entschieden ihre Pläne und beantwortet Beeinträchtigungen mit dem „kraftvollen Protest des Unwillens“ (*Lersch*, 1964). Sie kennt keine ängstlichen Bedenken; zu ihren wichtigsten Eigenschaften zählen Risikobereitschaft und Wagemut. Dazu paßt auch daß sie hohe Ansprüche an die betriebliche Um- und Mitwelt – auch an ihre Mitarbeiter – stellt, also alles andere als bescheiden ist.

Allerdings besteht die Gefahr, daß es zu Selbstüberschätzung und Selbstherrlichkeit, zu autoritärem Verhalten, kommt. Solche Überschätzungen werden jedoch meist früher oder später von der Realität bestraft.

In Gesprächen mit ihren Mitarbeitern gelingt es diesen Vorgesetzten selten, eine gelöste Stimmung zu schaffen, vielmehr neigen sie dazu, Anweisungen in Befehlsform zu geben. Sie lassen sich vor allem von ihren Zielvorstellungen leiten und berücksichtigen die Individualität ihrer Mitarbeiter weniger. Von allen Vorgesetztentypen haben sie aber – das zeigt unser Untersuchungsergebnis – den größten monetären Erfolg.

### *3.3.1.2.5 Der etablierte, desillusioniert seine Aufgaben erfüllende, frustrierte Vorgesetzte*

Dieser Typ von Vorgesetzten findet sich am häufigsten in der Gruppe der schon viele Jahre ihre Führungsfunktion ausübenden, etablierten Vorgesetzten.

#### *Triebpsychologische Grundlagen*

Für diese Vorgesetztengruppe ist ein relativ häufig unbefriedigtes Bedürfnis nach emotionaler Akzeptanz kennzeichnend. Bleibt dieses menschliche Grundbedürfnis längere Zeit unbefriedigt, so entspringt dieser Frustration nicht selten eine Tendenz zu Aggression, zur Vergrößerung der sozialen Distanz zum Mitmenschen mit der

Folge menschlicher und emotionaler Vereinsamung. Trotzdem müssen sie ihre Führungsaufgaben erfüllen und sich den betrieblichen Anforderungen stellen. Das kostet sie immer wieder Überwindung, so daß ihrem betrieblichen Tun oft eine gewisse Zwanghaftigkeit anhaftet. Es fehlt ihnen die Frische, der Schwung, der Elan, den sie in ihrer Aufstiegsphase gezeigt haben. Ihre Aussichten, noch einen weiteren Karrieresprung zu machen, sind eher gering geworden, so daß sie desillusioniert sind, gegen depressive Tendenzen ankämpfen und versucht sind, die „innere Kündigung" zu vollziehen, die sie sich aber in ihrer Position nicht leisten können.

Wenn sie ihre Stimmungsschwankungen – trotz ihrer in vielen Jahren der Vorgesetztentätigkeit entwickelten Selbststeuerung – nicht genügend unter Kontrolle haben, kann es zu impulsiven Reaktionen kommen.

Eine etwas subtilere Form ist das *Ressentiment*, das mit Neid vergesellschaftet ist. Es entsteht meist aus dem Bewußtsein, es schlechter zu haben als andere, zu kurz gekommen und benachteiligt zu sein. Eine andere Spielart ist die *Rache* nach dem Motto: Auge um Auge, Zahn um Zahn. Erst durch das Bewußtsein, daß der andere ein vergleichbares Mißgeschick erleidet, wird dem Bewußtsein der eigenen Schädigung bzw. Benachteiligung der Stachel gezogen (*Lersch*, 1964).

Die Mitarbeiter derartiger Vorgesetzter fühlen sich durch deren Verhalten häufig demotiviert oder mindestens nicht zur Leistungsentfaltung motiviert, denn sie können nur schwer Anerkennung für eine gute Arbeit zum Ausdruck bringen und zeigen wenig Interesse an deren Leistungsfortschritt.

### 3.3.2 Einstellungsorientierte Aspekte der Vorgesetztenpersönlichkeit

Persönlichkeit läßt sich auch als ein System von Einstellungen umschreiben. In der Einstellung kommt der Objektbezug zum Ausdruck, denn jede Einstellung ist Einstellung zu etwas, etwa zur Arbeitsaufgabe, zum Vorgesetzten, zum Mitarbeiter, zum Betrieb, zu sozialen oder Leistungsnormen, zu sich selbst, zu kulturellen oder ideellen Werten.

Unseren Erkenntnissen über die einstellungsorientierten Aspekte der Vorgesetztenpersönlichkeit liegt eine empirische Untersuchung

(*Schmidt*, 1996) zugrunde. Die Konzeption dieser Untersuchung basiert auf der Überlegung, daß der Führungserfolg (auch) von bestimmten Einstellungen abhängt. Denn offensichtlich gibt es eine Reihe von Strukturmerkmalen, die allen Führungssituationen gemeinsam und zu deren Bewältigung bestimmte Einstellungen erforderlich sind, denn durch bestimmte Einstellungen wird – neben situativen Einflüssen – das Verhalten beeinflußt.

Einstellungen sind komplexe Einheiten, in die sowohl kognitive und affektive Komponenten als auch die Abhängigkeit von der jeweiligen Organisationsform der Institution (des Betriebes), deren Eigengesetzlichkeit, der Einfluß der persönlichen Lern- und Lebenserfahrung und nicht zuletzt der stellungnehmende Einfluß des individuellen Bewußtseins (des „Ich") mit eingehen. „Einstellung" zur Beschreibung der Persönlichkeit wurde nicht zuletzt auch deshalb gewählt, weil in den Antworten auf die Fragen unserer Untersuchung (Führungs-Einstellungs-Test, *Schmidt*, 1997 a) Einstellungen der befragten Vorgesetzten erkennbar werden.

### 3.3.2.1 Empirische Grundlagen

Unsere Untersuchungsergebnisse wurden mit der von uns schon weiter oben (3.3.1.1) beschriebenen Stichprobe – die jedoch von 55 auf 100 betriebliche Vorgesetzte erweitert wurde – mit Hilfe des „Führungs-Einstellungs-Tests" gewonnen. Eine ausführliche Beschreibung unserer empirisch gewonnenen Felduntersuchung, einschließlich 20 Führungspersönlichkeitsprofilen wurde bereits an anderer Stelle (*Schmidt*, 1996) veröffentlicht.

In unsere Untersuchung haben wir Merkmale des beruflichen Erfolges und Beurteilungen des Vorgesetztenverhaltens der 100 Vorgesetzten durch deren Mitarbeiter einbezogen; diese Kriterien wurden bereits unter 3.3.1.1 beschrieben.

### 3.3.2.2 Einstellungsorientierte Typen von Vorgesetzten

#### *3.3.2.2.1 Der durchsetzungsstarke, risikobereite, pragmatische Vorgesetzte*

Die Vorgesetzten dieses Typs zeichnen sich durch ihren überdurchschnittlichen Einkommensanstieg aus.

*Dominierende Einstellungen*

Das dominierende Persönlichkeitsmerkmal dieses Vorgesetztentyps ist ein selbstbewußter, dynamischer, risikobereiter, pragmatischer Durchsetzungswille. Unter diesem Durchsetzungswillen verstehen wir die Bereitschaft, die in einer Entscheidung gesetzten Ziele auch gegen Widerstände durchzusetzen. Merkmale dieses Durchsetzungswillens sind Tatkraft, Energie, Standhaftigkeit, Widerstandskraft, Mut und ein gewisses Maß an Unablenkbarkeit.

In unserem Untersuchungsbefund wird dieser Durchsetzungswille gestützt durch Selbstbewußtsein, Eigenaktivität, Risikobereitschaft, Extraversion, psychische Stabilität bzw. Robustheit und durch die Bereitschaft, Auseinandersetzungen nicht aus dem Wege zu gehen. Ein starker Durchsetzungswille läßt sich durch Skrupel nur wenig beeinflussen. Psychisch stabil, gefestigt im Selbstvertrauen, ist der Proband subjektiv sicher in seinen Entscheidungen und wird im allgemeinen von einer optimistischen Lebensgrundstimmung getragen. Depressive, ängstliche Stimmungen liegen ihm fern, zumal der Durchsetzungswille auf ein Reservoir an Vitalität zurückgreifen kann und von einem kraftvollen Lebensgefühl getragen wird. Er ist überzeugt, über eine gute intellektuelle Leistungsfähigkeit zu verfügen und rechnet bei allem, was er plant, mit dem Erfolg – gegebenenfalls im wiederholten Anlauf.

*Karriere und Führungsverhalten*

Kennzeichnend für diesen Vorgesetztentyp ist, daß er sich (noch) in seiner beruflichen Aufstiegsphase befindet, also hohe Zuwachsraten seines Bruttoeinkommens verzeichnen kann. Wenn es sich dabei auch überwiegend um jüngere Vorgesetzte (30- bis 35jährige) handelt, so sind doch etliche darunter, die auch noch nach dem 40. Lebensjahr voll im Karrieretrend stehen.

In seinem Führungsverhalten dominiert die Zielbezogenheit. Er versucht, betrieblich-sachliche und persönliche Ziele auf einen Nenner zu bringen. In Gesprächen mit seinen Mitarbeitern ist er sach- und zielbestimmt. Auf ihre Individualität geht er weniger ein, eine lokkere Gesprächsatmosphäre schafft er nur selten. Bei auftauchenden Schwierigkeiten, etwa wenn Mitarbeiter – in seinen Augen – nicht richtig „spuren“, hat er keine persönlichen Probleme, mit Anweisungen in Befehlsform zu führen.

### *3.3.2.2.2 Der kooperativ-partnerschaftliche, gelassen-tolerante, interessiert-aufgeschlossene Vorgesetzte*

Vorgesetzten dieses Typs bescheinigen ihre Mitarbeiter, daß sie sich von ihnen freundlich-respektierend behandelt fühlen und die Möglichkeit haben, bei Entscheidungen mitwirken zu können.

*Dominierende Einstellungen*

Im Persönlichkeitsprofil dieses Vorgesetztentyps dominieren *Kontaktoffenheit* und sozial-kommunikative *Gelassenheit*; weitere Persönlichkeitsmerkmale sind eine konfliktvermeidende, tolerante Anpassungsfähigkeit und soziale Einstellung sowie weitgehende Abwesenheit von Aggressivität und mißmutiger Irritierbarkeit. Gelassenheit basiert auf einer ausgeglichenen Lebensgrundstimmung. Wer Gelassenheit besitzt, wird nicht schnell aus dem inneren Gleichgewicht gebracht. Gelassene Menschen sind weniger leicht ablenkbar, neigen nicht zu hektischen Reaktionen und zeichnen sich oft durch Gradlinigkeit aus. Eine zu stark ausgeprägte Gelassenheit kann jedoch bis zu Apathie führen.

In unserem „Führungs-Einstellungs-Test“ wird Gelassenheit durch Items repräsentiert, die Gelassenheit in Streßsituationen, aber auch in Situationen zeigen, in denen Toleranz, Ausgeglichenheit, Vorurteilslosigkeit und ruhige Realitätsbezogenheit nachgewiesen vorherrschen. Gelassene Menschen reagieren weniger aggressiv, sind kaum konfliktbereit, selten intolerant oder empfindlich; selbstbezogenes, geltungssüchtiges Streben sind ihnen fremd.

Mit Kontaktoffenheit wird die Bereitschaft bezeichnet, andere zu akzeptieren, und der Wunsch, von anderen akzeptiert zu werden. Diese Aufgeschlossenheit beruht nicht zuletzt darauf, daß man der Um- und Mitwelt offen und zuversichtlich entgegentritt.

Die hier als Kontaktoffenheit definierte, auf die Um- und Mitwelt bezogene Einstellung schließt auch das mit ein, was man als Geselligkeitsdrang, als Kontaktsuchen oder Bemühen, mit anderen zu kommunizieren, sich ihnen mitzuteilen und ihnen selbst Resonanz zu geben, beschreiben kann. Sie beruht auf einer zuversichtlichen, offenen Grundeinstellung. Ihre Träger tendieren dazu, für das einzutreten, was sie für richtig halten. Sie lassen sich nicht leicht verärgern oder verunsichern, sind eher umgänglich, ausgeglichen und psychisch belastbar. Kontaktoffenheit korrespondiert mit der Abwesenheit psychasthenischer Tendenzen wie z. B. Erschöpfungs- und Schwächegefühlen.

In übersteigerter Ausprägung allerdings birgt Kontaktoffenheit auch etliche Risiken, wenn nämlich das Akzeptierungsbedürfnis zu persönlichen Abhängigkeiten führt bzw. zur Akzeptierungssucht wird.

Die konfliktvermeidende, tolerante Anpassungsfähigkeit hat mehrere Komponenten. Sie kann einmal zurückgeführt werden auf intellektuelle Einsicht und Umgangserfahrung, die das Sich-Zurechtfinden in der Welt begünstigt. Sie kann aber auch – wie unser Untersuchungsbefund belegt – zu kreativem, problemlösendem Denken anregen, z. B. um Feindseligkeit zu vermeiden. Sie kann aber auch auf einem eher schwachen Durchsetzungswillen beruhen; der Tendenz, Widerständen aus dem Weg zu gehen bzw. reibungsarme Umwege bei der Verfolgung der eigenen Ziele zu suchen. Wirkt sich eine eher schwache Willenshaltung auch auf psychische Abläufe aus, dann können Launenhaftigkeit u. ä. die Folge sein.

*Soziale Einstellung* bedeutet das Füreinanderdasein. Der andere ist einem nicht gleichgültig, sondern man fühlt sich mitverantwortlich für ihn und begegnet ihm mit Wohlwollen und Hilfsbereitschaft. Voraussetzung dafür ist ein „Organ" für die äußere und innere Not der Mitmenschen, d. h. Sensitivität. Der Sitz sozialer Gesinnung ist das Gemüt als Ort mitmenschlicher, emotionaler Bindungen.

In unserer Untersuchung zeigten diejenigen Vorgesetzten die stärkste soziale Einstellung, denen von den unterstellten Mitarbeitern bestätigt wurde, daß sie ihnen bei ihren persönlichen Problemen helfen.

### *Karriere und Führungsverhalten*

Die Autoren des „Fragebogens zur Vorgesetzten-Verhaltens-Beschreibung FVVB" (*Fittkau-Garthe/Fittkau*, 1971) stellen in ihren konzeptionellen Vorüberlegungen die Frage, inwieweit innerhalb der Arbeitswelt das Vorgesetztenverhalten Schritt hält mit der Entwicklung zu einer auch in Krisen funktionierenden, freiheitlich-demokratisch-sozialen Grundordnung. Diese gesellschaftliche Entwicklung ermöglicht dem einzelnen immer mehr individuelle Freiheit und Selbstbestimmung, Mitbestimmung und Kontrolle. Eine solche Entwicklung setzt voraus, daß die arbeitenden Menschen befähigt werden, den sich immer schneller verändernden Arbeitsaufgaben gerecht zu werden und daß sie selbständig und selbstverantwortlich in der Lage sind, durch sachliche Kritik, Kreativität, Engagement und Teamarbeit die notwendigen Veränderungen bzw. Innovationen durchzuführen.

Insbesondere Vorgesetzte müssen sensibler werden für Konflikte, Kritik und Änderungsnotwendigkeiten. Sie müssen Kommunikationsbarrieren beseitigen, weil sonst notwendige Veränderungen unterbleiben oder zu spät eingeleitet werden oder betroffene Mitarbeiter die Arbeitsgruppen wegen des schlechten Betriebsklimas verlassen. Kooperativ-partnerschaftlichlich Vorgesetzte schaden also nicht der Produktivität, sondern fördern mittel- und langfristig die betrieblichen Innovationen.

In den „Ohio-Führungsstudien, auf denen der von uns verwendete „Fragebogen zur Vorgesetzten-Verhaltens-Beschreibung“ aufbaut, nimmt der „C-Führungsstil“ („consideration“) einen hervorragenden Platz ein. Unter „consideration“ wird ein Führungsstil verstanden, der durch die Aufmerksamkeit und Rücksicht des Vorgesetzten gegenüber den Erwartungen, Gefühlen und Bedürfnissen der Mitarbeiter gekennzeichnet ist. Der Akzent dieses Führungsstils liegt auf der menschlichen Komponente der Vorgesetzten-Mitarbeiter-Beziehung.

Den „kontinuierlichen Verbesserungs-Prozeß“ (KVP) in Gang zu bringen, das Expertenwissen der Mitarbeiter für den Betrieb nutzbar zu machen, ist abhängig von der Bereitschaft des Vorgesetzten, seine Mitarbeiter an Entscheidungen mitwirken zu lassen. Unser Untersuchungsbefund belegt eindeutig (statistisch signifikant), daß der Typ des kooperativ-partnerschaftlichen, gelassen-tolerant reagierende, interessiert-aufgeschlossene Vorgesetzte von seinen Mitarbeitern als sie freundlich-respektierend und ihnen „Mitwirkung an ihren Entscheidungen ermöglichend“ beschrieben werden. Dieser Vorgesetztentyp liegt nach unseren Erkenntnissen hinsichtlich ihrer (monetären) Karriere im Durchschnittsbereich.

#### *3.3.2.2.3 Der Vorgesetzte mit starkem Selbstbehauptungswillen und Besonnenheit*

In unserer Untersuchung war dieser Vorgesetztentyp am häufigsten bei den etablierten, erfolgreichen Vorgesetzten zu finden, die in der Regel ihre berufliche Aufstiegsphase schon hinter sich hatten.

*Dominierende Einstellung*

Beim *Selbstbehauptungswillen* geht es um Selbsterhaltung, also um Macht, Egoismus und Geltung, um Behauptung gegenüber der Um- und Mitwelt. Dieser Selbstbehauptungswille wird gestützt von Selbstvertrauen und starkem Durchsetzungswillen. Gegebenenfalls kann sich der Träger eines starken Selbstbehauptungswillens mit Nachdruck und persönlicher Härte durchsetzen bzw. behaupten. Der Selbstbehauptungswille ist im Betriebsleben oft mit einer betont ökonomischen Sichtweise gekoppelt. Man verfährt sparsam mit Ressourcen, Material, Kraft und Zeit, um ihnen ein Maximum an Nutzen abzugewinnen. Das konkret-praktische Denken nimmt einen hervorragenden Platz ein.

*Besonnenheit* ist ein Zustand kontrollierter Wachheit und schließt die Fähigkeit zum Innehalten ein, etwa um sich einen Überblick zu verschaffen. Sie fördert die Kontrolle der Gefühle und Stimmungen, Ausdauer und Beständigkeit und nicht zuletzt den Realitätsbezug. Besonnenheit repräsentiert sich in umsichtigen, selbstbewußten Reaktionen, in der Vermeidung größeren Risikos und auch in Selbstbeherrschung. Die Selbstkontrolle zeigt sich auch in einer eher zurückgenommenen Kontaktoffenheit, einem stärker vom Verstand und dem nüchternen Kalkül bestimmten zwischenmenschlichen Kontaktverhalten.

*Karriere und Führungsverhalten*

Ein starker Selbstbehauptungswille, verbunden mit einer guten Selbststeuerung (Besonnenheit), begünstigt – das zeigt unser empirisches Untersuchungsergebnis ganz eindeutig – den beruflich-monetären Karriereerfolg; meist haben diese Vorgesetzten schon eine höhere betriebliche Position erreicht.

Dieser Vorgesetztentyp ist im Umgang mit seinen Mitmenschen weniger auf Anpassung aus. Er macht sich meist nicht viel Mühe, den anderen zu respektieren oder zu akzeptieren bzw. selbst von anderen akzeptiert zu werden. Im Kontakt ist er eher verschlossen und legt Wert auf eine größere soziale Distanz zu seinen Mitarbeitern. Konfliktvermeidende Anpassungsbemühtheit oder soziale Gesinnung haben bei diesem Vorgesetztentyp keinen hohen Stellenwert.

### *3.3.2.2.4 Der aggressive, konfliktbereite, intolerant-empfindliche, geltungsbestrebte Vorgesetzte*

Dieser Vorgesetztentyp zeigt häufig ein typisch autoritäres Führungsverhalten aus der Sicht der ihm unterstellten Mitarbeiter.

*Dominierende Einstellungen*

Aggressionen entstehen bei diesem Vorgesetztentyp besonders stark ausgeprägt dann, wenn er sich an dem, was er anstrebt, durch Widerstände gehindert sieht. Vieles spricht dafür, daß sich Aggressivität zeigt, wenn Macht, Geltung und Egoismus im Spiele sind. Widerstände werden dann als störend erlebt und provozieren aggressives Verhalten, wenn sich dieser Vorgesetzte nicht durch persönliche Steuerungsfunktionen, insbesondere, wenn die Aggressivität nicht durch sein Gewissen und durch erworbene Tugenden beherrscht wird.

Wenn sich Aggressivität nicht direkt gegen andere wenden kann, dann richtet sie sich nicht selten in Form von Ärger, Wut oder Gereiztheit wahllos gegen alles, was sich in den Weg stellt. Die destruktive psychische Energie, die ihr ursprüngliches Ziel nicht erreichen kann (oder darf, weil zu gefährlich – etwa ein hochgestellter Vorgesetzter), wird auf ein anderes Ziel (Sündenbock) umgeleitet.

Eine Tendenz zu aggressiven Tendenzen von Vorgesetzten zeigte sich in unserer Untersuchung z. B. – aus der Sicht der Mitarbeiter –, wenn die Vorgesetzten ihre Mitarbeiter in Gegenwart anderer kritisieren. Zwischenmenschliche Konfliktbereitschaft zeigt sich am deutlichsten im bewußten Machteinsatz zur Durchsetzung der eigenen Meinung bzw. Position.

Eine psychologisch relevante Hauptwurzel der Konfliktbereitschaft ist die innere Unausgeglichenheit, der Mangel an Gelassenheit, eine zu schwache persönliche Steuerung des Dranges, etwas erleben zu wollen. Sie zeigt sich z. B. auch dann, wenn jemand versucht, sich gegen jemanden, der ihm entgegengetreten ist, durchzusetzen oder etwas Aufregendes auf Kosten anderer erleben zu wollen. Die Konfliktbereitschaft beruht nicht zuletzt auf einem Mangel an Selbstkontrolle bzw. Selbstdisziplin.

Konfliktbereitschaft korreliert in unserer Untersuchung am stärksten mit Machtstreben, Durchsetzungswillen und robuster, skrupelloser Direktheit, verbunden mit einem Mangel an Kontrolle. Schwach ausgeprägt ist die Konfliktbereitschaft in unserem Untersuchungsbefund dann, wenn die Gewissensinstanz, die normativethische und die soziale Einstellung stärker entwickelt sind.

*Intolerante Empfindlichkeit* muß im Zusammenhang mit einer ausgeprägten Ichbezogenheit gesehen werden; sie resultiert u.a. aus der Unduldsamkeit von Herrschsüchtigen. Nicht selten verbirgt sich hinter hochmütiger, intoleranter Empfindlichkeit und Kränkbarkeit ein Kompensationsversuch von Minderwertigkeitsgefühlen. Aus Angst vor dem Durchschautwerden wird dann auf alles, was die persönliche Schwäche zutage fördern könnte, empfindlich reagiert. Das kann zu allen möglichen Selbsttäuschungen führen, um vor sich selbst zu bestehen. Eine Variante besteht z.B. darin, von der eigenen Unzulänglichkeit dadurch abzulenken, daß man die eigene Schwäche bei anderen sucht (Abwehrmechanismus der Projektion).

Eine andere Form der Abwehr von Minderwertigkeitsgefühlen ist die *Kompensation*. Dabei können auch unangemessene Mittel wie betonte Forschheit, Imponiergehabe, Anmaßung und Rechthaberei ins Spiel gebracht werden. Intolerant-empfindliche Vorgesetzte entscheiden und handeln oft, ohne es vorher mit ihren Mitarbeitern abzusprechen, um nach außen stark zu erscheinen, d.h. zu kompensieren.

Im *selbstbezogenen Geltungsstreben* geht es dem Menschen um seine Wirkung auf andere, also bei Vorgesetzten und Mitarbeitern ein möglichst hohes Ansehen zu erlangen.

### *Karriere und Führungsverhalten*

Das Führungsverhalten der Vorgesetzten dieses Typs kommt – aus der Sicht ihrer Mitarbeiter – dem nahe, was in der Literatur als autoritärer Führungsstil beschrieben wird. Die korrelations- bzw. faktorenanalytische Auswertung unserer Befragungsergebnisse ermöglicht die Beschreibung autoritären Führungsverhaltens anhand von sechs Verhaltensmerkmalen:

(1) Kritisiert der Vorgesetzte seine Mitarbeiter auch in Gegenwart anderer?
(2) Ändert er die Aufgaben seiner Mitarbeiter, ohne es vorher mit ihnen besprochen zu haben?

(3) Entscheidet und handelt er, ohne sich vorher mit den Mitarbeitern abzusprechen?
(4) Ist er verärgert und fühlt sich übergangen, wenn seine Mitarbeiter selbständig Entscheidungen treffen?
(5) Gibt er seine Anweisungen in Befehlsform?
(6) Versucht er seinen Mitarbeitern das Gefühl zu geben, daß er der Chef ist und sie unter ihm stehen?

*Unser Untersuchungsergebnis*

Dem Typ des aggressiven, konfliktbereiten, intolerant-empfindlichen, geltungsbestrebten Vorgesetzten bescheinigten die ihnen unterstellten Mitarbeiter ein autoritäres Führungsverhalten. Dieser Vorgesetzte gibt seinen Mitarbeitern das Gefühl, daß sie unter ihm stehen. Er neigt dazu, sie auch in Gegenwart anderer zu kritisieren und ist verärgert bzw. fühlt sich übergangen, wenn sie selbständig Entscheidungen treffen. Anweisungen gibt er meist in Befehlsform und kehrt den Chef heraus. Autoritär eingestellte Vorgesetzte ändern Arbeitsgebiete und Aufgaben der Mitarbeiter, ohne es vorher mit diesen besprochen zu haben; sie neigen dazu, alles selbst entscheiden zu wollen bzw. autonom zu handeln. Der monetäre Erfolg dieser Vorgesetzten liegt im Durchschnittsbereich unserer Vorgesetztenstichprobe.

# 4. Führungsmittel

Führungsmittel sind Handwerkszeuge, erlernbare „tools" des Vorgesetzten. Mit Hilfe dieser Führungsmittel steuert der Vorgesetzte die betrieblichen Ziele und unterstützt seine Mitarbeiter bei ihren Aufgaben. Mit Führungsmitteln soll der *Führungsprozeß* in Gang gehalten werden.

**Abb. 3:** Der Führungsprozeß

## 4.1 Führungsmittel Kontrolle

Früher wurde Kontrolle in erster Linie als Arbeitsaufsicht verstanden, in der das Über- und Unterordnungsverhältnis von Vorgesetzten und Untergebenen besonders deutlich zum Ausdruck kam. Neben Planung, Steuerung und Durchführung ist die Kontrolle ein wichtiger Bestandteil von Arbeitsabläufen.

Heute wird in einer zeitgemäßen Personalführung das Führungsmittel Kontrolle als Steuerungsinstrument zur Erreichung betrieblicher Ziele eingesetzt. Bei nichttolerierbaren Soll-Ist-Abweichungen bemühen sich Vorgesetzter und Mitarbeiter um geeignete Steuerungs- bzw. Korrekturmaßnahmen. Die Ausübung der Kontrollfunktion ist eine nicht (vollständig) delegierbare Hauptaufgabe des Vorgesetzten. Es geht dabei nicht nur um die Kontrolle von Stückzahlen bzw. Mengen, Kosten und Terminen hinsichtlich der Einhaltung von Sollwerten, sondern auch um Fragen der Menschenführung im Betrieb, um die Gewinnung von Daten für eine gerechte, sachbezogene Mitarbeiterbeurteilung, um die Einleitung geeigneter Maßnahmen zur Förderung und Entwicklung der Mitarbeiter. Kontrolle bzw. Steuerung des Verhaltens des Mitarbeiters erfordert mitmenschliches Einfühlungsvermögen und die Berücksichtigung möglicher Widerstände (Abwehrmechanismen) beim Mitarbeiter und damit ein hohes Maß an *Führungspsychologie.*

### 4.1.1 Psychologische Aspekte der Kontrolle

Von den Mitarbeitern wird Kontrolle immer noch überwiegend als etwas Unangenehmes empfunden; sie kann bei allen Beteiligten – auch beim Vorgesetzten – zwiespältige Gefühle auslösen. Der Mitarbeiter kann Kontrolle als Verletzung der persönlichen Freiheit, als Eingriff in den eigenen Verantwortungsbereich, als Beitrag zur Verschlechterung des Betriebsklimas empfinden. Die Vorbehalte des Vorgesetzten können durch mangelnde Kontrolltechnik, geringes Kontrollbewußtsein, Angst vor fachlichen Mängeln, Furcht vor Überlastung durch Kontrollaufgaben, Sorge um den Schwund der Beliebtheit bei den Mitarbeitern u. ä. begründet sein.

Es ist ein Verdienst der Psychoanalyse, den Begriff des psychischen Abwehrmechanismus beschrieben zu haben. Mit Abwehrmechanismen wird sich das Ich des durch die Kontrolle des Vorgesetzten sich bedroht fühlenden Mitarbeiters versuchen, sich sein Selbstbild, (als tüchtigem Mitarbeiter) zu schützen bzw. zu verteidigen.

Die Berücksichtigung der nachstehenden Leitsätze zur Durchführung von Kontrollen können die Kontrollsituation entspannen.

*Leitsatz 1: Der Vorgesetzte soll offen kontrollieren,*

also nicht heimlich, nicht in Abwesenheit des Mitarbeiters, nicht nach Dienstschluß, nicht „hintenherum".

*Leitsatz 2: Der Mitarbeiter muß verläßlich wissen, was der Vorgesetzte von ihm erwartet, nach welchen Maßstäben und Kriterien der Vorgesetzte kontrolliert*

Leistungsziele sollen klar formuliert werden und möglichst in quantitativer (meßbarer, zählbarer) Form vorgegeben werden. Der Mitarbeiter hat ein Recht, eindeutige und gerechte Maßstäbe zu fordern. Die Kontrollmaßstäbe müssen dem Mitarbeiter vor Beginn der Arbeit bekannt sein.

*Leitsatz 3: Die Ausübung der Kontrolle erfordert strikte Sachlichkeit*

Jeder Mitarbeiter muß den Eindruck gewinnen, daß die Kontrolle eine selbstverständliche, korrekte Angelegenheit, also keine Strafexpedition ist, die so lange sucht, bis sie etwas gefunden hat. Kontrolliert wird die Arbeit, die Sache, die Dienstleistung und ob sich der Mitarbeiter im Rahmen der vorgegebenen Zielsetzungen, Normen bzw. Richtlinien bei seiner Arbeitsausführung bewegt.

*Leitsatz 4: Der Vorgesetzte soll taktvoll kontrollieren*

Der Mitarbeiter hat ein Recht auf menschliche Achtung. Die Durchführung von Kontrolle kann für alle „stressig" sein. In einer angespannten Situation hat der Mitarbeiter eine erhöhte Neigung, sich angegriffen, mißverstanden oder verletzt zu fühlen. So ist gerade bei der Durchführung von Kontrollen ein freundliches, takt- und rücksichtsvolles Kontrollverhalten des Vorgesetzten besonders angezeigt und gefordert. Der Mitarbeiter könnte beispielsweise die „Soll-Ist-Abweichung" selbst finden, d.h. der Vorgesetzte sollte ihm diese Chance geben. Denn die Schaffung eines Problembewußtseins und die Fehlerursachenanalyse sind in der Regel die ersten Schritte im Lernprozeß mit dem Ziel der künftigen Fehlervermeidung.

### 4.1.2 Kontrolle und Verantwortung

Vom Prinzip der Delegation von Verantwortung her gesehen böte sich die Selbstkontrolle an, d. h. der Mitarbeiter müßte dann auch das volle Risiko tragen. Tatsächlich trägt er jedoch meist nur einen Teil des Risikos (Handlungsverantwortung).

Eine alleinverantwortliche Selbstkontrolle kann psychologische Probleme aufwerfen. Zur Veranschaulichung sei ein Aphorismus von *Nietzsche* zitiert: „Das habe ich getan, sagt mein Gedächtnis. Das kann ich nicht getan haben, sagt mein Stolz. Schließlich gibt das Gedächtnis nach."

Bei einer eher schwachen Selbststeuerung, einem eher schwachen Ich (persönliche, bewußte Selbststeuerungsfunktion) reagiert die menschliche Persönlichkeit in Streßsituationen mit Abwehrmechanismen, nicht nur gegenüber der Bedrohung von außen (z. B. durch den Vorgesetzten), sondern auch gegenüber eigenen Schwächen bzw. Unzulänglichkeiten im Hinblick auf das eigene Kontrollbewußtsein. Trotzdem – oder vielleicht gerade deswegen – ist die Erziehung zur Eigenverantwortung, zur möglichst weitgehenden Selbstkontrolle notwendig.

Im Sinne einer echten Partnerschaft zwischen Vorgesetzten und Mitarbeitern trägt die Kontrolle des Vorgesetzten zur Reduzierung des Risikos bei. Es gilt aber auch: Ein waches Gewissen, eine aufmerksame persönliche Kontrollinstanz ist das Ergebnis von Lernvorgängen. So kommt in der betrieblichen Praxis der Personalführung der Kontrolle auch die wichtige Aufgabe zu, das Verantwortungsbewußtsein der Mitarbeiter zu fördern.

### 4.1.3 Praktische Durchführung von Stichprobenkontrollen

(1) Vorfragen

- Sind dem Mitarbeiter die Kontrollmaßstäbe, d. h. die Leistungsziele hinsichtlich Menge, Güte und Terminen bekannt?
- Wo liegen die kritischen Einzelprobleme des Mitarbeiters (Risiken) im Hinblick auf die Bewältigung der Gesamtaufgabe?
- Welche besonderen Schwierigkeiten enthält die Arbeitsaufgabe?
- Wo liegen erfahrungsgemäß die individuell bedingten Probleme (Schwächen) des Mitarbeiters bei seiner derzeitigen Arbeitsaufgabe?

- Welche repräsentative Stichprobe des Leistungsverhaltens soll gezogen werden, damit der Schluß von der Stichprobe auf das Gesamtarbeitsverhalten genügend verläßlich ist?
- Wann wurde das letzte Mal mit welchem Ergebnis kontrolliert? Wurden Änderungen, Verbesserungen oder Konsequenzen besprochen?
- Sind besondere persönlichkeitsspezifische Widerstände des Mitarbeiters gegen Kontrollen zu erwarten?
- Ist genügend Zeit für die Durchführung der Kontrolle vorhanden?

(2) Gesprächseröffnung mit dem Ziel, ein sachliches, spannungsarmes Verhältnis zwischen dem kontrollierenden Vorgesetzten und dem Mitarbeiter zu schaffen

- Eine freundliche Begrüßung, eine aufmunternde Zuwendung zum Mitarbeiter findet meist eine positive Resonanz. Eine freundliche Mimik des Vorgesetzten, die von einer partnerschaftlichen Einstellung getragen wird, kann gleichsam als Auslösemechanismus für ein freundliches Verhalten des Mitarbeiters wirken.
- Die gesprächseinleitende Phase soll auflockern, z. B. durch positiv motivierende Bemerkungen über gute Leistungen des Mitarbeiters; Alternative dazu: Der Vorgesetzte beginnt die Besprechung, mit Details, die fehlerfrei durchgeführt wurden (Stützung des Selbstgefühls des Mitarbeiters durch Erfolgserlebnisse).
- Entsteht beim Gesprächsbeginn aufgrund des Mitarbeiterverhaltens (z. B. aufgrund depressiver oder aggressiver Symptome) der Eindruck, daß der Mitarbeiter gerade mit anderen Sorgen oder Problemen befaßt ist, so ist zunächst ein diesbezügliches erkundendes Gespräch angezeigt.

(3) Gemeinsamer Soll-Ist-Vergleich durch den Vorgesetzten und den Mitarbeiter

- Der Mitarbeiter soll in die Kontrolle eingebunden sein; z. B. soll er sehen, auf welche Art und Weise der Vorgesetzte kontrolliert (Lerneffekt).
- Der Vorgesetzte kann den Mitarbeiter aber auch gleich zu Beginn auffordern, selbst den Soll-Ist-Vergleich durchzuführen, damit dieser die Abweichung selbst findet.

- Der Mitarbeiter sollte als erster Gelegenheit haben, zum Kontrollergebnis Stellung zu nehmen, es zu kommentieren, zu interpretieren.

(4) Feststellung des Ergebnisses des Soll-Ist-Vergleiches durch den Vorgesetzten

- Nach der Wertung des Sachverhalts bzw. Tatbestandes – und unter Berücksichtigung der Stellungnahme des Mitarbeiters – muß sich der Vorgesetzte klar äußern, wenn es nicht vorher schon der Mitarbeiter getan hat, ob eine nicht tolerierbare Soll-Ist-Abweichung vorliegt oder nicht.
- Diese Feststellung muß auch deshalb eindeutig getroffen werden, damit sich der Mitarbeiter für die Zukunft daran orientieren kann.
- Eine solche Feststellung bzw. Klarstellung ist auch zur Festigung der Führungsautorität des Vorgesetzten notwendig.

Erbrachte die Kontrolle keine Soll-Ist-Abweichnug, ist das Führungsmittel Anerkennung angebracht. Wenn eine nicht tolerierbare Soll-Ist-Abweichung festgestellt wurde, sollte der Vorgesetzte das Führungsmittel Kritik einsetzen.

## 4.2 Führungsmittel Kritik

Das Führungsmittel *Kritik* wurde in der Vergangenheit oft als Tadel, Mißbilligung, Bestrafung oder Unzufriedenheit verstanden. Wenn dabei die Bestrafungstendenz favorisiert wurde, ging man von der Erwartung aus, daß die Untergebenen aus Angst vor Strafe künftig keinen Fehler mehr machen, also ein Bestrafungsvermeidungsverhalten zeigen würden. Dabei wurde unterstellt, daß nur der Untergebene Schuld an der Soll-Ist-Abweichung habe.

Wenn es auch unter ganz bestimmten Bedingungen angebracht sein kann, mit Sanktionen eine Verhaltensänderung zu erreichen, so ist doch keine Verallgemeinerung möglich, denn: Tadel oder Kritik können das Selbstgefühl verletzen, das Selbstvertrauen schwächen, vor allem dann, wenn nicht die Arbeit kritisiert wird, sondern der Tadel sich auf die Person bezieht – wenn das Ich des Mitarbeiters sich betroffen fühlt. Vor allem sensible Menschen sind leicht seelisch verletzbar.

Fühlt sich der getadelte Mensch bloßgestellt oder gedemütigt, kann er aggressiv bzw. nachtragend reagieren. Das Vertrauen in die eigene Leistungsfähigkeit wird geschwächt, weil er unsicherer und zaghafter an neue Aufgaben herangeht oder aus Angst, etwas falsch zu machen, tatsächlich Fehler macht. Aber auch ein Aufbäumen, eine sthenische Reaktion ist denkbar, wenn der Mitarbeiter dem Vorgesetzten beweisen will, daß er die gestellte Aufgabe bewältigt.

Welchen Stellenwert hat das Führungsmittel Kritik in einem zeitgemäßen, zielorientierten, kooperativ-partnerschaftlichen Führungsstil?

Mit dem Führungsmittel *Kritik* soll das Arbeitsverhalten des Mitarbeiters korrigiert werden, damit künftig das betriebliche Ziel erreicht wird. Das Führungsmittel Kritik hat als Ziel, die Arbeitsweise oder das Arbeitsverhalten des Mitarbeiters zu korrigieren. Diese Korrektur sollte möglichst ohne schädliche Nebenwirkungen erreicht werden.

### 4.2.1 Gezielte Korrektur durch Analyse der Fehlerursachen

Der erste Schritt beim Einsatz des Führungsmittels Kritik sollte die – möglichst gemeinsam mit dem Mitarbeiter durchgeführte – Ist-Zustands-Analyse sein. Die Korrekturmaßnahmen sollten ja gezielt eingesetzt werden, d. h. sich an den Fehlerursachen orientieren.

Um zu einer möglichst vorurteilsfreien Vorgehensweise zu kommen, sollte sich der Vorgesetzte von der Einstellung leiten lassen, daß der Mitarbeiter eine fehlerfreie Arbeit abliefern wollte. Also:

(1) Woran mangelte es also dem Mitarbeiter?

a) An Informationen?
b) An Fachwissen?
c) An Fertigkeiten?
d) An Einübung, Einarbeitung?
e) An der Eignung?

Käme die Analyse zu dem Ergebnis, daß eine Ursache a) bis e) nicht auszuschließen ist, dann steht auch der Vorgesetzte in der Verantwortung.

In die Analyse könnten dann weitere Fragen einbezogen werden, etwa

f) Liegen Konzentrationsprobleme vor?
g) Etwa infolge von betrieblichem Ärger, Frustration – mit dem Vorgesetzten, den Kollegen, den (veränderten) Arbeitsbedingungen?
h) Infolge temporärer Überbelastung (schädlichem Streß)?
i) Oder von außerbetrieblichen, privaten Problemen?
j) Oder liegt eine unterdrückte Krankheit vor?

(2) Für den, bzw. die Fehler könnten auch Persönlichkeits- oder Charakterschwächen ursächlich gewesen sein, z. B.

k) Wurstigkeit, Unzuverlässigkeit, Verantwortungsschwäche;
l) zu schwache persönliche Steuerungsinstanzen wie Ich, Über-Ich, fehlende persönliche Fähigkeit, gemachte Zusagen einzuhalten?

Diese kurze Liste zur Analyse der Fehlerursachen, ist sicherlich nicht vollständig. Sie sollte lediglich anregend wirken, wie man mit der Analyse beginnen könnte, denn das Führungsmittel Kritik sollte eine gezielte, Fehlerursachen aufdeckende Korrektur bewirken.

### 4.2.2 Kritik als gezielte Korrekturmaßnahme

Der zweite Schritt beim Einsatz des Führungsmittels *Kritik* sollte sich am Ergebnis der Fehlerursachenanalyse orientieren. Die aufgedeckten Mängel und Schwachstellen führen dann zu ganz konkreten Vorgehensweisen.

Zur Korrektur lassen sich vier verschiedene Gruppen von Führungsmitteln – je nach der Fehlerursache – einsetzen.

(1) Einsatz des Führungsmittels Unterweisung

Die Unterweisung des Mitarbeiters ist angezeigt, wenn die Analyse Defizite im Hinblick auf Wissen, Kenntnisse, Fertigkeiten, Geübtheit oder Einarbeitung aufgedeckt hat. Die Vorgehensweise bei der Unterweisung wird weiter unten ausführlich dargestellt.

(2) Einsatz teamorientierter Problemlösungstechniken

Der Einsatz teamorientierter Problemlösungstechniken bietet sich an, wenn auch der Vorgesetzte keine erprobten Problemlösungswege kennt, er also nicht mit dem Führungsmittel Unterweisung den Mitarbeiter – sofort – unterstützen kann. Vorgesetzter und Mitarbeiter können sich als Problemlösungsteam verstehen und versuchen, gemeinsam eine Lösung für das Problem zu finden; gegebenenfalls kann auch eine Projektgruppe installiert werden. Anregungen für eine methodische Vorgehensweise bei den teamorientierten Problemlösungstechniken werden weiter unten beschrieben.

(3) Konfliktlösungsgespräche

Ergab die Analyse als Ursache des Fehlers zwischenmenschliche Probleme, dann ist der Vorgesetzte als „Coach" gefordert. Er wird zunächst versuchen bei allen Beteiligten ein Problem*bewußtsein* und damit auch die Bereitschaft zur Problem- bzw. Konfliktlösung zu schaffen. Wichtig ist dabei eine Atmosphäre der Offenheit (des Vertrauens) und die gemeinsame Erarbeitung von Konfliktlösungswegen, auf die sich dann die Beteiligten verpflichten sollten. Die Methodik des Konfliktlösungsgesprächs wird weiter unten beim Führungsmittel „Mitarbeitergespräche" ausführlicher behandelt.

(4) Einsatz der Positionsmacht des Vorgesetzten

Brachten die beschriebenen Wege (1) mit (3) nicht die erwarteten Erfolge, wird der Vorgesetzte zu massiven Maßnahmen der Fremdsteuerung greifen; er wird Sanktionen in Aussicht stellen und erforderlichenfalls auch einsetzen. Im Mittelpunkt dieser Maßnahmen stehen: *Anweisung* (Befehl), und *arbeitsrechtlich relevante Schritte* wie: *Verwarnung, Abmahnung, Änderungskündigung, Freisetzung.*

## 4.3 Führungsmittel Unterweisung

Das Führungsmittel *Unterweisung* ist ein methodisch gestützter Lernvorgang, der auf arbeitspädagogischen Grundlagen und auf den Ergebnissen der Lernpsychologie aufbaut.

### 4.3.1 Betriebliche Einsatzgebiete der Unterweisung

(1) Reduzierung der Qualitätsmängel, z. B. durch gezieltes Hinweisen auf Fehlerquellen und Wege zur Fehlervermeidung, Sicherstellen der effektivsten Arbeitsweise.
(2) Verschonung der Mitarbeiter von dem frustrierenden Erlebnis, der Arbeit nicht gewachsen zu sein.

(3) Verringerung der Beanspruchung des Menschen durch das Vermeiden von unzweckmäßigem Arbeitsverhalten, unnötiger Beanspruchung bzw. Überforderung.
(4) Chance zur größeren Arbeitszufriedenheit durch Beherrschung einer effektiven Arbeitsweise.
(5) Reduzierung der Unfallgefährdung durch Vermittlung einer sicheren Arbeitsweise.
(6) Schnellere Erreichung der Normalleistung, d.h. der angestrebten bzw. vorgegebenen Arbeitsleistung.

### 4.3.2 Lernmotivation zur Erzielung des Lernerfolges

Die wichtigste Voraussetzung für den Erfolg einer Unterweisung ist die Lernmotivation der Mitarbeiter. Wie kann man nun den Mitarbeiter motivieren?

(1) Eine gute, in der Praxis oft erprobte Methode zur Schaffung und Stärkung der Lernmotivation ist die Schaffung eines Problembewußtseins; wenn z.B. der Mitarbeiter einen Fehler gemacht hat oder er erkennt, daß er ein Problem hat, daß seine Verantwortung gefordert ist, dann erwächst daraus oft die Motivation zu lernen, um künftig derartige Fehler zu vermeiden.
(2) Auf die Bedeutung des Lernens zur Sicherung des Arbeitsplatzes, für Möglichkeiten des beruflichen Vorankommens als Voraussetzung für eine Höherqualifizierung, für die Arbeitsgruppe, für die Abteilung sollte hingewiesen, Lernerfolge sollten sichtbar gemacht werden.
(3) Den Zusammenhang zwischen dem Lernstoff und den Interessen des Mitarbeiters muß hingewiesen, auf Fragen des Mitarbeiters bereitwillig eingegangen werden.
(4) Ängste, durch das Lernen überfordert zu werden, müssen abgebaut werden, die Vorgehensweise in kleinen Schritten muß erklärt und Unterstützung beim Lernen angeboten werden.

### 4.3.3 Lernstufen

Die Stufenmethode in der Pädagogik läßt sich bis zu *Aristoteles* zurückverfolgen; er bezeichnete die Stufen mit:

- Sinnlichkeit (Anschauen),

- Verstand (Denken) und
- Streben (Anwenden).

Das *„natürliche" Lernen* hat, wie es *Aristoteles* bereits beschrieben hat, drei Stufen.

Das *„künstliche" Lernen* im Betrieb, in der Schule – wenn entweder spontan kein Lerninteresse vorhanden ist, die Notwendigkeit zur Veränderung noch nicht erkannt worden ist –, bedarf noch einer Vorstufe, und zwar die der *Lernmotivation* (s. oben).

Zur Vorbereitung gehört auch die Gliederung des Gesamtlernstoffes in Teilmengen, die tatsächlich vom Mitarbeiter bewältigt werden können. Oft ist „weniger mehr"! Das individuelle Lernvermögen sollte nicht überschätzt werden. Jeder Teilmenge des Lernstoffes sollte auch ein Teillernziel vorangestellt werden.

Lernstufe 1: Zeigen und Erklären durch den Vorgesetzten, Kennenlernen durch den Mitarbeiter

Gleich, ob es sich um neues Wissen, eine neue Methode, eine neue Vorschrift oder nur um Teilfragen, etwa einen neuen Werkstoff, einen veränderten Arbeitsvorgang handelt: Zunächst ist vom Vorgesetzten alles Notwendige *zu zeigen,* damit der Mitarbeiter eine eigene Vorstellung bekommt. Gegebenenfalls kann der Mitarbeiter die angesprochene Sache selbst einmal in die Hand nehmen. Es genügt nicht, die Dinge einfach nur beim Namen zu nennen, sondern es kommt darauf an, die einzelnen Funktionen und ihr Ineinandergreifen zu erklären, um zu einer möglichst anschaulichen Vorstellung zu gelangen. Das Zeigen und Erklären setzt Ordnung und ruhige Konzentration voraus. Es darf nicht in hastiger Eile erfolgen. Mit Zwischenfragen, die auch der Auflockerung dienen, wird der Vorgesetzte feststellen, ob er verstanden worden ist, ob er *früher vermitteltes Wissen* bzw. *Können* voraussetzen kann und ob die *Einstimmung* im ganzen gelungen ist.

Lernstufe 2: Vormachen durch den Vorgesetzten

In der zweiten Stufe muß der Vorgesetzte bzw. Unterweiser die vom Mitarbeiter zu lernende Arbeit *selbst vormachen*. In der Regel wird ein einmaliges Vormachen nicht ausreichen. Die Arbeitspädagogik empfiehlt ein dreimaliges Vormachen.

Bei der ersten Vorführung wird das zu Erlernende lediglich im Vollzug gezeigt; bei der zweiten beschreibt der Vorgesetzte jeweils genau, was er jeweils gerade macht. Bei der dritten Vorführung weist er auf das besonders Wichtige hin, damit die Arbeit gelingt. Dabei ist es wichtig, daß der Mitarbeiter die Arbeit so verfolgen kann, als wäre er selbst der Ausführende. Er muß beim Zusehen den richtigen Standort umd die richtige Blickrichtung haben, damit er der Notwendigkeit des Umdenkens der Bewegung. von vornherein enthoben ist.

Lernstufe 3: Selbstprobieren des Mitarbeiters

Wenn das Vormachen des Vorgesetzten richtig abgelaufen ist, wird der Mitarbeiter, vorausgesetzt, daß er begriffen hat, worum es sich handelt, im allgemeinen darauf drängen, das Vorgeführte selbst zu probieren. Diese Lern- bzw. Leistungsbereitschaft muß sich der Vorgesetzte zunutze machen, indem er dem Mitarbeiter zum richtigen Start verhilft und ihn von Anfang an vor vermeidbaren Fehlschlägen und Enttäuschungen bewahrt. Zum richtigen Start gehört, daß der Mitarbeiter die richtige Arbeitshaltung und die richtige Blickrichtung hat.

Wenn der Mitarbeiter den zu lernenden Arbeitsschritt richtig nachvollzogen hat, ist für den Vorgesetzten der Zeitpunkt gekommen, den Mitarbeiter vorübergehend sich selbst zu überlassen, damit dieser hinreichend selbst probieren kann, was durch Erklären und Vormachen vorbereitet wurde. Er muß sich zum richtigen Zeitpunkt wieder einschalten, um das Selbstprobieren des Mitarbeiters zu verbessern und das Erreichte anzuerkennen bzw. zu bestätigen.

Der richtige Ton und Ermutigung erreichen meist mehr als Kritik, so berechtigt sie auch sein mag. Diese positive Einstellung sollte jedoch nicht übertrieben werden; denn der Mitarbeiter muß die richtige Arbeitsweise erlernen und darf nicht „schlampen“.

Wenn die Arbeit nach mehrmaligem Probieren auch bewältigt sein mag, so wird ihr zügiger Ablauf im allgemeinen noch nicht gesichert sein. Oft gibt es nach dem ersten Probieren, selbst wenn es erfolgreich verlief, noch Rückschläge.

Jetzt setzt das Stadium des Übens ein, in dem es darauf ankommt, daß das Gelernte gefestigt wird. In diesem Stadium wird der Vorgesetzte darauf achten müssen, daß sich keine Fehler einschleichen.

Wenn sie dennoch auftreten, wird er ihre Gründe aufklären und dem Mitarbeiter zeigen, wie sie zu vermeiden sind. So wird sich allmählich *ein kritisches Selbstbewußtsein* beim Mitarbeiter herausbilden, das ihn bald selbst herausfinden läßt, was richtig und was noch verbesserungbedürftig ist. So entsteht das Kontrollbewußtsein, das Verantwortungsbewußtsein als persönliche Selbststeuerungsinstanz.

## 4.4 Führungsmittel Anerkennung

Als wir in einem metallverarbeitenden Großbetrieb 701 Maschinenarbeitern die Frage vorlegten, ob sie den Eindruck hätten, daß gute Arbeit anerkannt wird, äußerten sich nur 58% positiv. Im Rahmen der gleichen Untersuchung gaben knapp 38% an, noch nie von ihren Vorgesetzten gelobt worden zu sein. Auf die anschließende Frage, warum sie glaubten noch nie gelobt worden zu sein, meinten die meisten, dies sei „nicht üblich" (größte Gruppe der Antworten), oder „das ist den Vorgesetzten nicht gegeben" (zweitgrößte Gruppe der Befragten), oder nannten eine Reihe von Gründen, die in der Person des Vorgesetzten liegen wie „weil er das in seinem Leben noch nicht fertig gebracht hat" – „wegen Überheblichkeit nicht möglich" – „das eigene Ich ist zu stark" – „Vorgesetzter gleich Ichmensch, Egoist, Egozentriker" o. ä.

Die mit dem Befragungsergebnis konfrontierten Vorgesetzten reagierten mit Bemerkungen wie: „Für gute Arbeit gibt's ja gutes Geld" oder „Wenn alles gut geht, sage ich nichts, wenn's schief läuft, reagiere ich." Immer wieder wurde die Befürchtung geäußert, daß Anerkennung und Lob die Mitarbeiter dazu verleiten würden, in ihren Anstrengungen nachzulassen oder höhere finanzielle Forderungen oder Wünsche zu äußern.

### 4.4.1 Psychologische Aspekte des Führungsmittels Anerkennung

Das Führungsmittel Anerkennung hat einen zentralen Platz in einer zeitgemäßen Personalführung. Anerkennung hat zu tun mit Achtung und Akzeptanz des anderen, nicht nur im Hinblick auf die erbrachte Leistung, sondern auch hinsichtlich seiner Person und seiner Würde. Anerkennung erfordert eine bewußte Hinwendung des Vorgesetzten zum Mitarbeiter, z.B. durch Blickkontakt, Grüßen, freundliches

Kontaktaufnehmen. Die Achtung des Mitarbeiters zeigt sich auch darin, daß man ihn „für voll nimmt“ und ihm zuhört. Der kooperativ-partnerschaftliche Führungsstil, die Teamarbeit, leben von der Anerkennung des anderen und der Würdigung seiner Leistung.

Anerkennung kann in unterschiedlichen Formen zum Ausdruck kommen, z. B.

- als verbale Anerkennung;
- in der Übertragung anspruchsvollerer Aufgaben, die dem Mitarbeiter die Möglichkeit geben, fachlich zu wachsen;
- in einer Beförderung oder finaziellen Höhergruppierung;
- in einer leistungsbezogenen Prämie;
- im Einholen eines Rates und damit der Anerkennung der fachlichen Kompetenz des Mitarbeiters durch den Vorgesetzten;
- in der Übertragung größerer Kompetenz und Verantwortung;
- im Angebot von Weiterbildungsmöglichkeiten;
- im Heranziehen zu wichtigen Sonderaufgaben;
- in Vertrauensbeweisen (z. B. bewußter Reduzierung von Kontrollen).

### Psychologische Aspekte der Anerkennung

#### (1) Anerkennung und Selbstvertrauen der Mitarbeiter

Im Selbstvertrauen drückt sich die Zuversicht in die eigene Stärke, zu den Möglichkeiten der Bewährung im Lebenskampf aus. Selbstvertrauen ist die Überzeugung, den Dingen gewachsen zu sein, von anderen akzeptiert zu werden, der Glaube an sich selbst.

Das Selbstvertrauen ist primär von Erfolgserlebnissen abhängig. Anerkennung der Leistung bedeutet für den Mitarbeiter Erfolg. Menschen, die durch Erfolgserlebnisse eine Stärkung ihres Selbstvertrauens erfahren haben, wagen sich eher an schwierigere Arbeitsaufgaben heran und geben bei Schwierigkeiten nicht so schnell auf.

#### (2) Anerkennung als Lernhilfe

Zu den Hauptaufgaben des Vorgesetzten zählt die kontinuierliche berufliche Qualifizierung und Weiterbildung des Mitarbeiters, dessen fachliche und persönliche Anpassung an die sich verändernden Anforderungen des Arbeitsplatzes. Mit dem Führungsmittel Anerkennung kann der Vorgesetzte in die Lernprozesse des Mitarbeiters aktiv eingreifen. Soll das durch die Unterweisung des Vorgesetzten erlernte Verhalten Bestand haben, muß es verstärkt, d.h. belohnt werden; es muß, in Anlehnung an *Freud*, „lustvoll" sein, das erlernte Verhalten zu praktizieren. Verstärkung festigt erlernte Verhaltensweisen.

Die Anwendung des Führungsmittels Anerkennung ist immer dann angezeigt, wenn der Mitarbeiter einen Lernschritt geschafft, einen Lernerfolg erzielt hat. Durch das Führungsmittel wird das Erreichte gefestigt, d.h. der Mitarbeiter hat die Bestätigung, daß er es richtig gemacht hat.

(3) Anerkennung als Motivator

Es arbeitet wohl niemand gern, wenn sein Tun nicht bemerkt und anerkannt wird, wenn er keine Rückmeldung oder Bewertung seiner Arbeit oder Leistung erhält. Fehlt diese Rückmeldung, sollte es niemanden wundern, wenn die Leistungsmotivation und damit auch die Leistung darunter leiden.

Wenn die Rückmeldung über das Arbeitsergebnis aus der Realität (z.B. dem Kunden, Anwender, Benutzer des hergestellten Produkts) den Mitarbeiter nicht direkt erreichet, – und das ist leider sehr häufig der Fall – hat der Vorgesetzte die Aufgabe, durch Anerkennung oder Kritik dem Mitarbeiter über die Qualität seiner Arbeitsergebnisse zu berichten.

### 4.4.2 Einsatz des Führungsmittels Anerkennung

(1) Anerkennung vermittelt Orientierung

Anerkennung orientiert den Mitarbeiter z.B. darüber, ob er sein mit dem Vorgesetzten vereinbartes Ziel erreicht hat. Diese Art der Rückmeldung ist vor allem für die Mitarbeiter sehr wichtig, bei denen die Arbeit keine rein quantitative Beschreibung des Soll-Zustandes zuläßt. Das sind all diejenigen Bereiche, wo nicht gemessen, sondern beurteilt wird.

(2) Anerkennung vermittelt Selbstvertrauen

Damit wird ihm auch die Angst genommen, versagt zu haben. Der Mitarbeiter kann freier, entspannter, zuversichtlicher dem Kommenden entgegensehen. Sein Vertrauen zu sich selbst, zu seiner Kraft, zu seinen Fähigkeiten wächst bzw. wird gestützt. Diese Entwicklung ist jedoch nur dann dauerhaft zu erwarten, wenn sich die Anerkennung an einer tatsächlichen, in der Realität nachweisbaren Leistung orientiert.

(3) Der Lernerfolg hängt von der sofortigen Anerkennung ab

Der Lernerfolg ist dann am größten, wenn richtig gelerntes Verhalten sofort anerkannt, ein nicht der Erwartung entsprechendes Verhalten sofort korrigiert wird. Damit wird sichergestellt, daß für den Lernenden zweifelsfrei eine Verbindung (Assoziation) zwischen richtigem Verhalten und Verstärkung (Billigung, Anerkennung) hergestellt wird und im Falle einer Abweichung vom angestrebten Verhalten dieses falsche Verhalten sofort gelöscht wird, sich also erst gar nicht im Gedächtnis festsetzen kann.

(4) Anerkennung muß gezielt, angemessen und individuell erfolgen

Es muß gezielt anerkannt werden, also möglichst nicht mit Allgemeinplätzen wie: „Gut, gut“ oder „schön, schön“, oder „nur weiter so“ o.ä. Stereotype Redewendungen nutzen sich sehr schnell ab, können sich ins Gegenteil verkehren, wenn nicht differenziert wird, wenn z.B. ganz unterschiedliche Leistungen pauschal gelobt werden. Unecht und peinlich kann wirken, wenn sich der Vorgesetzte enthusiastisch über Nebensächlichkeiten ausläßt, wirkliche Leistungen bzw. größere Fortschritte aber beiläufig oder überhaupt nicht beachtet.

Der Vorgesetzte sollte sich aber auch die Mühe machen abzuschätzen, welchen Stellenwert der Lernfortschritt in den Augen des Mitarbeiters hat, d.h. wie schwer oder leicht sie ihm gefallen ist. In der differenzierten Anwendung des Führungsmittels Anerkennung drückt sich auch das Engagement des Vorgesetzten für seine Mitarbeiter aus, der erkennt, daß sich der Vorgesetzte mit seiner persönlichen Situation beschäftigt hat.

(5) Das Bedürfnis des Mitarbeiters nach Anerkennung ist kontinuierlich zu pflegen

Jeder Mensch hat ein – wenn auch unterschiedlich ausgeprägtes – Bedürfnis nach Anerkennung. Bleibt dieses sehr wichtige Bedürfnis längere Zeit unbefriedigt, stellt sich ein Zustand ein, der als Frustration bezeichnet wird. Es gehört zu dem gesicherten Wissensbestand der Psychologie, daß durch Frustrationserlebnisse die Neigung zu Aggression und Opposition, vor allem aber zur Resignation, Uninteressiertheit, Teilnahmslosigkeit am betrieblichen Geschehen führen („innere Kündigung"). Anerkennung fördert auch die zwischenmenschlichen Beziehungen und die Arbeitszufriedenheit.

## 4.5 Führungsmittel Mitarbeitergespräch

Der Berufserfolg des Vorgesetzten hängt sehr wesentlich davon ab, ob er Mitarbeitergespräche erfolgreich führen kann. Durch eine Reihe von Erhebungen wurde nachgewiesen, daß Vorgesetzte gut die Hälfte ihrer Arbeitszeit mit Mitarbeitergesprächen, Arbeitsbesprechungen u. ä. verbringen.

Mitarbeiterführung besteht im wesentlichen aus Mitarbeitergesprächen. Der Vorgesetzte spricht z. B. mit seinem Mitarbeiter wenn er ihm eine Aufgabe überträgt, (Stichproben-)Kontrollen durchführt, die Führungsmittel Kritik und Anerkennung einsetzt, zu einer vorgebrachten Beschwerde Stellung nimmt, seine Mitarbeiter berät, mit ihnen gemeinsam plant, über die Durchführung von Veränderungen spricht oder mit ihnen Ziele vereinbart. In jedes Gespräch bringt sich jeder Gesprächsteilnehmer mit seiner ganzen Persönlichkeit ein, d. h. die Gesprächsführung muß die persönliche Eigenart des Gesprächsteilnehmers mit berücksichtigen, soll es erfolgreich sein.

Ein wesentliches Merkmal des Mitarbeitergesprächs ist dessen *Zielorientierung*. Der Verlauf des Gesprächs ist vom Gesprächsziel abhängig. Je nachdem, ob eine Entscheidung herbeigeführt, ein Mitarbeiter motiviert, ein Problem einer Lösung nähergebracht, ein Mitarbeiter kontrolliert oder korrigiert werden soll, wird der Gesprächsplan anders aussehen.

### 4.5.1 Grundlagen des Mitarbeitergesprächs

#### 4.5.1.1 Verbale und expressive Äußerungen

In einem Gespräch werden nicht nur verbale Informationen über Sachthemen ausgetauscht, auch die Persönlichkeit der Gesprächsteilnehmer, insbesondere deren expressive Äußerungen, deren Körpersprache, deren Grundeinstellungen (Transaktionsanalyse) beeinflussen die zwischenmenschliche Kommunikation (s. oben unter 2.1.2.2 ff.).

### 4.5.1.2 Abwehrmechanismen im Gespräch

Jeder Mensch, der sich irgendwie bedroht fühlt, reagiert mit Abwehr, die in Form von Ausweichen, Angriff, Sichverbergen, Flucht o. ä. bestehen kann. Das Verhalten des Gesprächspartners kann unter bestimmten Bedingungen als Bedrohung empfunden werden und Angst- und Furchtzustände hervorrufen. Es ist dabei für die Auswirkungen unerheblich, ob diese Bedrohungen vom Gesprächspartner bewußt oder unbewußt ausgesprochen werden. In jedem Falle können solche Bedrohtheitsgefühle ein sachliches, zielorientiertes Zusammenwirken behindern, erschweren oder gefährden. Wird nun dieses Selbstbild eines Gesprächspartners tatsächlich oder vermeintlich vom anderen angegriffen oder in Frage gestellt, so wird dieser eine Verteidigungsposition einnehmen und mit Abwehrmechanismen reagieren, vor allem dann, wenn sein Selbstvertrauen schwach ist.

Nachstehend sollen nun ein paar typische Abwehrmechanismen beschrieben werden, die sich im Mitarbeitergespräch zeigen können.

(1) Rationalisierung

Der Abwehrmechanismus der Rationalisierung besteht in nachträglichen rationalen Begründungen für schuldhafte Handlungen oder Unterlassungen. Rationalisierungen sind vor allem dann zu erwarten, wenn z. B. eine Norm, eine Weisung, eine Abmachung, eine Übereinkunft nicht beachtet worden ist. Ist das Ich zu schwach, den Angriff oder Vorwurf sachlich begründet zurückzuweisen oder zu seinem Fehler zu stehen, dann wird es nach Begründungen – nach Rationalisierungen – suchen, von denen es annimmt, daß sie vom Gesprächspartner toleriert werden. Viele sogenannte Notlügen sind solche Rationalisierungen, die durch den Vorgesetzten provoziert werden, wenn er nachdrücklich Begründungen für Arbeitsrückstände, Ausschußzahlen o. ä. vom Mitarbeiter verlangt.

Rationalisierungsbestrebungen eines Gesprächspartners lassen Sachgespräche uneffektiv werden, da nicht über die Sache selbst, sondern hauptsächlich über Scheinbegründungen geredet wird.

(2) Projektion

Unter Projektion wird die Verlagerung einer subjektiven Sichtweise auf den Partner verstanden. Die Dinge werden nicht so gesehen, wie sie sind, sondern, wie sie aus subjektiver Sicht sein sollten.

Steht beispielsweise ein Mitarbeiter einer Aufgabe hilflos gegenüber, fühlt er sich ihr nicht gewachsen, so stellt eine solche Situation eine Bedrohung für ihn dar, wenn er ein schwaches Ich hat. Diese Bedrohung könnte er nun mittels des Abwehrmechanismus der Projektion dadurch abzuwehren versuchen, daß er vorgibt, mit ungenauen Arbeitsplänen, unzweckmäßigen Betriebsmitteln, fehlerhaften Werkstoffen o. ä. arbeiten zu müssen. Das Besondere an solchen Situationen ist, daß der Mensch häufig unbewußt projiziert, d. h. überzeugt ist, daß sich die Dinge wirklich so verhalten.

Kommt ein Mensch mit schwachem Ich und einer Disposition zu Abwehrmechanismen häufig in derartige Bedrohungssituationen, so kann er ein ganzes System von Abwehrmechanismen entwickeln. So kann er beispielsweise Mißerfolge dem Neid, der Bösartigkeit anderer zuschreiben, sich unverstanden oder verfolgt fühlen u. ä. mehr. Eine unsachliche, den Gesprächspartner psychisch verletzende Argumentation, bestimmte manipulative Unterstellungen oder Verdächtigungen sind nicht selten die Reaktionen eines schwachen Ich, des Abwehrmechanismus der Projektion.

(3) Verschiebung

Wenn die direkte Affektentladung (z. B. Ärger, Wut) auf den Verursacher dieser Verstimmung nicht opportun erscheint, man aber den aufgestauten Ärger los sein will indem man ihn einfach weitergibt, dann geschieht das, was als Abwehrmechanismus „Verschiebung“ bzw. „Substitution“ bezeichnet wird. So kann sich z. B. der durch die Rüge eines Vorgesetzten aufgestaute Affekt auf einen schwächeren Kollegen entladen.

Von Verschiebung kann man auch sprechen, wenn ein Sündenbock gesucht wird, der sich nicht geschickt genug gegen diese Rolle zur Wehr setzen kann.

Ein Mensch mit gesundem Selbstvertrauen verkraftet ein unangenehmes Ereignis, setzt sich direkt mit dem Verursacher seines Ärgers auseinander oder findet eine andere, Menschen nicht in Mitleidenschaft ziehende Form der Abwehr. Ein schwaches Ich kann sich der psychischen Dynamik der Verschiebung nicht entziehen und multipliziert dadurch nicht selten seine Probleme.

(4) Identifikation

Identifikation ist die – meist unbewußte – Tendenz, sich mit der Bedrohung, z. B. mit der bedrohenden Person, zu identifizieren. So übernimmt man beispielsweise die vom Bedroher praktizierte Argumentation bzw. Meinung, ja sogar typische Details seines Verhaltens. Man versucht, sich mit dem Bedroher gut zu stellen, indem man sich ihm mehr oder weniger unterwirft.

Der Abwehrmechanismus Identifikation ist typisch für den Mitläufer, den Ja-Sager. Indem man dem anderen Recht gibt, wird versucht, die Bedrohung zu reduzieren. Letztlich beruht auch dieser Abwehrmechanismus auf Ich-Schwäche.

Weitere Abwehrmechanismen sind

- Verleugnung der Realität, d. h. die tatsächlichen Gegebenheiten werden gar nicht zur Kenntnis genommen, weil sie nicht „ins Bild“ passen;
- Die Verkehrung ins Gegenteil ist ein Abwehrmechanismus, bei dem das Ich die Richtung des Affektes gleichsam umpolt. Dann wird z. B. aus einem aggressiven Verhaltensimpuls übertriebene, unechte Höflichkeit.

*Fazit*: Abwehrmechanismen erschweren die Gesprächssituation. Sie bringen zwischenmenschliche Reibungsverluste durch subjektive Einflußfaktoren, die den Betroffenen meist gar nicht bewußt sind. Werden Abwehrmechanismen des anderen im Gespräch direkt angesprochen, verstärken sich diese meist noch und erschweren zusätzlich das sachliche, zielorientierte Gespräch.

#### 4.5.1.3 Das Selbstbild des anderen

Niemand will nur eine „Nummer“ sein. Fast jeder will „jemand“ sein, ist auf Wirkung, sein Image bedacht, opfert dafür viel Zeit und Geld; z. B. für sein Auto, seine Wohnungseinrichtung, sein Haus, die zu ihm passen, die sein Selbstverständnis zum Ausdruck bringen sollen. Diese Äußerlichkeiten sind gleichsam Attribute seiner Persönlichkeit und korrespondieren mit dem Selbstbild, wenn sie auch nicht selten hinterherhinken. Seine individuelle Motivation ließe sich als Differenz zwischen dem erreichten Standard und dem in die Zukunft projizierten Selbstbild veranschaulichen.

Das Selbstbild entsteht weniger durch eine sachliche Bestandsaufnahme als vielmehr durch Wunsch- und Erwartungsvorstellungen, die sich jedoch immer wieder durch die Realität in Frage stellen lassen müssen.

Bei vielen Vorgesetzten-Mitarbeiter-Gesprächen steht das Selbstbild gleichsam auf dem Prüfstand. Wird das Selbstbild durch den Gesprächspartner bestätigt, stellt sich ein Gefühl der Genugtuung, der Zufriedenheit ein, das sich dann meist auch in Sympathiegefühlen dem Gesprächspartner gegenüber widerspiegelt. Werden aber Differenzen sichtbar, so kann das Selbstbild in Gefahr geraten. Hat man beispielsweise eine hohe Meinung von sich selbst, ergeben aber die Rückmeldungen des Gesprächspartners ein abweichendes Bild, so kann daraus ein Problem entstehen. Wenn man z. B. erfahren muß, daß ein bisher als gleichrangig angesehener Kollege einen als unter sich stehend behandelt, die eigenen Gesprächsbeiträge nicht gewürdigt werden, kann sich das Problem verstärken. Entscheidend ist die Einsicht, daß man nicht nur selbst Probleme mit dem eigenen Selbstverständnis haben kann, sondern auch der andere. Diese Einsicht, daß man dem anderen Probleme schafft, wenn man ihn abweichend von seinem eigenen Selbstverständnis einstuft, ist eine wichtige Erkenntnis für die Gesprächsführung. Denn schafft man dem anderen durch das eigene Verhalten Probleme hinsichtlich seiner Einschätzung, dann darf man nicht erwarten, daß dieser ein streng sachliches Gespräch führen kann. Der Mensch ist nun einmal nicht emotionsfrei, auch wenn dies manchmal wünschenswert wäre. Wenn man beim anderen nicht ankommt, sollte man sich fragen, ob man ihn so akzeptiert hat, wie er ist oder – was noch wichtiger sein kann – wie er sein möchte. Man hüte sich jedoch vor Schmeichelei bzw. Übertreibung, wenn diese sich so weit vom Selbstbild des anderen entfernen, daß sie von ihm als solche erkannt werden. Noch so wohlgemeinte Beteuerungen, daß man es ernst gemeint hat, helfen dann meist wenig.

## 4.5.2 Anregungen zur Gesprächsführung

### 4.5.2.1 Warnsignale im Gespräch

*Neuberger* (1981) hat eine Liste von Warnsignalen zusammengetragen:

*(1) Überkonformität und Anpassung:* Keine eigenen Ideen und Vorschläge; Jasagen, Mitläufertum; Willfährigkeit, nach dem Mund reden.

*(2) Rationalisierung und Intellektualisierung:* Sich wichtig machen; eigene Empfindungen verbergen; sich hinter vernünftigen und sozial akzeptablen Begründungen verstecken; Motive bemänteln, Zahlen frisieren.

*(3) Verdrängung:* Etwas nicht wahrhaben wollen; wichtige Argumente oder Vorkommnisse einfach vergessen; sich beim besten Willen nicht erinnern können.

*(4) Selbstbeschuldigung:* Selbstkritik, Selbstzweifel; Nervosität, Unsicherheit, Angst.

*(5) Fixierung:* Sturheit, Hartnäckigkeit, Uneinsichtigkeit; von seinem Standpunkt nicht abzubringen; Rechthaberei; pedantischer Formalismus, Perfektionismus, Dienst nach Vorschrift; buchstabengetreue, schematische Ausführung.

*(6) Trotz, Ablehnung, Widerstand:* Ständiges Widersprechen; zu allen Vorschlägen nein sagen; das Gegenteil oder etwas anderes tun als das, was verlangt wurde; mürrische und bockige Bemerkungen.

*(7) Fluchtverhalten, Verleugnung der Realität:* Sich herausreden, sich Anforderungen und Kritik nicht stellen; Ausreden finden, einander aus dem Wege gehen, den Tatsachen nicht ins Auge sehen, sich selbst belügen, sich etwas vormachen.

*(8) Verschiebung und Projektion:* Fehler anderen in die Schuhe schieben; Gerüchte verbreiten, Ärger über Kleinigkeiten herauslassen o. ä.

### 4.5.2.2 Umgang mit dem Selbstbild des anderen

(1) Den anderen so akzeptieren, wie er ist

Der Mensch ist ein Produkt aus Anlage und Umwelteinflüssen. Erwachsen, weitgehend ausgereift bzw. entwickelt, von vielen Erfahrungen, Lernvorgängen geformt, wird sich die Persönlichkeit des anderen nicht mehr wesentlich – jedenfalls selten durch ein Gespräch – verändern.

Wenn nun der andere Eigenschaften oder Verhaltensweisen an den Tag legt, die bei uns Antipathie provozieren, so dürfte die Erwartung, daß der andere sich weitgehend ändert, eher unrealistisch sein.

Das menschliche Zusammenleben erfordert Toleranz, wenn nicht ein Klima zwischenmenschlicher Spannungen entstehen soll. Klimaverschlechterungen entstehen, wenn aus allem eine Angelegenheit von Bedeutung gemacht wird, etwa wenn die Fehler des anderen an den Pranger gestellt werden.

Ein Hilfsmittel, um den anderen akzeptieren zu lernen, ist die Höflichkeit. Sie diszipliniert die Ablehnung des anderen, regt ihn meist auch zur Höflichkeit an, verhindert den offenen Konflikt und seelische Verletzungen und reduziert die Disposition des anderen zu Abwehrmechanismen.

(2) Zurückhaltung bei der Offenlegung der Schwächen des anderen

Das eigene Machtstreben kann dazu verleiten, jede Gelegenheit zur Demonstration der eigenen Stärke und Überlegenheit zu nutzen, denn faszinierend kann das Gefühl des Triumphes beim Anblick des Besiegten sein. Sieht man vom krankhaften Masochisten ab, wird sich kaum jemand über die Verletzung seines Selbstgefühls freuen. Vielmehr wird der Vergeltungsdrang des anderen auf die nächste günstige Gelegenheit lauern, um die empfundene Schmach zu rächen. Wird man mit der Schwäche des anderen unausweichlich konfrontiert und leidet der andere unter dieser – möglicherweise zufälligen – Aufdeckung dieser Schwäche, läßt sich meist ein tröstendes, mitfühlendes Wort finden oder ein hilfreicher Vorschlag zur Beseitigung des Schadens oder Makels beisteuern.

(3) Bei ausgeprägten Gegensätzlichkeiten den anderen nicht persönlich angreifen

Auch noch so konträre sachliche Positionen oder ideologische Gegensätze sollten nicht dazu führen, den anderen persönlich anzugreifen, sein Ich zu verletzen. Wenn nicht aus humanen Gründen, so sollte doch die Klugheit die Einsicht vermitteln, daß jeder Feind einem zu schaden vermag und deshalb nicht unterschätzt werden sollte, vor allem dann nicht, wenn dieser nichts zu verlieren hat.

Persönliche Feindschaft ist etwas anderes als verweigerte Zustimmung oder eine gegensätzliche sachliche Position. Während eine konkurrierende Sachposition eine Herausforderung darstellen kann, eine Sache dadurch möglicherweise gar gefördert wird, fehlt dem Haß die konstruktiv-positive Komponente. Vielmehr begünstigt er die Unsachlichkeit, erhöht die zwischenmenschlichen Reibungsverluste. Auch kann ein Sieg über einen schwächeren Feind dem persönlichen Ansehen schaden. Der Kluge wird es deshalb nicht zum endgültigen Bruch kommen lassen. Verletzungen des Selbstgefühls des Unterlegenen brauchen lange Zeit, um zu heilen. Seelische Verletzungen sind ein fruchtbarer Nährboden für Feindschaft und Haß.

(4) Gesprächsbereit sein

Gesprächsbereitschaft signalisiert Offenheit, auf den anderen einzugehen, dessen Meinung zu würdigen, ihm möglicherweise Mitwirkungsmöglichkeiten bei Entscheidungen einzuräumen. Niemand ist so vollkommen, daß er auf einen guten Rat von vornherein verzichten kann, ohne ihn vorher geprüft zu haben. Informiert zu werden, heißt akzeptiert zu sein, bedeutet letztlich Sicherheit, auch Selbstsicherheit. Nützliche Informationen bedürfen auch des Dankes, der Anerkennung, will man die Informationsquelle nicht versiegen lassen.

Ein Mitarbeitergespräch ist eine wichtige Sache, die volle Aufmerksamkeit verlangt. Zu schnell ist ein Kredit verspielt, ein guter Eindruck verwischt. Gesprächsbereit sein heißt aber nicht, alles kritiklos zu übernehmen. Zuweilen kann aber auch eine zeitweilige Zurückhaltung angebracht sein, wenn der andere glaubt, er könne immer über unsere Zeit verfügen. Ein kritischer Verstand und eine eindeutige Haltung bewahren vor dem Hineingezogenwerden ins Ränke- oder Intrigenspiel.

Zur Veranschaulichung dazu ein Gesprächsablauf, der dem griechischen Philosophen *Sokrates* zugeschrieben wird.

Zu Sokrates kam in eiliger Emsigkeit ein Bekannter und sprach: „Hast du schon gehört, Sokrates? Das muß ich dir erzählen."
„Halt mein Lieber", sagte begütigend der Philosoph, „hast du dir drei Fragen vorgelegt, bevor du anhebst?"
„Welche drei Fragen, Sokrates?"
„Zum ersten ist es wahr, was du mir berichten willst?"
„Nun ja wahr", bedachte sich der Besucher, „es erzählen sich die Leute; ich selber war allerdings nicht dabei."

„Zum zweiten, ist es etwas Gutes?"
„Nein das nicht! Im Gegenteil, aber das ist's ja gerade."
„Also zum dritten, mein Lieber, ist es nötig, daß du mir's hinterbringst?"
„Nein, du Wunderlicher, nötig ist es wohl nicht, aber es dürfte für dich wohl unterhaltsam sein, zu hören, wie ..."
„Dann laß uns schnell", schloß der Weise, „den Göttern Dank sagen, daß wir der Gefahr entronnen sind, unbekannte Fehler eines nächsten ohne Grund zu offenbaren oder zu vergrößern – meinst du nicht auch?"

### 4.5.2.3 Anregungen für bestimmte Gesprächssituationen

*Korff* (1974) hat eine Reihe von Reaktionsweisen auf spezifische Verhaltensweisen des Gesprächspartners zusammengestellt:

*(1) Partnerverhalten: „still – zurückhaltend".* Mögliche Reaktionsweise: Fragen stellen, Fragen eventuell wiederholen, nicht nervös reagieren. Pausen machen, ruhig und lange warten, bis der Partner sich äußert, ihn nicht „totreden".

*(2) Partnerverhalten: „redselig – distanzlos".* Geduld haben. Nicht auf das Gerede eingehen. Unterbrechen und zur Sache kommen, dabei keine logische Anknüpfung notwendig. Hat meist kein Empfinden dafür, wenn man ihm – nach einiger Zeit – das Wort abschneidet.

*(3) Partnerverhalten: „mißtrauisch – kritisch".* Klare, einfache Argumentation. Alles muß bewiesen werden. Verständnis zeigen, erst Vertrauensbasis schaffen. Zunächst durch Fragen vorsichtig feststellen, worauf es ihm ankommt.

*(4) Partnerverhalten: „impulsiv – begeistert".* Sich nicht vom „Strohfeuer" täuschen lassen; den Partner festnageln, ehe ihm wieder etwas Neues einfällt.

*(5) Partnerverhalten: „unsicher – unentschlossen".* Initiative übernehmen, Selbstgefühl des Partners stärken. Nicht drängen, nicht zu viele Möglichkeiten offenlassen.

*(6) Partnerverhalten: „überheblich – arrogant".* Nicht in „Opposition" gehen. Höflich (unverbindliche) Komplimente machen.

*(7) Partnerverhalten: „pedantisch".* Sehr schwierig, keine Blöße geben; bei Mißverständnissen sofort entschuldigen.

*(8) Partnerverhalten: „höflich – kühl“.* Selbst auch reserviert bleiben. Den Partner sachlich ansprechen, interessieren, ihn um seine Ansicht bitten.

*(9) Partnerverhalten: „kontaktbereit – familiär“.* Nicht zu „privat“ werden, sonst begibt man sich in eine ungünstige Verhandlungsposition. Gönnerhaftigkeit ertragen, zu erkennen geben, daß man ihm mit dem Angebot einen Dienst erweisen will.

*(10) Partnerverhalten: „grob – unhöflich“.* Höflich, aber bestimmt bleiben. Entgleisungen „überhören“, ihn sich abreagieren lassen; notfalls „auf den groben Klotz einen groben Keil setzen“ (wenn man dazu in der Lage ist). Aufpassen, ob eine echte Verärgerung vorliegt.

*(11) Partnerverhalten: „überfreundlich – Jasager“.* Freundliche Reaktion des Partners bedeutet noch nicht, daß etwas erreicht ist. Hinter betonter Freundlichkeit kann sich Skepsis verbergen. Nachfragen, um wirkliche Meinung zu erkunden. Manchmal versteckt sich Unehrlichkeit hinter freundlichem Verhalten.

*(12) Partnerverhalten: „unbeholfen – ungebildet“.* Sich der Sprache und dem Verständnis des Partners anpassen; keine Überlegenheit anmerken lassen, nicht das Gefühl aufkommen lassen, der Partner soll getäuscht werden.

*(13) Partnerverhalten: „geschäftstüchtig – raffiniert“.* Vorsichtig sein; er muß das Gefühl haben, was „rausgeholt“ zu haben. Seine Raffinesse „bewundern“, aber sich selbst nicht als ebenso raffiniert erweisen.

*(14) Partnerverhalten: „nervös – ungeduldig“.* Schnell reagieren, nie beruhigen wollen, sich nicht selber nervös machen lassen.

*(15) Partnerverhalten: „schwerfällig – nachdenklich“.* Nicht drängen; gründliche Erläuterungen geben, Überlegungspausen lassen, Verständnis zeigen.

*(16) Partnerverhalten: „hartnäckig – unnachsichtig“.* Beharrlichkeit führt zum Ziel; Angriffspunkte wechseln; zugängliche Seiten erkunden, mit Zugeständnissen vorsichtig sein.

*(17) Partnerverhalten: „wankelmütig – ausweichend“.* Den rechten Zeitpunkt abpassen, schnell zum Abschluß kommen, nicht vom Weg abdrängen lassen, immer wieder auf das Ziel zurückkommen.

Diese Vorschläge *Korffs* sind nicht in erster Linie für das Mitarbeitergespräch konzipiert, sondern für Gesprächssituationen gedacht, in denen keine Seite einen wesentlichen Vorsprung besitzt, in der verhandelt werden muß, der Erfolg nicht zuletzt von der erfolgreichen Verhandlungsführung abhängt.

### 4.5.2.4 Zielgesteuerte Lenkungstechniken im Gespräch

Im Rahmen einer zeitgemäßen Personalführung gilt allgemein die Empfehlung, durch einen Appell an die Einsicht, die Vernunft, den guten Willen den Mitarbeiter für die Erreichung betrieblicher Ziele bzw. die Erledigung der übertragenen betrieblichen Aufgaben zu motivieren.

Der dieser Vorgehensweise diametral entgegengesetzte Führungsstil bedient sich der Weisungsform des Befehls, gegebenenfalls unter Androhung von Sanktionen.

Zu einer dritten Möglichkeit gehören alle Versuche, das Verhalten der Mitarbeiter zu lenken bzw. zu manipulieren. Dabei nach Möglichkeiten gesucht, die Mitarbeiteraktivitäten bzw. -interessen auf das betriebliche Ziel so zu lenken, daß dieser dabei aktiv mitwirkt oder meint, aus eigener Überzeugung zu handeln.

Diese „hinterlistige Kunst“ (*Kant*) begegnet oft einer ambivalenten Bewertung; einmal wird sie als eine schon fast amoralische Verführung verdammt, zum anderen besteht bei vielen Menschen das Bedürfnis, sie kennenzulernen. Letztlich kommt es bei der Bewertung der nachstehenden Lenkungstechniken wohl darauf an, wozu sie eingesetzt werden.

*a) Fragetechnik*

Eine der ältesten, aus der Antike überlieferten Gesprächstechniken ist die „Maieutik“, die (geistige) Hebammenkunst des griechischen Philosophen *Sokrates*, der durch geschicktes Fragen erreichte, daß seine Gesprächspartner selbst zur richtigen Erkenntnis gelangten.

Die richtige Fragetechnik ist eine der wichtigsten Gesprächstechniken. „Richtig“ fragen kann jedoch nur derjenige, der klare Vorstellungen vom Gesprächsziel hat, der durch seine Fragen – im sokratischen Sinne – den anderen führen kann.

(1) Eine wichtige Kategorie sind die *Informationsfragen* wie: „Wer hat das gesagt? Was soll das bedeuten? Wo soll das gewesen sein? Warum soll das gerade so gemacht werden?“ u. ä.

(2) Eine andere Kategorie sind die *Sondierungsfragen:* „Ließe sich in diesem Zusammenhange nicht...? Wollen wir erst diesen Aspekt betrachten? Waren Sie bei der letzten Besprechung am Montag mit dabei? Man kann hier zwei Standpunkte vertreten ...“. Oder es werden zwei Informationen vorgegeben, die beide falsch sind, um den Informationsstand des anderen zu erkunden. „Sind Sie auch der Überzeugung, daß ...?“

(3) Fragen können auch für Ablenkungsmanöver – sogenannte *Ablenkungsfragen* – benutzt werden.

„Halte ihn!“ ruft ein Verfolger dem *Sokrates* zu, der zwischen ihm und den Flüchtenden steht. „Er ist ein Mörder.“
„Was versteht du unter einem Mörder?“
„Dumme Frage! Einen Menschen welcher tötet.“
„Einen Metzger also?“
„Alter Narr! Ich meine einen Menschen, der einen anderen tötet.“
„Also einen Soldaten?“
„Unsinn! Einen der einen anderen in Friedenszeiten tötet.“
„Aha! Einen Henker!“
„Verdammter Esel! Einen Mann, der einen anderen in dessen Haus tötet.“
„Einen Arzt?“

Da gab der Verfolger auf und ließ den anderen laufen.

Mit Ablenkungsfragen wird versucht, von einem unerwünschten Thema wegzukommen, z. B.: „Ja, ich verstehe Sie. Aber meinen Sie nicht auch ...? Ihr Einwand ist sehr interessant. Aber dabei fällt mir ein, was ich Sie schon fragen wollte ... Was meinen Sie eigentlich mit ...?“

(4) *Suggestivfragen* haben eine eindeutig manipulative Absicht. Beispiel aus einem Vorstellungsgespräch: „Arbeiten Sie lieber an großen oder kleinen Maschinen?“ (Möglicherweise ist z. B. eine Bewerberin gänzlich uninteressiert an Maschinenarbeit). Oder wenn gefragt wird anstatt: „Haben Sie Zeit?“ „Wann haben Sie Zeit?“.

(5) *„Offene“ und „geschlossene“ Fragen.* Eine offene Frage läßt dem Mitarbeiter Entfaltungsmöglichkeiten und liefert dem Fragesteller Informationen, um sich besser auf den anderen einstellen zu

können; z.B. „Wic kam cs dazu?" „Was halten Sie davon?" „Wie denken Sie darüber?"

Eine *offene Frage* fordert den Gesprächspartner auf, seine Meinung zu äußern. Die offene Frage kann dem Gesprächspartner zu verstehen geben, daß man an seinem Problem ein echtes Interesse hat.

Eine *geschlossene Frage* läßt sich in der Regel nur mit „ja" oder „nein" beantworten; dieser Fragetyp fordert eine Entscheidung bzw. Beendigung des Gesprächs.

Für ein kooperativ-partnerschaftliches Gesprächsverhalten eignen sich neben der „offenen", die *reflektierende* und die *richtungweisende* Frage.

*Beispiel für eine reflektierende Frage* des Gesprächsteilnehmers „B" auf eine Bemerkung des Gesprächsteilnehmers „A":

A: „Sie scheinen nicht zu begreifen, daß ich mich in meiner Abteilung in einer ganz spezifischen Situation befinde. Ich kann doch nicht ein neues Zeitdatenerfassungssystem einführen, nur weil es bei meinem Kollegen C funktioniert."
B versucht den Widerstand des A dadurch aufzuweichen, daß er eine reflektierende Frage stellt: „Sie haben eine völlig andere Fertigungsorganisation?"

(6) *Die reflektierende Frage* sollte den Gesprächspartner noch einmal anregen, über seine Meinung bzw. Einstellung nachzudenken. Dazu sollte man die Meinung des anderen reflektieren, d.h. neu prägnant formulieren. Oder anders ausgedrückt: Sie sollten versuchen, an das, was der andere denkt, heranzukommen (mit Sensitivität), um ihm dann gleichsam „aus der Seele zu sprechen". Sie zeigen ihm, daß Sie ihn verstehen, und zwar ohne daß Sie dabei Ihren Standpunkt aufgeben müssen. Sie helfen ihm mit der reflektierenden Frage, mögliche Hemmungen oder Vorbehalte zu überwinden, sich gedanklich „zu bewegen".

Beispiel für eine *richtungweisende Frage* des Gesprächsteilnehmers B:
B: „Glauben Sie, daß das Zeitdatenerfassungssystem mit ein paar Änderungen den Anforderungen in Ihrer Abteilung angepaßt werden könnte?"

(7) Mit der richtungweisenden Frage wird ein Problemlösungsvorschlag – in Frageform – dem anderen zur Entscheidung vorgelegt.

*b) Den Gesprächspartner lenken durch Verstärken oder Bestärken*

Die Methode, den Gesprächspartner durch wohlwollendes Kopfnikken oder Bemerkungen wie „ja“, „richtig“ o.ä. zu bestärken, ist schon alt und wurde von dem Lernpsychologen *Thorndike* zum „ersten Lerngesetz“ erhoben. Der „Clou“ dieser Lenkungstechnik liegt in der geschickten Anwendung der Bestärkung des anderen, wenn sich dieser in die Richtung auf das Gesprächsziel hin bewegt. Durch negative Bestärkung, z.B. durch demonstratives Desinteresse wie Kopfschütteln, kritischen bis ärgerlichen Gesichtsausdruck kann dem Gesprächspartner Mißbilligung, Abwehr oder Abweisung signalisiert werden; zuweilen genügt schon das Ausbleiben einer positiven Verstärkung, um eine Verhaltensänderung zu bewirken.

*c) Interpretieren und Zusammenfassen*

Beispiel für die Lenkungstechnik *Interpretieren* „Wenn ich Sie richtig verstanden habe, läuft das darauf hinaus, daß …“.

Beispiel für die Lenkungstechnik *Zusammenfassen* „Wenn ich das Gespräch richtig überblicke, dann sind wir uns in der Frage einig, daß …“.

Entfernt sich der Gesprächspartner zu weit vom Gesprächsziel, ufert es aus, so kann durch das Interpretieren einer dazu geeigneten Äußerung des Gesprächspartners versucht werden, diesen wieder auf das richtige Gleis zu bringen. Eine solche Lenkung könnte eingeleitet werden mit Bemerkungen wie: „Das läuft also darauf hinaus, daß …“; oder: „Sehe ich es richtig, wenn …“; Oder: „Wenn ich mich nicht irre, meinen Sie doch damit …“.

Ein ähnlicher Effekt der Zentrierung auf das Wesentliche im Hinblick auf das Gesprächsziel wird durch *Zwischenzusammenfassungen* erreicht, etwa: „Fasse ich die bisherigen Überlegungen zusammen, dann …“.

Droht die Gefahr, daß das Gespräch im Allgemeinen, Theoretischen hängen bleibt, wird es problematisch. Dann kann es sich als nützlich erweisen, den Gesprächspartner zu bitten, praktische, konkrete Beispiele zur Veranschaulichung vorzulegen. Noch einen Schritt weiter in dieser Richtung geht die Empfehlung, konkrete Lösungsvorschläge zu erbitten.

*d) Argumentieren*

Durch die Technik des Argumentierens soll der andere überzeugt, sollen dessen Einwände entkräftet oder widerlegt werden. Dabei kommt es ganz wesentlich darauf an, daß Informationen oder Argumente möglichst vorurteilsfrei – ungestört durch Abwehrmechanismen – beim anderen ankommen.

Eine nicht unwesentliche Voraussetzung dafür ist eine sachliche Gesprächsatmosphäre, vor allem auch Offenheit und die Bereitschaft, den anderen und dessen Äußerungen ernst zu nehmen. Unangenehme Informationen dürfen nicht vertuscht oder ausweichend behandelt werden, wenn sie dem anderen wichtig sind. *Korff* (1974) gibt dazu praktische Anregungen, insbesondere im Hinblick auf die Behandlung von Beschwerden:

- Aufgeregte Gesprächspartner nicht „beruhigen" wollen, Beschwerden ernst nehmen, sie nicht bagatellisieren.
- Sich für die Bereinigung von Beschwerden Zeit nehmen, sie nicht zwischen „Tür und Angel" erledigen wollen.
- Beschwerden mit dem Mitarbeiter nur direkt behandeln (zumindest in der ersten Phase unter Ausschluß der Öffentlichkeit).
- Sich nicht durch Beschwerden beleidigt fühlen.
- Beschwerden nicht in „Bausch und Bogen" ablehnen (selbst dann nicht, wenn das in bestimmten Fällen das einzig Richtige wäre), sondern die eigene Meinung sachlich begründen (argumentieren) und um deren Akzeptanz werben.
- Den Beschwerdeführer ausreden lassen, ihn nicht unterbrechen, nicht dazwischenreden.
- Dem Mitarbeiter Gelegenheit geben, „Dampf abzulassen".
- Ein eigenes Verschulden nicht von vornherein in Abrede stellen – auch wenn dies möglich wäre.
- Beschwerden sorgfältig prüfen, bei der Erledigung von Kleinigkeiten großzügig sein.
- Beschwerden schriftlich aufnehmen. Das erhöht in den Augen des Mitarbeiters die Bedeutung seiner Person.
- Beschwerden, die berechtigt sind, möglichst sofort und konkret erledigen.
- Erwartete Einwände sollte man schon vorweg nehmen, etwa mit der Bemerkung: „Sicher werden Sie wissen wollen …".
- Ist der Einwand schon vorgebracht worden, kann man ihn möglicherweise relativieren, etwa: „Dieser Einwand ist interessant,

doch kann man ihn, wenn ich es richtig sehe, vom Standpunkt des … auch so sehen". Einen Schritt weiter geht eine Art „Wendetaktik": „Ja ich verstehe Sie. Aber meinen Sie nicht auch, daß …?"

*e) Streiten mit dem Ziel, (aggressiv) zu dominieren*

Streitgespräche, bei denen entgegengesetzte Einstellungen hart aufeinanderprallen, lassen sich nicht immer vermeiden.

Oft geht es beim typischen Streitgespräch nicht – wie beim argumentativ geführten Gespräch – um eine sachliche Klärung oder Darstellung, sondern um die Durchsetzung des persönlichen Standpunktes, um die Befriedigung des Machtstrebens – auch unter Hintanstellung sachlicher Fakten. Ziel dieser Art von Streitgesprächen ist „der Sieg über den anderen". Sie können leicht persönlich werden und laufen dann auf die seelische Verletzung des anderen hinaus, z. B. indem der andere lächerlich gemacht wird, persönliche Verhältnisse herangezogen werden, indem man versucht, den anderen aus der Fassung zu bringen, leicht verwundbare Stellen des anderen aufdeckt u. ä. Sachverhalte werden bewußt einseitig dargestellt, so daß nur der erwünschte Aspekt zum Ausdruck kommt; es werden z. B. nur Vorteile oder nur Nachteile bestimmter Auffassungen erörtert; ein abwägendes Pro und Kontra unterbleibt.

Man kann den anderen auch vor unrealistische Alternativen stellen, um die eigene um so akzeptabler erscheinen zu lassen. Diese Technik der Polarisierung und des Aufbaus unechter Alternativen kennt nur *Schwarz-Weiß-Malerei*. Es werden geschickt sogenannte „Buhmänner" aufgebaut, gegen die sich jeder vernünftige Mensch wehrt, die aber den Fehler haben, daß es sie in Wirklichkeit gar nicht gibt.

Eine andere Taktik ist die Methode des *„Zwar – aber"*. Es wird dabei zwar zunächst bestärkt mit „grundsätzlich ja… oder „im Grunde eigentlich ja" – mit dem „aber" wird das vorher Gesagte jedoch wieder in Frage gestellt, entwertet oder relativiert. Eine andere Spielart ist, alles auf das Ganze zu beziehen. Dann geht es z. B. nicht um eine individuelle Lohnerhöhung, sondern um den Bestand des Unternehmens. Oder: Wird ein Urlaubswunsch abgelehnt, dann wird dies hochgespielt zum Symptom der fortschreitenden Unterdrückung oder der Beschränkung freiheitlicher Grundrechte (*Neuberger*, 1981).

Diese Taktiken sind auch die Werkzeuge derjenigen, die im Sinne der Transaktionsanalyse (s. oben) sogenannte Verfolger-Spiele initiieren, die als „Mobber“ versuchen, den anderen zur Strecke zu bringen.

### 4.5.3 Das kooperative Konfliktlösungsgespräch

Meinungsverschiedenheiten, zwischenmenschliche Spannungen aufgrund einer aktuellen (vorübergehenden) Mißstimmung, unbefriedigte bzw. sehr ausgeprägte (z.B. expansive, kontaktbezogene) Grundbedürfnisse – gruppendynamische Prozesse – können zu zwischenmenschlichen Konflikten führen.

*Berkel* (1997) beschreibt sechs Phasen eines kooperativen Konfliktgesprächs:

(1) Erregung kontrollieren

Ein nach einer Lösung verlangender Konflikt liegt dann vor, wenn ein Mitarbeiter oder Vorgesetzter erkennt, daß jemand anderer in irgendeiner Weise stört, behindert, übergeht, verletzt, traktiert, frustriert, opponiert u.ä., auch wenn der andere, dies nicht bewußt anstrebt. Ein Konflikt entsteht, wenn jemand erkennt, daß eine (wesentliche) Beeinträchtigung des subjektiven (Wohl-)Befindens erfolgt ist. Die Folge ist eine erhöhte Erregung, denn: der menschliche Organismus stellt psychische Energie zur Abwehr der Bedrohung, zum Durchstehen des Konflikts zur Verfügung. Der Mensch steht „unter Dampf“.

Um ein besonnenes, sachliches Gespräch überhaupt führen zu können, ist der Abbau, zumindest die Kontrolle der Erregung der erste Schritt zur Konfliktlösung.

Zur Kontrolle der Erregung schlägt *Berkel* vor:

(a) Verhinderung eines eigenen Angriffs auf den andern durch „äußere Abfuhr“ der Erregung (z.B. Sandsack mit Fäusten traktieren).
(b) Ablenkung durch positive oder negative Gedanken; z.B. an eine Situation, die Spaß machen würde, oder durch Selbstsuggestion, daß alles noch viel schlimmer hätte kommen können.
(c) Einladung zu einem Gespräch. Nachdenken, wie man das Problem in den Griff, bekommen könnte. Mit dieser Hoffnung auf

eine Konfliktlösung wird der andere zu einem Gespräch eingeladen.

(2) Vertrauen herstellen

In der zweiten Phase wird der Kontakt zum Konfliktpartner hergestellt, in der Regel durch ein persönliches Gespräch.

Eine wichtige Voraussetzung für eine positive Konfliktbewältigung ist die Herstellung einer Vertrauensbasis. Das ist ein hartes Stück Arbeit! Denn auf Bedrohung ist oft eine gegensätzliche Reaktion zu beobachten, der Mensch reagiert mit Mißtrauen, er verbarrikadiert sich, will sich keine Blöße geben, rüstet sich zum Abwehrkampf oder zur Aggression.

Das kooperative Konfliktlösungsgespräch verlangt aber eine Einstellung des Vertrauens, der Offenheit, des Muts zum Risiko, Selbstvertrauen und eine ethisch orientierte Grundhaltung. Aber auch Vernunft ist hilfreich, wenn erkannt wird, daß der zwischenmenschliche Konflikt Reibungsverluste und Vergeudung von Arbeitskraft und Leistungsfähigkeit bedeutet.

(3) Offen kommunizieren

Der Erfolg des Gesprächs ist auch von äußeren Faktoren abhängig, z. B.:

- Ist der Ort für das Konfliktgespräch geeignet? Sind Zuschauer oder Zuhörer anwesend, oder können diese jederzeit dazukommen? Sind diese ungünstigen Bedingungen vorhanden, sollte man den Gesprächspartner an einen anderen Ort bitten.
- Besteht der Konflikt schon länger, sollte man den Konfliktpartner informell – unter kurzer Darlegung der Beweggründe – um ein Gespräch bitten; zu vermeiden sind Überrumpelung oder eine schriftliche Aufforderung (man möchte ja den Konflikt kooperativ, unbürokratisch lösen).
- Steht ausreichend Zeit für das Konfliktgespräch zur Verfügung?
- Sollte eine Dritter als Vermittler hinzugezogen werden? Die Hinzuziehung eines Dritten empfiehlt sich immer dann, wenn ein Gesprächspartner sich hoffnungslos unterlegen fühlt oder nicht weiß, wie man mit Konflikten umgeht, oder wenn bei einem oder beiden Gesprächsteilnehmern sehr starke Affekte (Ärger, Wut, Angst) vorherrschen.

Ein erfolgreiches Konfliktlösungsgespräch bedarf der Offenheit. Vertrauen durch Offenheit bedeutet, daß man das Problem sachlich darstellt, die eigene Verletztheit zur Sprache bringt, ohne dem anderen Vorwürfe zu machen oder ihn zu attackieren.

*Beispiel*:
Anstatt: „Das hat es noch nie gegeben, daß einem Mitarbeiter ein Auftrag entzogen wurde. Ich habe das Gefühl, daß Sie mir mißtrauen".

*Alternative*: „Sie haben mir gestern einen Auftrag entzogen. Das hat mich auch noch zu Hause beschäftigt. Darüber möchte ich mit Ihnen noch einmal sprechen".

(4) Probleme gemeinsam lösen

Sind die Gesprächsteilnehmer zu einer kooperativ-partnerschaftlichen Problemlösung bereit, sollte das Problem genauer abgegrenzt bzw. definiert werden.

*Berkel* empfiehlt, die nachstehenden Punkte bei der Problemdefinition zu beachten:

- Das vordringliche Problem besteht darin, daß der Konflikt die Beziehungen zu einem anderen lähmt. Das Problem der Lähmung oder Handlungsunfähigkeit muß präzise beschrieben werden: Wie äußert sie sich, welche Wirkung hat sie? Die möglichst verhaltensnahe Beschreibung erleichtert Einigungen. Wird dagegen über Einstellungen und Motive spekuliert, ist eine Einigung viel schwieriger.
- Unterschiedliche Werte oder Präferenzen jeder Seite sind nicht das Problem und machen auch nicht den Konflikt aus, sondern auf welche Weise sie im konkreten Fall hindern oder stören.
- Das Problem liegt auch nicht darin, daß eine Seite mangelnde Bereitwilligkeit oder fehlenden guten Willen zeigt. Vielmehr ist es ein Problem, das durchaus begreifliche Eigeninteresse jeder Seite so in eine Lösung einzubinden, daß gemeinsames Handeln wieder möglich wird.

Bei der oft mühsamen Lösungssuche empfiehlt *Berkel*, unnachgiebig im Anspruch, eine gemeinsame, beiderseitig befriedigende Lösung zu finden und, flexibel im Suchverhalten, verschiedene Wege zu erproben, unterschiedliche Mittel zu prüfen und sich nicht nur auf einen Weg oder eine Methode zu versteifen.

Das Finden einer guten Problemlösung wird gefördert, wenn

- nicht gleich die erstbesten Einfälle realisiert werden. Gute Lösungen stellen sich nicht selten erst nach einem angestrengten gemeinsamen Nachdenken ein;
- man bereit ist, auch von anderen Ratschläge anzunehmen;
- an der allgemeinen Zielsetzung festgehalten wird, daß es um die Beseitigung von Behinderungen geht und nicht um die Umerziehung oder Belehrung des Gesprächspartners;
- man bereit ist, gegebenenfalls auch die Brainstorming-Methode einzusetzen.

Ein Konfliktpartner wird eher zu einer Kompromißlösung bereit sein bzw. die Lösungsvorschläge des anderen akzeptieren, wenn

- er für sein Entgegenkommen einen Ausgleich erhält. *Beispiele*: Zwei Mitarbeiter haben sich um eine Vorgesetztenposition beworben. Der eine erhält ihn, der andere zum Ausgleich einen erweiterten Verantwortungsbereich. Oder: Ein Kollege verzichtet künftig darauf, den Vorgesetzten zu informieren, der andere darauf, gegen diesen Kollegen Stimmung zu machen.
- er sein „Gesicht wahren“ kann, z. B. durch den Einsatz reflektierender Fragen, höfliche Bitten anstatt blanker Forderungen.
- wechselseitige Konzessionen gemacht werden, d. h. daß der eine hier, der andere dort Zugeständnisse macht.

### (5) Vereinbarung über die gefundene Lösung

Die Gesprächspartner sollten die gefundene Lösung bzw. Übereinkunft absichern, weil ansonsten das Vertrauen überstrapaziert werden könnte, etwa wenn sich jemand unbeobachtet glaubt oder in bestimmten Situationen Sonderrechte beansprucht.

Eine klare, schriftliche Fixierung der gefundenen Lösung

- entzieht die Lösung der subjektiven Willkür und macht sie dadurch verläßlicher und
- entlastet die Beziehung von ständiger Überwachung.

### (6) Konflikt auch persönlich verarbeiten

Der Konflikt ist erst dann wirklich beigelegt, wenn sich die Gesprächspartner wieder emotional ungestört begegnen, miteinander umgehen, sich wieder offen in die Augen schauen können. Vielleicht hilft das „Rauchen einer Friedenspfeife“, vielleicht tut's auch ein gemeinsames Kaffeetrinken und die gegenseitige Versicherung, daß die Sache damit erledigt ist.

## 4.6 Zeitmanagement

Erfolgreiches Zeitmanagement setzt klare Ziele voraus. Das zielorientierte Handeln bedarf der methodischen Unterstützung durch ein effizientes Zeitmanagement, sowohl bei der Zeitplanung als auch bei der Realisierung. Zeitmanagement ist auch angebracht für eine erfolgreiche Lebensplanung, um mehr Zeit für das Wesentliche zu haben. Oft schafft erst eine funktionierende Zeitverwaltung die Voraussetzungen für Innovation, Kreativität und Erfolg.

### 4.6.1 Ursachen von Hektik, Streß und Arbeitsüberlastung

*Mackenzie* (1991) stellt eine Reihe von Fragen bzw. resignierenden Feststellungen, die die Problemlage vieler Manager beschreiben:

- Haben Sie je gesagt: Mein Tag hat einfach nicht genügend Stunden?
- Ich hatte einfach nicht genügend Zeit.
- Stimmen Sie der folgenden Aussage zu? Will man, daß etwas richtig erledigt wird, muß man sich selbst darum kümmern.
- Verspüren Sie häufig ein Gefühl der Frustration, weil es Ihnen nicht gelingt, wichtige Aufgaben abzuschließen?
- Kommt es vor, daß Sie auf die Uhr schauen und mit einem Gefühl der Panik feststellen, daß es beinahe 17 Uhr ist und Sie mit der Arbeit, an den Projekten, die Sie sich heute vorgenommen hatten, noch nicht einmal begonnen haben?
- Kommt es bei wichtigen Projekten, z. B. einem Jahresabschlußbericht, vor, daß Sie Nächte und Wochenenden durcharbeiten müssen, um sie fertig zu stellen? Gelingt es Ihnen dennoch manchmal nicht, die Fristen einzuhalten?
- Haben Sie beschlossen, ein weiteres wichtiges Projekt anzunehmen, obwohl Sie sich bereits überlastet fühlten, weil Sie glaubten, das Projekt sei zu wichtig, als daß man es jemand anderem übertragen könnte?
- Haben Sie das unbestimmte Gefühl, daß mit Ihrer Art und Weise, Dinge zu erledigen, etwas nicht stimmt, ohne genauer definieren zu können, um was es sich dabei handelt?

Wenn Sie die Mehrzahl dieser Fragen mit „ja“ beantworten, haben Sie in der Tat – meint *Mackenzie* – ein Problem im Umgang mit der Zeit.

*Seiwert* (1993) stellte eine Liste von Vorkommnissen eines Vorgesetzten an einem typischen Bürotag zusammen:

- Keine Tagesziele und -pläne
- Unvollständige Termindisposition
- Mangelnde Prioritätensetzung
- Fehlende Konsequenz und Selbstdisziplin
- Schlechtes Ablagesystem
- Spontane Aktivitäten
- Mangelnde Koordination
- Fehlende Delegation
- Unentschlossenheit
- Ablenkung
- Spontane Prioritäten
- Unfähigkeit, „nein“ zu sagen
- Überhäufter Schreibtisch
- Telefonische Unterbrechungen
- Keine Abschirmung

Solche Vorkommnisse kennzeichnen einen chaotischen Arbeitstag; die Arbeitszeit kann dadurch ziemlich planlos verschwendet werden. Das ist der Arbeitsstil eines Vorgesetzten, der Streß verursacht, wenn etwa

- Ziele und Prioritäten falsch gesetzt,
- weniger wichtige Aufgaben nicht delegiert werden,
- das Tagesgeschäft das Vorgehen bestimmt und
- bei wichtigen Arbeiten ständig unterbrochen wird.

*Seiwert* faßt die Ursachen von Hektik, Streß und Arbeitsüberlastung in 10 typischen Zeit-Sünden zusammen:

(1) Überall unbedingt dabei sein wollen.
(2) Alle Fakten umfassend wissen wollen.
(3) Alle Probleme sofort aufgreifen wollen.
(4) Anderen alles recht machen wollen.
(5) Alles spontan und sofort tun wollen.
(6) Alles schnell und sofort tun wollen.
(7) Jederzeit sofort für alle ansprechbar sein wollen.
(8) Alle Unterlagen gleichzeitig parat haben wollen.

(9) Alles Unwichtige selbst bearbeiten wollen.
(10) Alle Ablenkungen dankbar aufgreifen wollen.

Wo liegen nun die grundlegenden Ursachen vieler Probleme im Umgang mit der Zeit? *Mackenzie* meint, in mächtigen Tendenzen in der Natur des Menschen; er spricht in diesem Zusammenhange von einigen Fallen, in denen uns die menschliche Natur gefangen hält und nennt u. a.:

Das eigene Ich, der Wunsch, anderen einen Gefallen zu tun. Die Angst, andere zu verletzen. Die Angst vor neuen Herausforderungen, Neugier, Unsicherheit, Stolz auf eigene Fähigkeiten, Neid auf andere, Ehrgeiz, Perfektionismus.

Schuld an einem unbefriedigenden Zeitmanagement könnte auch haben:

- Sie wollen nicht unhöflich sein.
- Sie wollen, daß man Sie für einen Manager hält, der für andere erreichbar ist.
- Sie vermuten, daß der Anruf wichtig sein wird und daher eine legitime Unterbrechung darstellt.
- Sie schätzen persönliche Gespräche.
- Sie lassen sich gern über alles auf dem laufenden halten.
- Sie glauben, die Antwort auf die Frage des Anrufers besser zu kennen als andere.

Wollen Sie die Kontrolle über Ihre eigene Zeit gewinnen, müssen Sie diese mächtigen Neigungen als solche erkennen und sich zu einer Veränderung Ihrer Verhaltensweisen zwingen.

### 4.6.2 Ziel- und Erfolgsmanagement

Das Geheimnis erfolgreicher Ziel- und Zeitplanung liegt in der bekannten Salamitaktik (*Seiwert,* 1993).

Zeitmanagement erfordert eine analytische Vorgehensweise, d. h. das Globalziel muß in realisierbare Teilschritte zerlegt werden. Planung erfolgt von den Fern- zu den Nahzielen. Habe ich keine Global- bzw. Fernziele, z. B. für das kommende Jahr, kann ich keine Monats-, Wochen- oder Tagesziele formulieren; ich kann dann eigentlich nur „draufloswurschteln“, kann auch nicht entscheiden, welche Aufgabe Priorität hat.

Vorgehensweise:

*(1) Formulieren Sie das Globalziel schriftlich.* Fragen Sie sich, was Sie einmal beruflich und persönlich erreichen wollen, welche langfristigen Ziele, Aufgaben und Erfolge Sie anstreben. Formulieren Sie noch heute die Ziele für die nächsten Arbeitswochen.

*(2) Beschreiben Sie die für die Zielerreichung notwendigen Aktivitäten,* d.h. zerlegen Sie die Gesamtaufgabe in einzelne kleine, überschaubare, machbare Teilziele bzw. Teilaufgaben.

*(3) Ordnen Sie diese Teilziele bzw. Teilaufgaben nach Prioritäten und Terminen.* Fassen Sie den festen Entschluß, jeden Tag etwas zu tun, was Sie Ihren Zielen einen Schritt näher bringt. Bleiben Sie konsequent dabei.

*(4) Setzen Sie diese Planung um und kontrollieren Sie das Ergebnis.*

Zur Umsetzung einer Zeitplanung im beruflichen Alltag bedarf es aber einer konstanten Willenssteuerung. Der Durchsetzungswille – auch bei der praktischen Umsetzung einer Zeitplanung – ist die wichtigste persönliche Voraussetzung für den beruflichen Erfolg.

### 4.6.3 Methodik des Zeitmanagements

Bei der Darstellung der Methodik eines effizienten Zeitmangements ist es aus pädagogisch-didaktischen Gründen geboten, von der Ausgangssituation auszugehen, in der sich der durch Hektik, Streß und Arbeitsüberlastung gekennzeichnete Vorgesetzte befindet. Aus praktischen Erwägungen bietet sich als erster Schritt das Zeitmanagement für nur einen Tag, des kleinsten überschaubaren Zeitraums, an. Denn wer das Tagesgeschäft nicht beherrschen kann, hat sicherlich bei größeren Zeiträumen auch größere Probleme.

Ist dieser erste Lernschritt – Tagesplanung – getan, kann zur Planung eines größeren Zeitabschnittes übergegangen werden.

#### 4.6.3.1 Planung des nächsten Tages

Der erste Schritt besteht in der Bestandsaufnahme dessen, was alles an diesem Tage zur Erledigung ansteht. Es empfiehlt sich eine *schriftliche Fixierung*; einmal, um das Gedächtnis zu entlasten, zum anderen fördert es die Konzentration auf die Vorhaben und übt dadurch auch eine motivierende Wirkung aus. Zudem erleichtert es die Überprüfung am Ende des Arbeitstages, ob das Vorgenommene auch tatsächlich realisiert worden ist.

Nicht zuletzt aber muß auf einen psychologischen Effekt hingewiesen werden, wenn die Tagesplanung für den folgenden Tag am Vorabend bereits aufgestellt worden ist: Das Unterbewußtsein wird aktiviert, beschäftigt sich mit den anstehenden zu erledigenden Aufgaben.

Die Tagesplanung sollte realistisch sein; oft kommt ja noch Unvorhergesehenes (Störungen, aktuelle Probleme von Dringlichkeit, Konfliktlösungsprobleme, die man nicht verschieben kann u. ä.) dazwischen. Dringend empfohlen werden muß die Einplanung eines *zeitlichen Puffers* in der Größenordnung von 50% der zu verplanenden Arbeitszeit des nächsten Tages.

Zusammenfassung

(1) Alle Termine und zu erledigenden Aufgaben schriftlich fixieren.
(2) Den Zeitbedarf für die geplanten Tätigkeiten schätzen.
(3) Delegationsmöglichkeiten der geplanten Aktivitäten überprüfen.
(4) Prioritäten setzen.
(5) Maximal 50% der Arbeitszeit verplanen (Puffer für Unvorhergesehenes).
(6) Kontrolle der Planerfüllung; eventuell Unerledigtes auf den nächsten Tag übertragen.

Empfehlungen

(1) Fangen Sie mit der Tagesplanung noch heute an.
(2) Lassen Sie es zur Gewohnheit werden, jeden Tag vorzuplanen.
(3) Zeigen Sie eiserne Selbstdisziplin hinsichtlich der Realisierung Ihres Zeitmanagements.
(4) Legen Sie sich ein Zeitplanbuch zu.
(5) Reservieren Sie sich Zeit für sich selbst – nicht nur mit anderen. Vor allem für Innovationen, Analysen und für die Suche nach kreativen Lösungen für Probleme oder Konflikte.
(6) Gliedern Sie Ihre Tagesplanung z. B. nach Terminen, Kontakten, Aufgaben und ordnen Sie das zu Erledigende bestimmten Tagesstunden zu.

*Seiwert* stellte fünf Grundregeln zur Tagesplanung auf:

(1) Oberstes Planungsprinzip ist die *Schriftlichkeit.* Alle Aktivitäten, Aufgaben und Termine sofort im Zeitplanbuch notieren. Nur so behalten Sie bei jeder Gelegenheit den Überblick und können sich auf das Wesentliche konzentrieren.
(2) Planen Sie am Vorabend den nächsten Arbeitstag. Lassen Sie Ihr Unterbewußtsein für sich arbeiten und seine schöpferischen Kräfte über Nacht wirken.
(3) Zeitbedarfe und Zeitlimits setzen. Auch jedes Geldbudget muß irgendwie kalkuliert sein. Bedenken Sie: Zeit kann noch wertvoller als Geld sein. Eine ungenaue Schätzung ist besser als gar keine.
(4) Nicht den ganzen Tag verplanen. Lassen Sie sich eine Pufferzeit von ca. 50% übrig.
(5) Beginnen, bewältigen und beenden Sie den Tag positiv. Ihre innere Einstellung bestimmt Ihr Verhalten und das Ihrer Umwelt.

### 4.6.3.2 Setzen von Prioritäten

Eine Liste mit den zu erledigenden Dingen zu erstellen, ist sicherlich eine wichtige Grundlage des Zeitmanagements. Aber eine klare Vorstellung ihrer relativen Wichtigkeit, ihrer Prioritäten zu gewinnen, steht auf einem ganz anderen Blatt und bedarf eines weiteren methodischen Schrittes.

Richtschnur für diesen zweiten Schritt der Planung sollte der Leitsatz sein: „Die wichtigsten Dinge müssen zuerst erledigt werden." Wie läßt sich aber eine solche Rangreihe der zu erledigenden Dinge aufstellen? Wie setzt man Prioritäten? Eine einfache Methode besteht darin, eine Prioritätenmatrix zu entwickeln. Jede Aufgabe wird anhand zweier Kriterien eingestuft.

*Das erste Kriterium ist die langfristige Bedeutung der Aufgabe bzw. Zieles.*

Wie wichtig wird die einzelne Aufgabe auf lange Sicht, vielleicht bis zum Jahresende, sein? Wenn eine Aufgabe so wichtig ist, daß Sie das ganze Jahr daran arbeiten werden, nimmt ihre langfristige Bedeutung einen sehr hohen Stellenwert ein. In der Prioritätenmatrix würde einer solchen Aufgabe eine „1" zugewiesen.

*Das zweite Kriterium ist die kurzfristige Dringlichkeit.*

Eine Aufgabe, die ungeachtet ihrer Bedeutung heute zu erledigen ist, erhält den Stellenwert „1". Der niedrigste Stellenwert für beide

Kriterien ist „3“. Die nachstehende Tabelle zeigt, daß hier die beiden Werte in der Spalte „Gewichtung“ einfach addiert werden, um die jeweilige Priorität zu bestimmen (*Mackenzie,* 1991).

| Aufgabe | Langfristige Bedeutung | Kurzfristige Dringlichkeit | Gewichtung | Priorität |
|---|---|---|---|---|
| Überprüfung des Einkaufskontos noch vor dem Urlaub erledigen | 2 | 1 | 3 | 2 |
| Arbeitsplatzbewertung dem Chef vorlegen | 2 | 2 | 4 | 3 |
| Revision der Vorschläge abschließen und dem Klienten umgehend zustellen | 1 | 1 | 2 | 1 |
| Urlaubspläne koordinieren | 3 | 3 | 6 | 5 |
| Zustimmung zum Kauf eines neuen Computers geben | 2 | 3 | 5 | 4 |

*Seiwert* formuliert fünf Grundregeln für das Setzen von Prioritäten:

(1) Konzentration der Kräfte auf Ziele und Erfolge

Dazu kann das sogenannte „Pareto-Prinzip“ beitragen, das empfiehlt, sich auf das wirklich Wichtige, Lohnenswerte zu konzentrieren. Die Kernaussagen des italienischen Ökonomen *V. Pareto* sind auch als 80:20-Regel bekannt geworden; so bringen oft bereits 20% der Kunden oder Produkte 80% des Umsatzes. Oder 20% der Produktionsfehler verursachen 80% des Ausschusses. Oder allgemein: In 20% der Arbeitszeit lassen sich 80% der Ergebnisse erzielen. Oder 20% unserer Anstrengungen, unseres Bemühens bringen 80% der Resultate.

Eindeutige Prioritäten setzen heißt, sich zunächst intensiv einer wichtigen Sache zu widmen und zu konkreten Ergebnissen zu führen.

(2) Jede Aufgabe einer Prioritätenklasse (A, B oder C) zuordnen

Dieser Empfehlung liegt die sogenannte ABC-Methode zugrunde. Sie besteht in einer Verlaufskurve, in der ein Mengen-Wert-Verhältnis dargestellt wird, etwa in der Materialwirtschaft, wenn wenig Materialarten (z.B. 7%) einen großen Wertanteil (z.B. 73%) am gesamten Materialwert (eines Materiallagers) = „A-Klasse“, zahlreiche Materialarten (z. B. 16%) nur einen kleinen Wertanteil (z. B. 21%) = „B-Klasse“ und die größte Menge der Materialarten (z. B. 77%) nur einen sehr kleinen Anteil (z. B. 8%) = „C-Klasse“ am Gesamtmaterialwert hat.

In analoger Weise wären dann „A-Aufgaben“ die wichtigsten Aufgaben; diese sind nicht delegierbar und für die betreffende Arbeitsperson von größtem Wert. „B-Aufgaben“ sind durchschnittlich wichtige Aufgaben und teilweise delegierbar. „C-Aufgaben“ nehmen den größten Teil der Zeit in Anspruch und haben den geringsten Wert.

(3) Wichtigkeit und Dringlichkeit sind grundverschieden

Wenn von Priorität die Rede ist, sollten zwei Aspekte unterschieden werden: Die Wichtigkeit bzw. langfristige Bedeutung und die kurzfristige Dringlichkeit. Nicht selten werden Wichtigkeit und Dringlichkeit miteinander verwechselt.

*Wichtigkeit* hat mit dem Wert einer Aufgabe zu tun, mit einem wesentlichen Beitrag zur Zielerreichung. Beurteilungsmaßstäbe für „Wichtigkeit“ könnten sein: Wertigkeit, z. B. ausgedrückt in Geldbeträgen, die auf dem Spiel stehen. Der zweite Berwertungsmaßstab für Wichtigkeit kann mit Zielorientierung umschrieben werden nach dem Motto: Welche Aufgabe bringt mich meinen (langfristigen) Zielen näher?

*Dringlichkeit* hat etwas mit Zeit zu tun, d. h. Dringlichkeit fordert, etwas (möglichst) sofort zu tun. Bezogen auf die oben besprochene A-B-C-Analyse sind

- A-Aufgaben solche von hoher Wichtigkeit und Dringlichkeit. Diese Aufgaben sind sofort zu erledigen;
- B-Aufgaben solche von hoher Wichtigkeit, doch – aktuell – nur geringer Dringlichkeit. Diese Aufgaben sind klar zu terminieren bzw. zu delegieren;
- C-Aufgaben solche mit hoher Dringlichkeit aber nur geringer Wichtigkeit. Diese Aufgaben sollten von den Vorgesetzten bevorzugt delegiert werden.

*Seiwert* gibt folgende Empfehlungen:

- Setzen Sie gleich heute Prioritäten für den nächsten Arbeitstag.
- Teilen Sie Ihre Tagesaktivitäten konsequent nach A, B und C ein.

- Führen Sie auch Ihre monatlichen Prioritäten- oder Aktivitäten-Checkliste nach ABC-Gesichtspunkten.
- Machen Sie es sich zu einer neuen Gewohnheit, jede Aktivität, jeden Termin, jedes Telefonat, jeden Vorgang, jeden Brief, jeden Kontakt usw. mit einer Priorität zu versehen.

(4) Vorfahrtsregel: Wichtigkeit geht vor Dringlichkeit

Nicht alles, was eilig ist, muß auch gemacht werden. Manche Dinge können Sie auch delegieren, andere sogar ganz sein lassen. Nur so schaffen Sie es, sich nicht länger dem „Diktat der Dringlichkeit" beugen zu müssen. Sonst würden Sie sich weiterhin jeden Tag in zu vielen dringlichen, aber relativ unwichtigen Aktivitäten verzetteln.

(5) Jeden Tag an einer langfristigen A-Aufgabe arbeiten

Sie sollten es irgendwie schaffen, neben Ihrem Tagesgeschäft auch an langfristigen, strategisch wichtigen Aufgaben und Zielen zu arbeiten.

#### 4.6.3.3 Zeitfresser und Störfaktoren

Mitarbeiter, Kunden, unangemeldete Besucher, Sitzungen, Telefon, Probleme, Konflikte usw. stören tagsüber oft sehr. Viele Vorgesetzte und Mitarbeiter fühlen sich ständig gehetzt und stehen unter Zeitdruck. Wenn man sich dauernd gestört fühlt, in seiner Arbeit unterbrochen wird, leiden die Effizienz der Arbeitserledigung und die Leistungsfähigkeit. Es entstehen Zeitverluste durch längere (Wieder-)Anlaufzeiten nach der Unterbrechung; auch die Konzentration wird durch Unterbrechungen beeinträchtigt.

*a) Zeitfresser, Zeitdiebe, Störfaktoren*

*Mackenzie* (1991) beschreibt zwanzig „Zeitverschwender":

(1) Besprechungen

Fehlen eines spezifischen Zwecks
Fehlende Tagesordnung
Falscher Teilnehmerkreis, zu viele, zu wenige Teilnehmer
Fehlende Vorplanung

Zu wenig/zu viele Besprechungen
Unpünktlicher Beginn/Abschluß
Zulassung von Unterbrechungen
Abschweifen von der Tagesordnung
Unvermögen, Schlußfolgerungen zusammenfassen
Unvermögen, Folgemaßnahmen durchzuführen

(2) Bummelei

Unfähigkeit, Bummelei zu identifizieren
Egotrip (Schaffen von Krisen)
Der Glaube, unter Druck „am besten" zu arbeiten
Gewohnheit, Leichtes oder Banales zuerst zu erledigen und Schwieriges aufzuschieben
Unrealistische Einschätzung des Zeitbedarfs
Versuch, zuviel auf einmal zu erledigen
Fehlen einer regelmäßigen Überwachung der Fortschritte
Mangelnde Selbstdisziplin
Nichtvollendung von Aufgaben
Fehlende Fristen

(3) Ineffektive Delegation

Unsicherheit, Versagensängste
Mangelndes Vertrauen in Mitarbeiter
Erteilung unklarer, unvollständiger oder widersprüchlicher Aufgabenbeschreibung
Das Gefühl, alles selbst besser und schneller erledigen zu können
Größeres Gefühl der Sicherheit beim „Ausführen" als beim „Führen"
Erwartung, daß jeder sämtliche Einzelheiten kennt
Unvermögen, angemessene Kontrollen einzuführen
Übermäßige Kontrolle
Personalmangel, überlastete Mitarbeiter

(4) Unzureichende Information

Mangelndes Problembewußtsein
Fehlende Systematik
Schwierigkeit zu erkennen, welche Informationen notwendig sind
Übermittlung nicht benötigter oder nicht angeforderter Informationen

Unvermögen, wahrscheinliche Verzögerungen bei der Informationsbeschaffung vorauszusehen
„Fehlende Befugnis“ zum Einholen benötigter Informationen
Unentschlossenheit oder Verzögerung seitens anderer bei der Übermittlung benötigter Informationen
Fehlende Informiertheit der Mitarbeiter

(5) Krisenmanagement

Mangelndes Problembewußtsein
Unfähigkeit, Probleme vorherzusehen und Eventualpläne zu erstellen
Überreaktion (Probleme als Krisen behandeln)
Abneigung der Mitarbeiter gegen das Überbringen schlechter Nachrichten
Unvermögen, Kontrollen durchzuführen

(6) Mangelhafte Kommunikation

Zeitmangel
Nicht-Zuhören, Unaufmerksamkeit
Unklare Ziele
Verwendung des „falschen“ Kommunikationskanals
Wahl eines ungünstigen Zeitpunktes
Unterschiedliche Wertsysteme
Mangelndes Feedback

(7) Nichtvollendung von Aufgaben

Falsche Reaktion auf Dringendes
Mangel an Selbstorganisation, z. B. überhäufter Schreibtisch
Fehlende Entschlossenheit, Aufgaben abzuschließen
Unfähigkeit zur Delegation
Zulassen von Unterbrechungen
Verlagerung von Prioritäten
Blockade der Arbeit durch unvollständige oder unzuverlässige Informationen

(8) Papierkrieg

Unentschlossenheit
Perfektionismus

Horten von Unterlagen
Zuviel ablegen
Aufgaben unabgeschlossen liegen lassen
Fehlendes System

(9) Personaldefizite

Mangelnde Beteiligung bzw. Unterstützung der Aus- und Weiterbildung
Keine richtige Bedarfseinschätzung
Schlechte Zeitnutzung des bestehenden Mitarbeiterstabes
Nichtbearbeitung von Projekten mit hoher Priorität

(10) Pflege persönlicher Beziehungen

Neugier
Geselligkeit, Freude an sozialen Beziehungen
Wunsch, auf dem laufenden zu bleiben
Unfähigkeit, ein Gespräch zu beenden
Unfähigkeit, nein zu sagen
Vorgesetzter, hartnäckige Freunde

(11) Unzureichende Planung

Angst, sich zu verpflichten
Fehlen einer Aufgabenbeschreibung
Schwierigkeit, Aufgaben Prioritäten zuzuweisen
Vorurteil, daß Planung sinnlos sei oder daß Notfälle ohnehin alle Pläne zunichte machen werden

(12) Reisen

Nichterwägung von Alternativen
Schlechte Nutzung der Reisezeit
Schlechte Reiseplanung
Überhäufter Schreibtisch bei Rückkehr

(13) Mangelnde Selbstdisziplin

Fehlende Ziele oder Normen
Fehlende Planung, fehlende Prioritäten
Nichtsetzen von Fristen

Nichtanwendung verfügbarer Instrumente oder Techniken
Aufgaben unabgeschlossen liegen lassen
Tagträumerei
Bummelei

(14) Mangelhafte Selbstorganisation

Das eigene Ich (sich) für unentbehrlich halten
Angst, etwas zu vergessen
Zulassen von Unterbrechungen
Kein Tagesplan
Unfähigkeit zur Delegation
Unentschlossenheit
Fehlende Ziele, Prioritäten

(15) Statusberichte, unzureichende Kontrollen

Glaube, daß sich vernünftige Pläne irgendwie von selbst verwirklichen
Mangelndes Problembewußtsein
Mangelnde Durchsetzung der eingeführten Kontrollen und Statusberichte

(16) Unangemeldete Besucher

Das eigene Ich, das Gefühl, wichtig zu sein
Der Wunsch, erreichbar zu sein
Angst, andere zu kränken
Politik der offenen Tür
Unfähigkeit, Besuche zu beenden
Ungünstige Lage, stark frequentierter Ort

(17) Unfähigkeit, nein zu sagen

Wunsch, Zustimmung und Akzeptanz zu erlangen
Angst, andere zu kränken
Angst, die Sympathie anderer zu verlieren
Falsches Pflichtbewußtsein
Nicht wissen, wie man ablehnen soll
Keine Zeit zum Nachdenken über eine Antwort oder Entschuldigung
Mangel an Zielen oder Prioritäten

(18) Unklare Abgrenzung von Verantwortungsbereichen oder Befugnissen

Fehlende Abklärung genauer Zuständigkeiten mit dem Vorgesetzten
Fehlende Stellenbeschreibung
Überlappung der Stellenbeschreibungen mit der anderer
Verantwortung ohne Befugnis
Unklare oder nicht vorhandene Organigramme
Mangelnde Bereitschaft zur Übernahme von Verantwortung seitens der Mitarbeiter

(19) Unterbrechung durch Telefon

Fehlen einer Strategie zur geplanten Nichterreichbarkeit
Ineffektives Abschirmen
Fehlen einer Person oder eines Anrufbeantworters zur Annahme von Telefonaten
Mangel an Mitarbeitern

(20) Versuch, zuviel auf einmal zu erledigen

Mangel an Prioritäten und Planung
Unrealistische Einschätzung des Zeitbedarfs
Reaktion auf Dringendes
Überreaktion
Übertriebener Ehrgeiz
Der Wunsch, den Vorgesetzten zu beeindrucken
Perfektionismus

*b) Empfehlungen zur Reduzierung von Zeitfressern und Störfaktoren*

*Seiwert* empfiehlt seine fünf wichtigsten Regeln:

(1) Schluß mit dem Mythos von der offenen Tür

Niemand muß für jeden immer erreichbar und ständig ansprechbar sein. Tragen Sie gleich eine heute sogenannte „stille Stunde" in den Zeitplan für Ihren nächsten Arbeitstag ein. Permanente Störungen bekommen Sie durch eine zeitweilige Unerreichbarkeit in den Griff.

(2) Stille Stunden für A-Aufgaben reservieren

Stille Stunden sind in dem Tagesplan wie richtige Termine einzutragen. Schirmen Sie sich für die stille Stunde so ab, wie Sie es für wichtige Besprechungen tun. Persönliche Sperrzeiten (stille Stunden) sind eine sehr wichtige Voraussetzung für eine deutliche Erhöhung der Kreativität und Effizienz. Wer immer wieder seine Arbeit unterbricht, braucht für eine größere Aufgabe bedeutend länger als jemand, der sich dieser Aufgabe zusammenhängend, ununterbrochen zuwendet.

(3) Arbeitsblöcke z. B. für Postbearbeitung, Telefonate, Kurzbesprechungen bilden

Bilden Sie Arbeitsblöcke für Ihre Tagesaktivitäten. Der Rationalisierungseffekt tritt ein wenn mehrere ähnliche Aktivitäten, z. B. Beantworten von Telefonaten, Post erledigen, kurze Rücksprachen mit Mitarbeitern jeweils als Block hintereinander erledigt werden.

(4) Nein sagen, ohne zu frustrieren

Höflich aber bestimmt „nein“ zu sagen bedeutet, Zeit für Wesentliches zu gewinnen. Sagen Sie auch in Alltagssituationen nein, wenn man Ihnen, z. B. in Geschäften, etwas anbietet, was Sie nicht brauchen. Wenn Ihnen ein Zeitpunkt nicht genehm ist, bieten Sie bei interessanten Dingen einen Alternativtermin an.

(5) Störungen identifizieren und analysieren

Sie halten einfach jede Störung und Unterbrechung auf einem vorbereiteten Formular fest (z. B. durch eine Strichliste) und werten diese anschließend aus, z. B.:

- Was waren die häufigsten Störungen?
- Bestimmte Personen, bestimmte Zeiten
- Bestimmte Ereignisse oder Themen, zu denen es immer wieder Fragen gab
- Wo können Sie konkret etwas tun und gezielt gegensteuern?

# 5. Teamorientierte Führungstechniken

## 5.1 Gruppenarbeit

Gruppenarbeit wird seit der Veröffentlichung der MIT-Studie (*Womack* et al., 1991) als eine wichtige Voraussetzung der Konkurrenzfähigkeit der Unternehmen angesehen. Vor dem Hintergrund der Verschärfung des internationalen Wettbewerbs entstand die Diskussion über neue betriebliche Organisationsformen. Die Globalisierung bzw. Internationalisierung der Arbeits- und Absatzmärkte fordert vom Management, sich auf neue Anforderungen einzustellen. So wird Gruppenarbeit zu einem wesentlichen Bestandteil der betrieblichen Arbeitsorganisation.

Gruppenarbeit wird heute von vielen betrieblichen Vorgesetzten als ein wichtiger Erfolgsfaktor für die eigene Wettbewerbsfähigkeit angesehen (*Antoni*, 1994). An die Einführung der Gruppenarbeit werden hohe Erwartungen geknüpft, etwa ein Rationalisierungseffekt von 15–20%, eine Steigerung der fachlichen und zeitlichen Flexibilität beim Einsatz der Mitarbeiter, eine deutliche Erhöhung der Prozeßsicherheit, meßbare Qualitätsverbesserungen, menschengerechtere Arbeitsgestaltungen u. ä.

Zahlreiche Unternehmungen sehen Gruppenarbeit als zentralen Bestandteil ihrer „Lean-Production"-, „Lean-Management"-, „Kaizen"-, oder „Total-Quality-Management"-Programme. Dieser Modetrend hätte sich vermutlich nicht so schnell durchsetzen können, wenn die Sorge um die Wettbewerbsfähigkeit nicht dazu geführt hätte, das tradierte tayloristisch-fordistische Fertigungs- und Organisationsparadigma in Frage zu stellen (*Antoni*).

Der „Arbeitskreis Neue Arbeitsstrukturen der deutschen Automobilindustrie" (AKNA) formulierte 1993:

Erwartungen an Teamarbeit

- Die Unternehmen rechnen mit verbesserten Anlagennutzungszeiten, effizienteren Produktionsprozessen, einer Verminderung des administrativen Aufwandes, motivierteren Mitarbeitern und einem verbesserten Arbeitsklima.
- Die Gewerkschaften sehen die Möglichkeit der Ausdehnung der Mitbestimmung auf Fragen der Planung, des Entgelts und der

Qualifizierung. Die Mitarbeiter erkennen, daß die Teamarbeit ihnen Freiräume schafft und vermehrt Möglichkeiten zur Selbstorganisation und Eigenverantwortung bietet.

- Für die Führungskräfte hat die Einführung der Teamarbeit Auswirkungen auf ihr Führungsverhalten.

Die Leistungsüberlegenheit von Gruppen auf bestimmten Anforderungsgebieten konnten wir in den Jahren 1991–1997 bei 64 Praktikumsgruppen von Ingenieurstudenten statistisch hochsignifikant nachweisen.

Die Leistungsüberlegenheit der Gruppen zeigte sich

a) im Bereich des *Expertenwissens*. Bei unseren Praktikumsgruppen wurde das Expertenwissen durch Fragen aus dem mathematischen, naturwissenschaftlichen und technischen Anforderungsbereich repräsentiert. Das Fazit: *Die Gruppe weiß mehr als jedes Einzelmitglied.*
b) Auch auf dem Gebiet des *sprachfreien Problemlösens* (Aufgaben des Figure-Reasoning-Tests von *John C. Daniels*) lag das Gruppenergebnis eindeutig höher als die Einzelleistungen der Gruppenmitglieder. Insbesondere fiel auf: *Die Gruppen produzieren hochsignifikant weniger Fehler als Einzelpersonen.*
c) Im dritten Anforderungsbereich im Praktikum wurden den Studenten stark risikobehaftete Entscheidungen abverlangt. Die Schwierigkeit bestand darin, daß ihnen für ihre Entscheidungen nur lückenhafte, ungenaue Informationen zur Verfügung gestellt wurden. Das Untersuchungsergebnis: *Gruppenentscheidungen sind signifikant häufiger richtig als Entscheidungen von Einzelpersonen.*

Durch die Einführung teamorientierter Führungstechniken versucht die Personalführung, einen Beitrag zur Steigerung der Leistungsfähigkeit der Unternehmungen beizusteuern. Die Akzeptanz neuer Technologien wird um so größer sein, ihre Einführung und Nutzung um so effizienter gelingen, je umfassender die Mitarbeiter an diesem Veränderungsprozeß beteiligt werden. Durch den Aufbau einer teamorientierten Organisation werden schnelle Regelkreise und eine Dezentralisierung der Verantwortung gefördert, die eine effiziente Abwicklung betrieblicher Aufgaben ermöglichen. Die Konzeption der Gruppenarbeit verspricht – nicht zuletzt aufgrund des Synergie-Effektes – den neuen Herausforderungen entsprechen zu können.

Von der Gruppenarbeit erwartet man eine

- Qualitätsverbesserung,
- Kostenreduzierung,
- Motivationssteigerung,
- Reduzierung der Durchlaufzeiten und
- Verbesserung der Flexibilität.

Neben diesen ökonomischen Vorteilen für die Unternehmungen erwarten die Mitarbeiter

- Mitwirkung bei der Gestaltung der eigenen Arbeitsbedingungen und Arbeitsmittel,
- Möglichkeiten zur Kommunikation,
- Qualifizierungs- und Entwicklungsmöglichkeiten,
- Selbstregulation und Entscheidungsfreiräume.

Vor dem Hintergrund der Diskussion um die Gruppenarbeit hat die Hans-Böckler-Stiftung (1994) eine Untersuchung zu diesem Thema in Auftrag gegeben. Das Ergebnis: Fast jedes dritte der befragten 6100 Produktions- und 2300 Dienstleistungsunternehmen gaben an, einen mehr oder weniger großen Anteil ihrer Mitarbeiter in Gruppenarbeit zu beschäftigen. Nach gezielteren Nachfragen dieser pauschalen Angaben reduzierte sich die Anzahl der Unternehmungen mit „echter Gruppenarbeit" auf 426. Dieses Befragungsergebnis wirft ein Schlaglicht auf eine große Unsicherheit hinsichtlich dessen, was Gruppenarbeit wirklich ist.

Hinter „Gruppenarbeit" verbergen sich recht unterschiedliche Vorstellungen bzw. Konzepte.

- Ist die organisatorische Zusammenfassung von Mitarbeitern, die z.B. von Gruppenführern oder Meistern geführt werden, schon eine Gruppe, die Gruppenarbeit leistet?
- Leisten die Angehörigen eines Fertigungssegments oder einer Gruppenfertigung Gruppenarbeit?
- Kann man in jedem Falle von Gruppenarbeit sprechen, wenn es sich um Fertigungsinseln, Lernstattgruppen, Vorschlagsgruppen, Qualitätszirkel, Rotationsgruppen, Projektgruppen, Kundenteams o.ä. handelt?

### 5.1.1 Betriebliche Gruppenarbeit

Die derzeitigen Bemühungen der Unternehmungen, Gruppenarbeit einzuführen, versuchen, auf dem in Skandinavien und Deutschland entwickelten Modell der teilautonomen Gruppen aufzubauen. Im Mittelpunkt dieses Modells steht die Humanisierung und Demokratisierung der Arbeitswelt.

Für das Bekanntmachen mit dem Organisationsprinzip Gruppenarbeit bieten die Erfahrungen des Volvo-Montagewerkes Kalmar, d. h. kleine Werkstätten in der großen Fabrik, ein anschauliches Lernmodell. Obwohl in einem großen Unternehmen tätig, lebt der einzelne Mitarbeiter in einer überschaubaren sozialen Einheit und ist mitbeteiligt an der Planung, Durchführung und Kontrolle einer Reihe von Arbeitsvorgängen. In jeder „Werkstatt“ (15–25 Mitarbeiter) wird ein ganz bestimmter Montageabschnitt durchgeführt, etwa die Montage des Motors. Die Arbeitsgruppe führt nicht nur die eigentliche Montage durch, sondern ist auch für alles verantwortlich, was direkt oder indirekt damit zusammenhängt. Sie planen und kontrollieren ihre Arbeit, führen – gegebenenfalls – die notwendigen Nacharbeiten aus, übernehmen die Teilelogistik für ihre Arbeit, verwalten das erforderliche Material. Die Möglichkeit zur selbständigen Qualitätskontrolle ist für die Selbststeuerung der Gruppe besonders wichtig. Die montierten Teile können von der Gruppe selbst in ihrer Werkstatt einer ersten Funktionskontrolle unterzogen werden. Darüber hinaus hat sie einen eigenen Bildschirmterminal, über den sie die Ergebnisse späterer Prüfungen erfährt. Die Arbeitsgruppe weiß deshalb ohne zeitliche Verzögerung über ihre eigene qualitative und quantitative Leistung Bescheid und kann laufend von sich aus alle Maßnahmen treffen, die notwendig sind, um Schwach- bzw. Fehlerquellen zu eliminieren.

Da die Gruppen in Kalmar die Arbeit selbst organisieren, können die Mitarbeiter die Arbeit untereinander tauschen. Von dieser Möglichkeit wird praktisch in allen Gruppen und von den meisten Mitarbeitern Gebrauch gemacht. In der Praxis hat das dazu geführt, daß die Mitarbeiter einen bis zu zehnmal längeren Arbeitszyklus haben. Dies bedeutet in der Regel: interessantere Arbeit, mehr Abwechslung, aber auch höhere Anforderungen und mehr Verantwortung.

Eine wesentliche Voraussetzung für Gruppenarbeit ist die aktive Beteiligung des einzelnen Mitarbeiters am betrieblichen Geschehen durch Information, Mitsprache und Mitwirkung. Zunächst einmal finden – arbeitsabhängig – in den einzelnen Arbeitsgruppen Besprechungen oder Beratungen über aktuelle Probleme oder Verbesserungen statt. Es geht beispielsweise um den Arbeitsplan für den Arbeitswechsel, um die Pausenzeiten, den Urlaubsplan und all die vielen Dinge, die die Arbeit in der Gruppe direkt betreffen.

In Deutschland ist vor allem das Pilotprojekt in der Motorenmontage im VW-Werk Salzgitter bekannt geworden. Bei der Bewertung dieses Projektes prallten die kontroversen Bewertungen hart aufeinander mit dem Ergebnis, daß sich die teilautonomen Montagegruppen Anfang der 80er Jahre auf breiter Front nicht durchsetzen konnten. Diese Bewertung der Gruppenarbeit änderte sich Anfang der 90er Jahre – nicht zuletzt aufgrund der MIT-Studie – schlagartig. Um wettbewerbsfähig zu bleiben, begannen namhafte deutsche Unternehmungen wie BMW, Bosch, Mercedes-Benz, Opel, Siemens, VW, das Prinzip Gruppenarbeit weiter zu entwickeln und auf breiter Front einzuführen.

Gruppenarbeit wurde zu einer Art Modebegriff für eine moderne Arbeitsorganisation wie Lean Production, Lean Mangement, Total Quality Mangement, KVP u. ä. Dieser Trend bekam eine zusätzliche Schubkraft durch die von den Märkten geforderte Flexibilität, etwa im Hinblick auf Lieferzeit, Produktvarianten, sinkende Losgrößen und kürzere Produktlebenszyklen; hinzu kamen zunehmender Kostendruck und wachsende Qualitätserwartungen.

Mit der bisher oft dominierenden, stark arbeitsteiligen (tayloristisch-fordistischen) Organisations- und Fertigungsstruktur konnte man diesen Markterfordernissen nicht mehr gerecht werden. Diesen neuen, anspruchsvolleren Herausforderungen versuchen die Unternehmungen durch Gruppenarbeit und KVP zu begegnen. Bei diesen Bemühungen stehen Einstellungsänderungen der Mitarbeiter mit an erster Stelle.

### 5.1.2 Definitorische Überlegungen zum Begriff „Gruppenarbeit"

Als Gruppe bezeichnet man eine Anzahl von Menschen, deren Verhalten voneinander abhängig ist. Was ein Mitglied einer Gruppe tut, beeinflußt das Tun aller oder einzelner und ist seinerseits auf die Aktionen der anderen abgestimmt. Dies gilt im stärksten Maße für relativ kleine Gruppen, deren Mitglieder häufig Kontakt miteinander haben.

*In einer Gruppe nehmen die sozialen Distanzen ab.* Dadurch stellt sich bei diesen häufig das Gefühl ein, sie seien einander ähnlich. Sie bezeichnen dann oft sich und ihresgleichen mit dem Pronomen „wir". Gruppen tendieren zur Vermeidung interindividueller Differenzen. Dem „Wir" der Gruppe wird oft eine Reihe positiver Eigenschaften zugeschrieben, wenn es sich tatsächlich um eine gesunde Gruppe handelt.

In Gruppen findet eine spontane *Rollendifferenzierung* statt. Verschiedene Funktionen werden auf Spezialisten verteilt. Der *erste Schritt* in diese Richtung pflegt die *Bestimmung einer Person* zu sein, der die *Koordination der Leistungen der übrigen Mitglieder* obliegt (Führerrolle). Nach Maßgabe der Bewertung der dem einzelnen übertragenen Spezialistenrollen bilden sich *Rangunterschiede*, eine Hierarchie der Funktionen und ihrer Träger. Im allgemeinen erfolgt diese Differenzierung in zwei voneinander nahezu unabhängigen Richtungen, unter dem Aspekt der Beliebtheit einerseits und unter dem der Tüchtigkeit andererseits. Ziemlich häufig kommt es daher zur Ausbildung eines Führungsduals, wobei der Träger der (anerkannten) Tüchtigkeitsrolle und der Träger der Beliebtheitsrolle gemeinsam die Gruppe leiten (z. B. Vorgesetzter und sein Stellvertreter).

In Gruppen bildet sich ein *Gruppenkodex* bzw. *Gruppennormen.* Zu diesen Normen – im sozialpsychologischen Sinn – werden Umgangsformen, Herkommen, Brauch, Sitten, soziale Gewohnheiten, Praxis, Gepflogenheiten, Gesetz u. ä. gezählt; hierbei handelt es sich um milieuspezifische Normen. Dazu gehören z. B. bestimmte Begrüßungsformen (z. B. Händedruck), gruppenspezifische Anreden, aber auch bestimmte Verhaltensweisen gegenüber Vorgesetzten. Im allgemeinen lassen sich zwei Merkmale bei den konventionellen Normen nachweisen: die Anonymität ihrer Herkunft und die selbstverständliche, unreflektiert-unbewußte Art ihrer Befolgung. In doppelter Hinsicht hebt sich von den konventionellen Normen eine zweite Art von Normen ab, die *Lersch* (1964) als „institutionelle" Normen definiert. Im Betrieb sind institutionelle Normen die Vorschriften und Weisungen des Betriebes bzw. von den Vorgesetzten. Die institutionellen Normen sind von bewußt gesetzten Zielen hergeleitet und lassen sich aus diesen rational begründen.

Die Ausführungen zum Gruppenmilieu haben gezeigt, daß der Mensch durch seine Zugehörigkeit zu Gruppen in der persönlichen

Art seines Erlebens und Verhaltens in erheblichem Ausmaß beeinflußt wird. Unter der nun zu besprechenden *Struktur einer Gruppe* wird das durch die gemeinsame Aufgabe bedingte und damit sachlich vorgegebene Beziehungsgefüge von Teilfunktionen, die von den Gruppenmitgliedern auszuführen sind, verstanden. Die Gruppenstruktur läßt sich mit den Begriffen *Status* und *Rolle* beschreiben. Status ist der Platz, den ein Gruppenmitglied innehat. Der Schwerpunkt des Statusbegriffs liegt in der *Über-, Neben- oder Unterordnung.* Es hängt vom Status eines Gruppenmitglieds ab, wieviel er zu sagen hat, wie weit er die Möglichkeit hat, auf die übrigen Gruppenmitglieder Einfluß zu nehmen. Im Unterschied zum Status ist die Rolle die Gesamtheit der Einstellungen, Gesinnungen und Verhaltensweisen, die einer in einer Position zu haben und zu vollziehen hat und die deshalb von ihm erwartet werden (*Lersch*). Ungeachtet der Notwendigkeit, sie begrifflich zu unterscheiden, sind Status und Rolle nicht voneinander zu trennen. Zu jeder Stellung, die ein Mensch in der Gruppe einnimmt, gehören gewisse Verhaltensweisen sowie die ihnen entsprechenden Einstellungen, die vom Inhaber dieser Stellung erwartet werden; mit jedem Status in einer Gruppe ist auch eine Rolle verbunden. Eine Gruppe ist ein Gefüge von Positionen und ein System von Rollen. So erweist sich der Unterschied zwischen Status und Rolle als ein solcher des Aspektes.

In jeder Arbeitsgruppe gibt es *gruppennotwendige* und *gruppenmögliche Rollen.* Gruppennotwendige Rollen sind solche, die vom Betrieb geplant sind, die zur Bewältigung der der Gruppe übertragenen Aufgabe notwendig sind, wie die des Gruppenführers, des Sachbearbeiters, des Hilfssachbearbeiters u. ä. Gruppenmögliche Rollen ergeben sich aus der Gruppendynamik informeller Beziehungen der Gruppenmitglieder; *Beispiele*: Wortführer, Außenseiter, Mitläufer, Sündenbock. Rollen haben einen mehr oder weniger ausgeprägten normativen Charakter. Daraunter ist zu verstehen, daß vom Inhaber einer bestimmten Position, dem Träger einer bestimmten Funktion bestimmte Einstellungen, Verhaltensweisen erwartet werden, etwa daß ein Meister einen Mitarbeiter anspricht, wenn dieser ohne Schutzbrille an einer Schleifmaschine arbeitet.

*Rolle und persönliche Eigenart.* Probleme können dann auftreten, wenn einem Menschen bestimmte Rollen „angetragen" werden, die er mit seiner persönlichen Einstellungen nicht oder nur schwer (konfliktträchtig) vereinbaren kann. So wird sich beispielsweise derjenige zu wehren versuchen, dem die Rolle des Sündenbocks beim

Mißlingen einer Gruppenarbeit zugewiesen wird; man spricht in diesem Zusammenhang von Zwangsrollen. Eine *Identifizierung* liegt vor, wenn jemand in seiner Rolle völlig aufgeht, etwa wenn man von dem „geborenen Meister“, „Polizisten“ o.ä. spricht. Ein besonderer Fall der Divergenz zwischen individueller Eigenart und Rolle liegt im *Versagen in der Rolle*. Dazu kann es kommen, wenn ihr Träger sich zwar Mühe gibt, ihr gerecht zu werden, aber nicht die dazu erforderlichen Fähigkeiten besitzt, also der Rolle nicht gewachsen ist. Es kommt vor, daß jemand eine Rolle guten Glaubens übernimmt, wobei Eigenliebe, Eitelkeit die Selbsteinschätzung trüben können, dann aber erhebliche Schwierigkeiten hat, die übernommene Rolle auszufüllen. Oder es wird jemand in eine Rolle gedrängt, die gar nicht seine Sache ist. Die meisten Rollen enthalten aber die *Möglichkeit individueller Abwandlung*. Viele Rollen lassen genügend Spielraum dafür. Hierher gehört auch das allmähliche Hineinwachsen in die Rolle und die Ausübung der Rolle aus zweckrationalen Motiven.

*Rollenkonflikt*. Dem Rollenkonflikt liegt die allgemein bekannte Tatsache zugrunde, daß man sich genötigt sieht, gleichzeitig verschiedene Rollen zu spielen, etwa die des Vorgesetzten und des Betriebsrates, der Mutter und der berufstätigen Montiererin. Verallgemeinert: Die Rollen, die der einzelne zu spielen hat, könnten so geartet sein, daß sie Einstellungen, Gesinnungen und Handlungen fordern, die nicht annähernd auf einen Nenner zu bringen sind. Was objektiv ein Rollenkonflikt ist, wird subjektiv als seelischer Konflikt erlebt, wenn eine Person Träger verschiedener Rollen ist und sich in einer Situation befindet, für die sowohl die eine als auch die andere Rolle ein bestimmtes (sich ausschließendes) Verhalten fordert. Oder: Eine Person kann in einer jeweils anderen Position zwei verschiedenen Gruppen angehören, deren jede ihre Normen und Rollenvorschriften hat. Dadurch kann diese Person in eine Situation geraten, in der die Zugehörigkeit zu einer Gruppe von ihr etwas zu tun verlangt, was die gleichzeitige Zugehörigkeit zur anderen Gruppe verbietet, sie sich aber ohne Zögern entscheiden muß.

### 5.1.3 Gruppenarbeit im Unternehmen

Ein konstituierendes Hauptmerkmal der Gruppenarbeit sind gemeinsam zu erledigende Arbeitsaufgaben bzw. die Erreichung vorgegebener bzw. vereinbarter Arbeitsziele. Die Gruppengröße ist abhängig von der Arbeitsaufgabe bzw. den Leistungszielen; optimal wäre eine Gruppengröße zwischen 5 bis 8 Mitarbeitern. Ein wichtiges Merkmal von Gruppenarbeit ist die aufgabenbedingte Notwendigkeit zur Zusammenarbeit. Mit Gruppenarbeit wird in der Regel die Organisationsform der teilautonomen Arbeitsgruppe (TAG) assoziiert.

Darunter versteht man nach *Antoni* (1994) funktionale Einheiten der regulären Organisationsstruktur, die konstant zusammenarbeiten und denen die Erstellung eines kompletten (Teil-)Produktes mehr oder weniger verantwortlich übertragen wurde. Dies impliziert, daß eine kleine Gruppe von ca. 3–10 Mitarbeitern neben Ausführungstätigkeiten auch die dazugehörigen Organisations-, Planungs- und Kontrollaufgaben erhält. Die Tätigkeiten werden dabei möglichst so gewählt, daß eine ganzheitliche Aufgabe oder ein Produkt komplett von der Gruppe bearbeitet werden kann. Die Gruppe trägt also die Verantwortung für den gesamten (Teil-)Fertigungsprozeß. Zielsetzung dieser Form der Arbeitsorganisation ist es, Organisationseinheiten zu schaffen, die sich innerhalb definierter Grenzen selbst regulieren können. Teilautonome Gruppen werden daher auch als *selbstregulierende Gruppen* bezeichnet. Mit Hilfe der Selbststeuerung sollen einerseits eine effizientere Aufgabenbearbeitung und andererseits motivierende Arbeitsinhalte und Arbeitsbedingungen geschaffen werden.

Das Konzept der teilautonomen Arbeitsgruppen verknüpft hierbei die Gedanken der Arbeitserweiterung (job enlargement), der Arbeitsbereicherung (job enrichment) und des Arbeitswechsels (job rotation) und überträgt sie auf die Gruppensituation. Innerhalb der Gruppen kann der einzelne Mitarbeiter zwischen den verschiedenen Arbeitsplätzen wechseln. Der Arbeitsumfang an den verschiedenen Arbeitsplätzen kann sich vergrößern. Es wird jedoch nicht nur eine quantitative Arbeitserweiterung, sondern auch eine qualitative Arbeitsbereicherung und damit eine Reprofessionalisierung der Industriearbeit angestrebt.

Dies kann durch die Integration indirekter Tätigkeiten, wie z. B. Qualitätskontrolle, kleinere Wartungs-, Reinigungs-, Reparatur- und Transportarbeiten erreicht werden. Entscheidendes Kennzeichen teilautonomer Arbeitsgruppen ist jedoch, daß sie die Planung und Steuerung der übertragenen Aufgaben selbst durchführen. Im Rahmen dieser Selbstregulation kann die Gruppe beispielsweise die interne Arbeitsverteilung, die Disposition von Material oder die Feinsteuerung von Fertigungsaufträgen vornehmen. Dies setzt jedoch voraus, daß auch tatsächlich Freiheiten bei der Auftragsausführung bestehen. Eine Möglichkeit zur gemeinsamen Planung bieten Gruppensitzungen, die regelmäßig bei Bedarf abgehalten werden. Die interne und externe Koordination ist häufig einem Gruppensprecher übertragen, der in dieser Funktion auch als Ansprechpartner für den Meister fungiert und meist auch die Gruppensitzungen moderiert.

Teilautonome Gruppenarbeit ist nach *Hasenak* (1977) eine betriebliche Tätigkeit, bei der ein fester, meist relativ kleiner und gleichbleibender Personenkreis (die Gruppe) in teilweise selbstbestimmender (teilautonomer) Arbeitsaufteilung seine gemeinsame Aufgabe entsprechend mit oder ohne Arbeitswechsel selbstverantwortlich ausführt.

Nach *Aliot* (1993) hat ein funktionsfähiges Gruppenarbeitssystem folgende Merkmale:

- Gemeinsame Arbeitsaufgabe,
- innerer Zusammenhang der Teilaufgaben in der Gruppe,
- ständige, interne Arbeitsverteilung,
- polyvalente Gruppenmitglieder,
- zeitlicher Dispositionsspielraum,
- Einfluß auf die Mitgliedschaft in der Gruppe,
- institutionalisierter Gruppensprecher,
- polyvalentes Lohnsystem.

*Birner* (1997) und *Grof* (1992) definieren Gruppenarbeit als die gemeinsame Erfüllung der ganzheitlichen Arbeitsaufgabe eines abgegrenzten, überschaubaren Arbeitssystems durch mehrere Beschäftigte. Für die gemeinsame Aufgabe und die Ausführung der unterschiedlichen Teilaufgaben übernimmt die Gruppe die Verantwortung. Dafür bestimmt die Gruppe selbst über die internen Optimierungsmaßnahmen, den Arbeitsablauf, die Aufgabenverteilung, die Arbeitsmethoden und über interne Angelegenheiten. Die Arbeitsziele werden gemeinsam mit der Gruppe vereinbart. Die abgestimmte Meinung der Gruppe wird vom Gruppensprecher nach außen vertreten.

Als wichtige Voraussetzungen für die Gruppenarbeit werden genannt:

- Freiwilligkeit der Teilnahme an Gruppenarbeit,
- Gruppengröße und Gruppenstruktur,

- Möglichkeiten zur Kommunikation,
- Selbstregulation und Entscheidungsspielräume der Gruppe,
- dafür ausreichende Zeit- und Dispositionsspielräume,
- Qualifizierungsmöglichkeiten,
- Entwicklungsmöglichkeiten für die Gruppenmitglieder,
- Mitwirkung der Gruppe bei der Gestaltung der eigenen Arbeitsbedingungen und Arbeitsmittel.

Gruppenarbeit wird als gemeinsames Denken und Handeln beschrieben. Dadurch erwirbt die Gruppe

- Einfluß auf ihre qualitativen Ziele (Qualität),
- Einfluß auf die Erfüllung quantitativer Ziele (Stückzahl/Zeit),
- Entscheidung für ihre Vertretung nach außen (Gruppensprecher),
- Mitsprache bei der Annahme zusätzlicher Arbeiten (Integration),
- Entscheidung über Aufgabenverteilung (Arbeitsteilung),
- Mitbestimmung bei Einstellungen in die Gruppe (neue Mitarbeiter),
- Entscheidung über Fragen der inneren Führung (Koordination),
- Bestimmung über ihre eigenen Arbeitsmethoden (Methoden).

Vorteile der Gruppenarbeit

- Erweiterung des Arbeitsgebietes durch Arbeitsrotation
- Übernahme von Tätigkeiten innerhalb bzw. außerhalb des Arbeitssystems
- Qualifizierung für erweiterte bzw. neue Tätigkeiten
- Harmonisierung von Abläufen durch Auflösung von Schnittstellen
- Bessere Einsatzmöglichkeit von vorhandenen Fähigkeiten
- Mitsprache, Einflußnahme und Mitbestimmung, Selbstorganisation von gruppeneigenen Regeln, Abläufen u. ä.
- Anerkennung in der Gruppe und vom Meister entsprechend dem eigenen Engagement des Gruppenmitglieds
- Möglichkeit, eigene Vorstellungen in die Gruppe einzubringen und zu verankern
- Unterdrückung von extremen Einzelinteressen zugunsten des Konsenses der Gruppe
- Besseres Verständnis der Arbeitssituation durch ständiges Informiertsein als Voraussetzung für die Einsicht und die Akzeptanz der geplanten Maßnahmen
- Gemeinsame Abstimmung und Umsetzung von Verbesserungen

- Verbesserung der Arbeitszufriedenheit und des Betriebsklimas
- Identifikation mit der eigenen Arbeit, Qualität, Leistung und mit dem Unternehmen
- Miteinander lernen (Kollegentraining)
- Verständnis für die Anliegen des anderen

Fazit aus den Erfahrungen der Gruppenarbeit aus dem Motorenbau bei BMW (*Grof*, *Birner*): Die Arbeitsgruppe nimmt Einfluß auf Produktivität, Qualität und Kosten. Dies geschieht durch Zielvereinbarung und Umsetzung von selbst veranlaßten Maßnahmen. Die Zielverfolgung erfolgt mit Kennzahlen und Produktionszahlen. Die Gruppe arbeitet ständig an der Verbesserung des Arbeitssystems und der Prozeßoptimierung. Dazu dient nicht nur die Umsetzung von spontanen Ideen oder Verbesserungsvorschlägen, sondern auch die methodische Suche nach höherer Wertschöpfung und Vermeidung von Verschwendungen.

Miteinander Denken und Handeln führt zu der Meinung (*Grof*):

- Ich bin unterrichtet,
- ich bin beteiligt,
- ich bin einverstanden,
- ich stehe dahinter!

### 5.1.4 Merkmale leistungsfähiger Gruppen

Nach *McGregor* (1971) hat die ideale, leistungsfähige Gruppe folgende Merkmale:

- Die Atmosphäre ist entspannt und informell.
- Es wird viel diskutiert unter Beteiligung aller Gruppenmitglieder. Die Diskussion bleibt immer sachbezogen.
- Die Aufgabe ist jedem klar, das Ziel der gemeinsamen Arbeit wird von jedem Mitglied verstanden und akzeptiert.
- Die Teilnehmer hören einander zu, jeder Beitrag wird gewürdigt.
- Bei Meinungsverschiedenheiten geht man den Ursachen nach, man diskutiert und unterdrückt nicht einfach divergierende Ansichten.
- Entscheidungen werden durch Übereinstimmung gefällt.
- Kritik ist häufig und offen, bleibt aber sachbezogen und wird auch nicht persönlich aufgefaßt.
- Alle Teilnehmer bringen ihre Meinung offen zum Ausdruck.

- Bevor eine Aufgabe in Angriff genommen wird, erfolgt eine klare Rollenverteilung, die von jedem akzeptiert wird.
- Der Leiter dominiert nicht, noch dient er als Sündenbock oder wird mit unangenehmen Aufgaben belastet. Die Leitung wird nach Gegebenheiten übertragen, wobei sich kein Machtkampf entspinnt, sondern die Lösung der Aufgabe im Vordergrund steht.

Vermieden werden sollte:

- Keine Methodik in der Gruppenarbeit
- Unzureichende Kenntnis der Gruppendynamik
- Keine Rollendifferenzierung in der Gruppe
- Keine eindeutige Problemformulierung
- Ausgeprägtes Wettbewerbsdenken der Gruppenmitglieder
- Unzureichende Kommunikation in der Gruppe
- Autoritärer Führungsstil
- Rivalitäten unter Mitgliedern
- Zu viele Gruppenmitglieder
- Wenig einladende Umgebung

### 5.1.5 Entwicklung zur Gruppenarbeit

Gruppenarbeit bedeutet zunächst einmal – auch bei einer grundsätzlich positiven Einstellung – für die betroffenen Mitarbeiter eine Reihe zusätzlicher zwischenmenschlicher Probleme. Der damit verbundene persönliche Lernprozeß von einer mehr individualistischen, egozentrierten Arbeitsweise zu einer teamorientierten ist sehr zeitaufwendig und bedarf nicht selten – wie die betriebliche Erfahrung zeigt – mehrerer Jahre. Dieser Veränderungsprozeß der persönlichen Einstellungen und somit der Gesamtpersönlichkeit wird nur dann gelingen wenn dieser persönliche Innovationsprozeß immer wieder betrieblicherseits unterstützt wird, z. B. durch Angebote der Fort- und Weiterbildung.

In der Fachliteratur (z. B. bei *Blanched*, 1992, 1995) werden vier Phasen unterschieden:

(1) Orientierungsphase (Formierungsphase: „forming“)

- Mäßiger Arbeitseifer bei hohen Erwartungen
- Ängste: Wo ist mein Platz in der Gruppe? Was wird von mir erwartet?

- Abtasten der Situation und der „Zentralfiguren“
- Abhängigkeit von Autorität und Hierarchie ist noch recht ausgeprägt
- Bedürfnis, sich in die Gruppe einzugliedern und eine bestimmte Position einzunehmen
- Noch keine klaren Ziele und Aufgaben(verteilung)

Das Verhalten der Gruppenmitglieder in dieser Phase zeichnet sich aus durch unpersönliche Höflichkeit und vorsichtige Gespanntheit. Weitere, für diese erste Phase kennzeichnende Merkmale: Befürchtungen, Hoffnungen, Orientierungssuche, Defizite werden bewußt, Unsicherheiten führen zum Austesten von Regeln und Grenzen.

(2) Konfliktphase („storming“)

- Unzufriedenheit wegen der eigenen Autoritätsabhängigkeit
- Frust: Streit um Ziele, Aufgaben u. ä.
- Gefühl von Verwirrung und Inkompetenz
- Konkurrenz um Machtpositionen und/oder Aufmerksamkeit
- Desorientierung und schlechte Laune der Mitarbeiter

Das Verhalten der Gruppenmitglieder wird häufig bestimmt durch das Gefühl der Ausweglosigkeit, durch unterschwellige Konflikte, mühsames Vorwärtskommen, zwischenmenschliche Konfrontationen („Nahkampfphase“) Cliquenbildung u. ä. In dieser Phase laufen stark ausgeprägte gruppendynamische Prozesse ab, die sich in Machtkämpfen, Rollendifferenzierungen, Bildung von Gruppenstrukturen (Verteilung von Rang bzw. Status) manifestieren und zur Festlegung von gruppenmilieuspezifischen Normen bzw. Kommunikationsregeln führen.

(3) Organisierungs- bzw. Normierungsphase

- Bildung einer Teamsprache
- Teilen von Verantwortung und Kontrolle
- Offener Umgang miteinander
- Entwicklung von Selbstvertrauen und Zuversicht
- Wir-Gefühl

Es entwickeln sich neue Umgangs- bzw. Verhaltensformen – nicht zuletzt auch durch das Tolerieren von anderen Standpunkten. Die verbesserte Kommunikation läßt die Entwicklung gegenseitiger Akzeptanz bzw. persönlicher Achtung wachsen. Auf dieser Grundlage wächst die Fähigkeit zur Problembearbeitung, zur Optimierung der Fertigungsabläufe, zur Lösung von Sachproblemen.

(4) Arbeitsphase („performing“)

- Qualifizierung „off the job“
- Positive Einstellung zur Gruppe
- Anstieg des Leistungsniveaus
- Akzeptanz von Zielvereinbarungen

Allmählich entwickelt sich ein solidarisches, hilfsbereites, offenes Verhältnis untereinander, die Gruppe wird flexibler, ideenreicher, leistungsfähiger. Das Arbeiten aufgrund von Zielvereinbarungen setzt sich durch; die verbesserte Kommunikation nach außen führt zur Bereitschaft, auch gruppenübergreifende Probleme anzupakken.

*Grof* (1997) (BMW) veranschaulichte den Entwicklungsprozeß zur Gruppenarbeit in der Motorenmontage:

1992 Einführung der Gruppenarbeit
1994 Fachliche Qualifizierung
1994 KVP als Ideen-Umsetzungsinstrument
1995 KVP mit Intensiv-Phasen
1996 Neuer Entgelt-Prämienlohn

Wenn neue Gruppenmitglieder hinzukommen, wechseln oder tauschen, wenn die Aufgaben sich verändern oder sich sonstige gravierende Einschnitte im Umfeld ereignen, kann die Gruppe von der vierten in die dritte oder sogar in die zweite Phase zurückfallen.

Am Beispiel „Teilautonome Gruppe“ soll diese Entwicklung zur Gruppenarbeit skizziert werden:

(1) Ausgangssituation vor der Einführung der Gruppenarbeit: Der Vorgesetzte (Meister, formelle Gruppenführer) führt die Mitarbeiter direktiv mit Anweisungen, die Mitarbeiter führen aus.
(2) Vorbereitung auf die Gruppenarbeit durch den Vorgesetzten, z. B. durch gezielte fachliche Weiterbildung, Unterweisung, u. a. auch vermehrter Einsatz von Qualifizierungsmaßnahmen wie Tätigkeitserweiterung (job enlargement), Tätigkeitswechsel (job rotation), Tätigkeitsbereicherung (job enrichment); schrittweises Delegieren von Teilaufgaben, Förderung der Zusammenarbeit durch Bildung von Zweiergruppen, die zusammen eine größere Teilaufgabe übertragen (delegiert) bekommen.

(3) Ermittlung des Gruppensprechers, z. B. durch Wahl der Gruppenmitglieder und Bestätigung durch die (Betriebs-)Leitung oder durch Beauftragung des informellen Wortführers der Gruppe. Die Autorität des Gruppensprechers resultiert aus dessen Akzeptanz bei der Gruppe, d. h. die Gruppensprecherfunktion ist immer eine zeitlich begrenzte und vom Vertrauen der Gruppenmitglieder abhängig.

(4) Anleitung zur selbständigen Aufgabenabwicklung der Arbeitsgruppe, Training der gemeinsamen und selbständigen Aufgabenerfüllung. Aufgaben anbieten und die selbständige Umsetzung durch Kooperation von Gruppensprecher und Vorgesetzten trainieren.

(5) Schrittweise der Gruppe Teilautonomie übertragen. Verstärkte Umsetzung des Führungsprinzips: Führen mit Zielen. Vorgesetzter vereinbart mit der Gruppe Ziele. Training von Zielumsetzung und Zielsicherung. Der Vorgesetzte überläßt in zunehmendem Ausmaß der Arbeitsgruppe die Planungs-, Organisations-, Steuerungs- und Kontrollfunktionen. Training der Selbstregulierungsfunktionen der Gruppe.

(6) Ständige Qualifizierung bzw. Verbesserungen mit dem Ziel, die Gruppe zu einem „Selbstläufer" zu entwickeln. Merkmale dieser Phase: zunehmende Autonomie, selbständige Zielerfüllung, Integration von (neuen) Funktionen, Förderung neuer Arbeitsstrukturen, Lernbausteinen u. ä.

### 5.1.6 Anforderungen an Gruppensprecher und Vorgesetzte

Die Einführung von Gruppenarbeit und von Gruppensprechern verändert schrittweise die Funktion und das Aufgabengebiet betrieblicher Vorgesetzter.

(1) Aufgaben bzw. Funktionen des Gruppensprechers

Der Gruppensprecher

- ist Sprachrohr der Gruppe bzw. deren Bindeglied zum (Werkstatt-)Vorgesetzten, Ansprechpartner für die Gruppenmitglieder und betrieblichen Vorgesetzten;
- ist normales Gruppenmitglied, hat keine Personal- oder Führungsverantwortung;
- organisiert gleichberechtigt mit den anderen Gruppenmitgliedern die Arbeitsverteilung und den Arbeitsablauf in der Gruppe;

- unterstützt neue Gruppenmitglieder bei der Einarbeitung und Integration in Gruppe und Betrieb;
- organisiert und moderiert Gruppengespräche und dokumentiert die Ergebnisse der Gruppengespräche;
- lädt bei Bedarf im Auftrage der Gruppe externe Experten (Vorgesetzte, Fachleute) zu den Gruppengesprächen ein;
- hält Kontakt zu vor- und nachgeordneten Stellen im Betrieb und besorgt damit wichtige Informationen für die Gruppenarbeit;
- achtet auf das Gruppenklima und zeigt Probleme innerhalb der Gruppe auf.

(2) Aufgaben bzw. Funktionen des Vorgesetzten (Meisters o. ä.) bei Gruppenarbeit

Der Vorgesetzte

- gibt der Gruppe die Arbeitsziele vor;
- unterstützt die Gruppe bei der Zielerreichung;
- führt in der Gruppe Entscheidungen herbei, die von der Gruppe mitgetragen werden;
- bleibt verantwortlich für die Überwachung und die Gesamtkontrolle des Arbeitsprozesses in der Gruppe;
- gestaltet und optimiert mit der Gruppe zusammen die Arbeitsbedingungen;
- unterstützt die Gruppe bei zwischenmenschlichen Problem- und Konfliktlösungen;
- entwickelt die Mitarbeiter zu selbstverantwortlichem Arbeiten und Handeln.

## 5.2 Teamorientierte Problemlösungstechniken

### 5.2.1 Der Prozeß der Teambildung bei der Projektgruppenarbeit

Die Bildung von Projektgruppen bei Planungs- und Gestaltungsaufgaben hat sich schon weitgehend durchgesetzt. Mehrere Mitarbeiter unterschiedlicher Gruppen, betrieblicher Abteilungen kommen (möglicherweise zum ersten Male) zusammen. Oft ist dieses erste Zusammentreffen von Ratlosigkeit gekennzeichnet. Um zu einer gemeinsamen Form der Zusammenarbeit zu kommen, müssen sich alle Beteiligten ihrer vorgefaßten Meinungen bewußt werden und ihre Einstellungen und Erwartungen gegenseitig offenlegen. Auf Unausgesprochenes kann nicht geantwortet, auf Unbekanntes nicht reagiert werden.

Das Autorenteam der Siemens-Organisationsplanung (1979) gibt die nachstehenden Anregungen zum Prozeß der Teambildung:

*Erzählen,*

- was die anderen von mir wissen wollen,
- ein paar persönliche Daten,
- was ich mir am besten zutraue,
- wo ich am meisten lernen kann,
- was meine Kollegen sagen.

*Fragen*

- Jeder hat eine Frage an die anderen frei.
- Wie bist du (sind Sie) ins Team gekommen?
- Was mögen Sie (magst du) am liebsten?
- Was ärgert Sie (dich) am meisten?

*Kästchen schreiben und anpinnen, um darüber zu reden*

- Welche Erwartungen knüpfen wir an unsere Arbeit?
- Mit welchen Schwierigkeiten werden wir es zu tun bekommen?
- Was störte uns an den zwei ersten Stunden, und wie können wir das ändern?
- Was gefiel uns schon während der ersten zwei Stunden?
- Wozu müssen wir gemeinsam in der Lage sein?

Die Autoren stellen folgende Spielregeln für ein Team auf:

(1) Jeder erkennt den anderen als gleichwertigen Partner an.
(2) Rollen, z.B. Diskussionsleitung, werden ständig gewechselt.
(3) Meinungen sollen ständig herausgefordert und geäußert werden; Schweigen bedeutet nicht Zustimmung.
(4) Zuhören ist genau so wichtig wie reden.
(5) Konflikte nicht verschleiern, sondern darüber reden.
(6) Meinungsverschiedenheiten sollen als Informationsquelle und nicht als Störfaktor betrachtet werden.
(7) Innerhalb eines Teams soll kritisiert, aber nicht getadelt werden.
(8) Es gibt keine Meinung oder Erfahrung, die nicht in Frage gestellt werden darf.
(9) Lernbedarf muß jederzeit deutlich gemacht werden.

(10) Informationsgefälle ist abzubauen, Wissen ständig mitzuteilen.
(11) Alle Unterlagen stehen jedem jederzeit zur Verfügung.
(12) Entscheidungen sollen möglichst nicht durch Mehrheitsbeschluß, sondern mit weitgehender Übereinstimmung erreicht werden.
(13) Entscheidungen, Diskussions- und Arbeitsergebnisse sind laufend festzuhalten und durch visuelle Darstellungen sichtbar zu machen.
(14) Neue Aspekte und Zielabweichungen sind sofort mitzuteilen und zu klären.
(15) Die Einhaltung der Spielregeln ist ständig zu beobachten; sie sind, wenn nötig, neu zu diskutieren.

Ein häufig verwendetes Mittel, um sich nicht mit Argumenten auseinandersetzen zu müssen, sind *Killerphrasen*. Es handelt sich dabei um – in vielen Variationen auftauchende – *Gesprächsstörer* in brenzligen Situationen und damit um Ausdrücke des persönlichen Abwehrverhaltens.

Beispiele:

- Das kann ja nicht funktionieren.
- Darüber brauchen wir gar nicht erst zu reden.
- Wir haben keine Zeit.
- Wozu denn ändern? Es funktioniert doch.
- Das wird überall so gemacht!
- Wer soll denn das bezahlen?
- Das können Sie so nicht beurteilen.
- Was verstehen Sie davon?
- Haben Sie denn damit Erfahrungen?
- Das kann doch nicht Ihr Ernst sein?
- Was glauben Sie, wozu ich studiert habe?
- Darum geht es doch gar nicht!
- Glauben Sie mir das ruhig.
- Wie lange sind Sie denn schon bei uns?
- Ich weiß, was es heißt, …
- Wie kommen Sie denn darauf?
- Darüber sind wir uns ja wohl einig!
- Nein!

Das Verhältnis der Projektgruppe zur betrieblichen Umwelt: Das Team muß sich nach außen als Team präsentieren und sich von außen als Team ansprechen lassen.

*Anregungen zur Präsentation der Ergebnisse der Gruppen- bzw. Projektarbeit*

- Möglichst auf Vorabinformationen verzichten
- Eine Präsentation sollte nicht länger als 50–60 Minuten dauern, ein Vortragsabschnitt eines Gruppenmitglieds nicht länger als 10 Minuten.
- Bei Formulierungen und Visualisierungen möglichst nur positive Aussagen treffen.
- Für jede Behauptung muß die Projektgruppe entsprechendes Hintergrundmaterial haben, um die Beweisführung antreten zu können.
- Die Projektgruppe muß sich einig sein.

*Was soll berichtet werden?*

(1) Nachweis der im Laufe des Planungsprozesses getroffenen Entscheidungen

- Was sind die Auswirkungen des Planungsergebnisses?
- Welche Entscheidungen liegen diesen Auswirkungen zugrunde?
- Welche wichtigen Aspekte des Planungsergebnisses bleiben – zunächst – unwirksam?
- Aus welchen Gründen sind die Entscheidungen getroffen worden?
- Welche Informationen sind unbedingt notwendig, um diese Gründe zu verstehen oder beurteilen zu können?

(2) Zielvorgabe und Arbeitsunterlagen für Realisierungsgruppen

- Welche Maßnahmen sind kurz-, mittel- oder langfristig zu realisieren?
- Welche Zielvorstellungen, Prioritäten müssen deutlich gemacht werden, damit in unvorhergesehenen Fällen richtig gehandelt werden kann?
- Welche Realisierungselemente sind unverzichtbar?
- Wie erfolgt die Kontrolle der Realisierung?
- Wer soll die Realisierung durchführen?

(3) Informationen für das beplante System

- Wer ist von den Auswirkungen des Planungsergebnisses unmittelbar betroffen?
- Welche Vor- und Nachteile haben die Betroffenen zu erwarten?

- Welche Informationen verdeutlichen den Betroffenen die Vorteile am besten?
- Was muß der jeweilige Bereich wissen, um die Realisierung zu erleichtern und den Nutzen der Realisierung zu sichern?
- Welche Punkte müssen besonders deutlich dargestellt werden, um Verunsicherungen zuvermeiden?

(4) Unterlagen für den Erfahrungsaustausch

- Welche behandelten Themen sollten eingehend dargestellt werden, weil sie im gleichen Bereich oder in Nachbarbereichen in Zukunft wieder aufgegriffen werden müssen?
- Welche Techniken, Erkenntnisse oder Lösungsansätze sind möglicherweise übertragbar?
- Sind Schnittstellen erkannt worden, die über die Planung hinaus von Bedeutung sind?

### 5.2.2 Personenbezogene Voraussetzungen der Kreativität

Das Wort „Kreativität" hat seinen Ursprung im lateinischen „creare", was erzeugen, gebären, erschaffen heißt. Schon dieser Herleitung nach ist Kreativität etwas Dynamisches, ein Prozeß, der sich entwickelt und entfaltet und bereits Ursprung und Ziel in sich trägt. Kreativität läßt sich beschreiben als die Fähigkeit, Beziehungen zwischen früher gemachten Erfahrungen zu finden, die sich in der Form neuer Denkschemata als neue Erfahrungen, Ideen oder Produkte ergeben (*Guilford*, 1965).

Die verhaltenswissenschaftliche Forschung richtet sich auf die Untersuchung der Bedingungen der Kreativität. Zum einen wird versucht, die Eigenschaften und Fähigkeiten solcher Menschen zu finden, die kreative Leistungen vollbringen. Zum anderen richten sich die Untersuchungen auf die spezifischen Umweltbedingungen, die kreative Leistungen begünstigen.

Die kreative Persönlichkeit ist nach *Guilford* gekennzeichnet durch die Merkmale

*(1) Geläufigkeit (fluency),* d. h. die Fähigkeit, Ideen und Assoziationen aus sich herauszuholen

*(2) Beweglichkeit (flexibility),* das ist die Flüssigkeit der gespeicherten Informationen, die Fähigkeit, ein Objekt oder einen

Teil von diesem anders als vorher zu interpretieren und es zu ganz neuen Zwecken zu benutzen

*(3) Originalität,* d.h. die Bereitschaft, Dinge anders zu sehen.

*(4) Elaboration,* d.h. die Fähigkeit, die es ermöglicht, nach gegebenen Informationen eine Struktur aufzubauen

*(5) Sensitivität,* d.h. die Fähigkeit, Probleme zu erfassen; Offenheit gegenüber der Umwelt.

*Barron* (1952) fand aufgrund seiner Untersuchungen:

- Kreative Menschen sind unabhängiger in ihrem Urteil.
- Kreative Menschen sind selbstbewußter und dominanter.
- Kreative Menschen wehren sich gegen Einschränkungen und Unterdrückung.
- Kreative Menschen bevorzugen Komplexität.

*Lowenfeld* (1962) unterscheidet vier Faktoren der Kreativität:

- *Sensitivität für Probleme.* Kreative Menschen sind besonders empfindlich für alles, was sie sehen, hören, berühren.
- *Variabilität* (Aufnahmebereitschaft).
- *Beweglichkeit.* Unter Beweglichkeit wird eine schnelle aktive Anpasssung verstanden.
- *Originalität* wird als Gegensatz zur Konformität gesehen.

Zum Persönlichkeitsaspekt der Kreativität gehört auch die *Motivation.* Warum ist der Mensch kreativ?

*Landau* (1974) nennt in ihrer Literaturübersicht:

*(1) Drang-und Zielaspekt.* Wenn z.B. der Ehrgeiz die Motivation zur Kreativität ist, wird dieser zum Verstärker, um die Hindernisse zu überwinden und die Aktivität durchzuhalten und zu wiederholen. Hierher gehören auch die „Herausforderungstheorien“, wenn der Mensch die Herausforderung nicht zu vermeiden sucht, sondern sie aufnimmt.

*(2) Existentialistischer Aspekt.* Darunter wird der Drang verstanden, sich selbst zu aktualisieren, die Gesamtpersönlichkeit zu entfalten.

*(3) Kommunikativer Aspekt.* Darunter wird der Drang zum Neuen, zur Abwechselung, die Neugier verstanden.

### 5.2.3 Der kreative Prozeß

Die Anfänge der Kreativitätsforschung reichen in die Denkpsychologie zurück. *Wallas* (1962) beschrieb den kreativen Prozeß in vier Phasen

(1) Vorbereitungsphase
(2) Inkubinationsphase
(3) Illuminationsphase
(4) Verifikationsphase

Die *Vorbereitungsphase* umfaßt die Wahrnehmung eines Problems und die Ansammlung der Informationen, die das Problem betreffen.

Die *Inkubinationsphase* ist eine Wartezeit, in der unbewußt nach einer Lösung gesucht wird.

In der *Illuminationsphase* erfolgt die plötzliche Einsicht in die Lösung.

Die *Verifikationsphase* bringt die Überprüfung der gefundenen Lösung im Hinblick auf eine taugliche Problemlösung.

Ein Problem, das einen kreativen Prozeß erforderlich macht, ist dann gegeben, wenn der Mensch ein bestimmtes Ziel erreichen will, jedoch nicht weiß, wie er zu diesem Ziel gelangen kann, also nicht auf wohlbekannte, spezifische Verfahren oder Techniken zurückgreifen kann. Jeder kreative Prozeß hat viele Gemeinsamkeiten mit dem Problemlösungsprozeß: Man arbeitet mit den vorhandenen Informationen und investiert seine früheren Erfahrungen, kombiniert sie, transferiert sie in neue Strukturen, die in ihrer neuen Konfiguration das Problem lösen, das irgendein Bedürfnis des Menschen befriedigt.

*Arnold* (1962) beschreibt den kreativen Prozeß in drei Phasen:

In der *Vorbereitungsphase* erfolgt die Analyse in einem weiten Bereich, um darin das engere Problem zu begrenzen. Hier findet auch die Analyse der Variablen statt, die in dieser Begrenzung vorhanden sind. Es ist ein Prozeß der Analyse aller bekannten und wahrscheinlichen potentiellen Variablen, die das Problem immer deutlicher hervorheben. In dieser Phase geht es darum, das Problem ganz klar zu definieren, seine Komponenten im einzelnen und in bezug auf das Ganze, das System zu sehen, bevor man die nächsten Schritte macht. Dazu gehört auch das Aneignen des Wissens über das Problem.

Mit dem Festlegen des genau definierten Problems tritt der kreative Mensch in die zweite, die *Produktionsphase*, ein. Diese besteht in der Erwägung der verschiedenen Möglichkeiten zur Lösung des Problems, der verschiedenen Eigenschaften, die dem Problem und der Lösung eigen sind und sein sollen und der verschiedenen unabhängigen Variablen. Die Technik dieser Phase ist die Assoziierung von Ideen. Diese assoziierenden Ideen werden durch synthetisches Denken zu immer neuen Kombinationen geformt, die ihrerseits verschiedene Lösungsmöglichkeiten des Problems bilden.

Diese neuen Kombinationen werden als Alternativen in die dritte, die *Beschlußphase*, auch Entscheidungsphase genannt, gebracht.

*Der Abbau von Kreativitätshemmungen*

Kreativität bleibt aus, wenn unser Denken in gewohnten Bahnen verläuft; das wird als „Betriebsblindheit“ oder „Wald vor lauter Bäumen nicht sehen“ o.ä. bezeichnet. Gewohnheiten haben es an sich, daß man das Denken abschaltet.

- *Kreativitätshemmung Nr. 1: Die funktionale Gebundenheit von Gegenständen*

*Dunker* (1948) konnte als erster nachweisen, daß ein Objekt, das für einen bestimmten Zweck genutzt wurde (in einem Experiment eine Kneifzange), schwerer für einen anderen Zweck gebraucht werden kann (etwa als Gewicht), als wenn es ohne vorherige Anwendung für einen neuen Zweck genutzt wird. Je größer der Zeitabstand zwischen dem gewohnten und dem neuen Gebrauch ist, um so schwächer ist die funktionale Gebundenheit.

- *Kreativitätshemmung Nr. 2: Voreilig etwas als unmöglich zu bezeichnen*

Beispiel: Der Mathematiker *Henri Poincae* bemühte sich nachzuweisen, daß man „unmöglich“ über den Atlantik funken könne, weil die Erdkrümmung wie ein Berg dazwischenliege. Der Physiker *Helmholtz* bemühte sich, wissenschaftlich nachzuweisen, daß die größten lebenden Raubvögel die äußerste Grenze markieren, innerhalb deren Fliegen möglich sei.

- *Kreativitätshemmung Nr. 3: Die vorschnelle Wertung, Einordnung*

Es wird oft mehr Zeit darauf verwendet, die Idee (eines anderen) zu kritisieren, ad absurdum zu führen, als sie weiterzuentwickeln.

### 5.2.4 Motivation der Mitarbeiter zur Teamarbeit

#### 5.2.4.1 Die Aufgabe des Vorgesetzten

Eine wichtige Voraussetzung für den Erfolg einer Gruppe, eines Teams ist eine ziel- und mitarbeiterorientierte Führung. Eine zeitgemäße gruppenspezifische Führung ist wohl am zutreffendsten mit Coaching zu umschreiben.

Der Vorgesetzte (Coach, Teamleader, Projektleiter, Gruppenmoderator)

- fördert gute, zielbezogene Ideen seiner Mitarbeiter so, als ob sie seine eigenen wären;
- gibt nur die Ziele vor;
- gewährt den Mitarbeitern Teilautonomie (Handlungs- und Entscheidungsfreiräume) für die Planung der Wege zum Ergebnis;
- fördert tatkräftig die fachliche und persönliche Qualifizierung, gibt jede Art von Unterstützung zur Zielerreichung;
- schafft und fördert ein gutes Gruppenklima (Gruppen- bzw. Unternehmenskultur);
- hilft bei sachlichen und persönlichen Problemen;
- tritt Mobbing entschieden entgegen u. ä.

Der Vorgesetzte muß seine Mitarbeiter „loslassen“ können, damit diese „allein laufen“ lernen können.

#### 5.2.4.2 Förderung der Motivation durch Erweiterung der Kompetenz

Ein Führen durch Delegation von Aufgaben und Führen mit Zielen muß – vor allem bei partizipativem Führungsverhalten – zu einer *Ausweitung der Kompetenzen* und damit auch der *Verantwortung* des Mitarbeiters führen. Die Delegation von Kompetenzen – letztlich von Macht – hat zwangsläufig auch ein *Abflachung der betrieblichen Hierarchie* zur Folge; durch die Einsparung von hierarchischen Rangstufen werden Kompetenzen frei, die an Teammitglieder weitergegeben werden können. Hand in Hand mit der Erweiterung des Kompetenzrahmens sollte die *Beteiligung der Mitarbeiter an Zielformulierungs- und Entscheidungsprozessen* gehen.

#### 5.2.4.3 Gezielte Anerkennung für Kreativität

Das Engagement, das Mitdenken muß sich für Mitarbeiter lohnen. Durch Anerkennung und die Chance zur persönlichen Entwicklung mittels *Geldprämien* bzw. *Höhergruppierung,* durch kontinuierlichen Kompetenzaufbau, Aufgabenbereicherung (Job enrichment), Aufgabenerweiterung (Job enlargement) und Aufgabenwechsel (Job rotation) kann die Motivation, das Mitdenken – nicht zuletzt im Team – gestärkt werden.

### 5.2.5 Förderung der Mitarbeiter durch Erweiterung ihres Sach- und Fachwissens

Ein wesentlicher Vorteil teamorientierter Problemlösungstechniken besteht in der Nutzung des vorhandenen Expertenwissens, d. h. der von den Mitarbeitern im Betrieb gesammelten Erfahrungen für die Lösung betrieblicher Aufgaben bzw. Probleme. Die Effizienz der Kumulation des Einzelwissens in der Gruppe wird durch die gezielte Förderung des individuellen Sachwissens gefördert – nicht zuletzt mit dem Ziel, Synergieeffekte verschiedener individueller Sach- und Fachkompetenzen zu erreichen. Im Mittelpunkt des Bemühens zur Vermehrung des Sach- und Fachwissens stehen das Lernen, die Unterweisung, die gezielte Fort- und Weiterbildung.

Grundlage des teamorientierten Problemlösens sind *handlungsorientierte Ansätze.* Berufliches Lernen kann als Prozeß der Aneignung und Verarbeitung von Realitätserfahrungen definiert werden, das sich besonders dadurch auszeichnet, daß dieser Lernprozeß praxisrelevant ist und Handlungskompetenzen für berufliche Tätigkeiten vermittelt.

Ein breites Sach- und Fachwissen kann gefördert werden:

(1) Training on the Job

- Job enrichment – Tätigkeitsbereicherung
- Job enlargement – Tätigkeitserweiterung
- Job rotation – Tätigkeitswechsel

(2) Training into the Job

- Praktika
- Trainee
- Patenschaften

(3) Training near the Job

- *Werkstattzirkel:* Das sind Kleingruppen mit vorgegebener Themenstellung und entsprechend ausgewählten Mitarbeitern aus unterschiedlichen Hierarchieebenen und Abteilungen, die innerhalb einer Zeitspanne von in der Regel fünf Sitzungen Problemlösungsalternativen erarbeiten sollen und dann unabhängig vom Stand der Problemlösung wieder aufgelöst werden.
- *Projektarbeit*: Ein Projekt ist eine Sonderaufgabe oder ein Vorhaben, das durch Neuartigkeit und eine gewisse Einmaligkeit instabile Elemente in eine dauerhaft angelegte Organisation, z. B. Abteilung bringen kann. Teammitglieder arbeiten während der Projektdauer zusammen.
- *Lernstatt*: Sie wurde ursprünglich zur Lösung der Kommunikationsprobleme ausländischer Arbeitnehmer entwickelt. Da der Sprachunterricht problemorientiert erfolgte, erwarben die ausländischen Arbeitnehmer zugleich Fachkenntnisse und ein Verständnis für betriebliche Zusammenhänge. Daraus entwickelte sich – vornehmlich für die unteren Hierarchieebenen – eine betriebliche Kleingruppenarbeit auf freiwilliger Basis zur Bearbeitung selbstgewählter arbeitsbezogener Themen.
- *Qualitätszirkel*: Das sind kleine moderierte Gruppen von Mitarbeitern der unteren Hierarchieebene, die sich regelmäßig auf freiwilliger Grundlage treffen, um selbstgewählte Probleme aus ihrem Arbeitsbereich zu erörtern. Im Rahmen der Problembearbeitung sollen Qualitätszirkel Probleme identifizieren, auswählen, analysieren und Lösungsvorschläge entwickeln sowie genehmigte Problemlösungen möglichst auch selbst umsetzen und deren Erfolg kontrollieren. Qualitätszirkel besitzen aber selbst keine Entscheidungskompetenz. Die gemeinsame Aufgabenbearbeitung beschränkt sich auf bis zu zweistündigen Treffen, die etwa alle zwei bis vier Wochen stattfinden.

(4) Training off the Job

- Seminare
- Workshops, freie Diskussion, Austausch von Ideen, Darlegung von Methoden und deren praktische Anwendung
- Weiterbildung

### 5.2.6 Kreativitätstechniken

Durch Kreativitätstechniken sollen die Bedingungen optimiert, insbesondere aber die Kreativitätshemmungen minimiert werden. Bei den Kreativitätstechniken geht es

- um die Verbreiterung des Wissens, das Sammeln von Daten, Informationen und deren Umgestaltung zu neuen Lösungsmustern, -gestalten und -anordnungen,
- um das Finden möglichst vieler Lösungsalternativen,
- um die weitgehende Trennung kreativen und logisch weiterverarbeitenden Denkens und
- um Lösungsfindungsmethoden in Gruppen.

#### 5.2.6.1 Brain-Storming

*Osborn*, der Erfinder dieser Methode der Ideenentwicklung in Gruppen, empfahl die Beachtung seiner folgenden vier Grundregeln:

(1) Kritik ist in der Ideensuchphase verboten

Soll eine kreative Atmosphäre entstehen, so muß der Teilnehmer die Gewähr haben, daß er nicht in seinem Ideenflug durch vorzeitige Kritik gehemmt wird. Es sei hier darauf aufmerksam zu machen, daß Kritik durchaus nicht immer verbal vorgetragen wird. Die Mimik oder Gestik der Gruppenmitglieder kann eine viel deutlichere Sprache sprechen. Ein ironisches Lächeln oder eine abwertende Handbewegung sind oft wirkungsvollere Hemmnisse als ein verbales Gegenargument oder eine kritische Bemerkung.

(2) Je spontaner, ausgefallener, ungewöhnlicher, verschrobener, skurriler eine Idee ist, desto besser. Jede Idee wird begrüßt

Die Teilnehmer müssen sich durch diesen Grundsatz ermuntert fühlen, auch „phantastische“ Gedanken zu äußern. Es geht ja um neuartige, ungewohnte, zukunftsorientierte Ideen. Daß dem Brain-Storming ein assoziationstheoretischer Ansatz zugrunde liegt, wird gerade durch diesen Leitsatz deutlich. Je ungezwungener die Einfälle, desto besser!

(3) Soviele Ideen wie möglich

Je mehr Ideen produziert werden, um so wahrscheinlicher ist eine gute unter ihnen. Es ist dabei absolut unbedeutend, ob es sich um eine banale Anregung oder um eine abstrakte Hypothese, ob es sich um Bruchstücke oder eine systematische Gedankensammlung handelt, ob sie zur allgemeinen Belustigung beitragen oder unter anderem registriert werden.

(4) Die Ideen der anderen Gruppenmitglieder sind aufzunehmen und weiterzuentwickeln

Diese Regel ist von größter Wichtigkeit, denn sie macht nicht nur deutlich, daß Brain-Storming ein Gruppenprozeß ist (alle Ideen sind gemeinsames Ergebnis), sondern ebenso, daß ein passives Zur-Kenntnis-Nehmen in diesen Sitzungen unerwünscht ist.

*Planung und Technik der Durchführung*

(a) Formulierung der Frage an das Team. Die Frage soll möglichst in Aktiv-Form gefaßt sein, etwa: „Was kann getan werden, damit ...?" Oder: „Wie ...?" Auf jeden Fall sollte die Frage so knapp wie möglich formuliert sein, ohne jedes überflüssige Wort.

(b) Gruppen- bzw. Sitzungsleiter. Der Sitzungsleiter muß die Technik des Brain-Storming beherrschen. Er muß von der Gruppe akzeptiert sein. An der Ideenfindung beteiligt er sich kaum: Er eröffnet die Sitzung und trägt das Problem vor, stellt die Einhaltung der Regeln und das Thema sicher, aktiviert und motiviert die Teilnehmer, verhindert Killerphrasen, gleicht Spannungen aus, gibt neue Impulse bei nachlassenden Ideen.

(c) Teilnehmer. Die anzustrebende Gruppenstärke liegt zwischen 5 und 12 Teilnehmern; *idealerweise* sollten es *5 bis 6 Teilnehmer* sein, die aus verschiedenen Fachbereichen kommen sollten; aber auch fachliche „Laien" sind oft ideenfördernd, weil es ihnen eher möglich ist, festgefahrene Situationen aufzulockern. Zu große hierarchische Unterschiede sind ebenso zu vermeiden wie direkte Vorgesetzten-Unterstellungsverhältnisse.

(d) Protokollführer. Der Protokollführer nimmt nicht an der Ideenfindung teil. Die Protokollierung kann stichwortartig durch den Protokollführer auf einem Schreibblock oder aber für alle sichtbar auf Wandtafeln oder großformatigen Blättern erfolgen; zusätzlich empfiehlt sich ein Tonbandprotokoll, gegebenenfalls auch eine Videoaufzeichnung der Sitzung.

(e) Zeitdauer. Je nach der Thematik 1/4–3/4 Stunden. Eine vorherige zeitliche Begrenzung ist nicht empfehlenswert, da die orginellen Ideen häufig erst im zweiten Teil der Sitzung gebracht werden. Als Faustregel gilt: Wenn der Ideenfluß nach zweimaligem Wiederanschieben durch den Sitzungsleiter versiegt, ist die Sitzung zu beenden.

(f) Umgebung. Der Raum sollte freundlich gestaltet sein und eine ungezwungene Atmosphäre begünstigen. Störungen von außen durch Telephonanrufe o. ä. sollten unterbunden werden.

(g) Checkliste. In der zweiten Phase der Brainstorming-Sitzung wird die Checkliste eingesetzt. Sie dient dazu, die gesammelten Ideen noch einmal unter den verschiedensten Gesichtspunkten zu ventilieren. *Sikora* (1972) hat die nachstehende Checkliste *Osborns* überarbeitet. Er empfiehlt, jede einzelne Idee nach folgenden Kriterien zu überprüfen:

- *Anders verwenden* – Wie kann die geäußerte Idee anders verwendet werden? Welchen Gebrauch kann man von dieser Idee noch machen?
- *Anpassungen* – Was ist so ähnlich wie die geäußerte Idee? Welche Parallelen lassen sich ziehen? Auf welche anderen Ideen weist sie hin?
- *Änderungen* – Kann man Bedeutung, Form, Größe, Bewegung u. ä. verändern oder umgestalten?
- *Vergrößerungen* – Was kann man hinzufügen? Größere Häufigkeit? Stärke? Länge? Dicke?
- *Verkleinerungen* – Was kann man wegnehmen?
- *Ersetzungen* – Was kann man an der geäußerten Idee ersetzen? Was kann an ihre Stelle treten? Kann man anderes Material verwenden? Kann man den Prozeß anders gestalten?
- *Umstellungen* – Kann man Teile oder ganze Passagen austauschen? Andere Strukturen einführen? Andere Reihenfolge setzen?
- *Umkehrung* – Läßt sich positiv und negativ austauschen? Wie steht es mit dem Gegenteil? Kann man die Positionen vertauschen?

- *Zusammenfassungen* – Kann man Einheiten kombinieren? Wie steht es mit einer Mischung, Legierung, Zusammenstellung, Vereinigung?

(h) Grobauswahl. Die Ideen werden Kategorien zugeordnet. Üblich ist eine Einteilung in

- unmittelbar verwertbar,
- verwertbar, wenn weiter untersucht, gearbeitet wird,
- Verwertbarkeit fraglich.

Möglich ist auch eine Vorbewertung z. B.

- Neuheitswert/Originalität,
- Durchführbarkeit,
- …

Die Grobauswahl erfolgt im Anschluß an die Sitzung (*Dries*, 1962).

#### 5.2.6.2 Brainwriting-Methode 635

Diese Methode könnte man auch als eine Art schriftliches Brain-Storming bezeichnen. Sie wurde von *Bernd Rohrbach* entwickelt und besagt in der Reihenfolge der Zahlen: 6 Personen schreiben für sich 3 Ideen zu einem Problem auf einen Bogen Papier und reichen diesen an die 5 anderen Teilnehmer weiter. Jeder bekommt somit die Bögen der anderen fünf Partner zu sehen und soll diese mit wiederum 3 neuen Ideen anreichern.

Diese Methode hat gegenüber der „klassischen" Methode die nachstehenden Vorteile:

- Die Ideen der Teilnehmer sind – da sie nicht unter Zeitdruck stehen – abgewogener, durchdachter und von daher für die Problemstellung oft brauchbarer.
- Die Ideenproduzenten müssen sich nicht an einen bestimmten Ort zu einer bestimmten Zeit treffen.

Als Nachteile dieser Methode gelten:

- Es geht die Spontaneität verloren.
- Die Anonymität ist kaum zu gewährleisten.
- Es können keine großen methodischen Variationen vorgenommen werden (obwohl dies nur bedingt stimmt).

Für die Weiterleitung sollte eine bestimmte Zeitspanne festgelegt werden. Sitzen die Teilnehmer zusammen, so können sie z. B. für den ersten Durchgang 5 Minuten, für den zweiten 6 Minuten, für den dritten 7 Minuten vereinbaren (*Sikora*, 1972).

Auf eine Variation dieser Methode weist *Dries* (1962) hin: Große Papierbögen (DIN A1) werden an die Wand gehängt und von den Teilnehmern im Uhrzeigersinn wechselnd beschriftet oder bezeichnet.

### 5.2.6.3 Synektik

Synektik ist wie Brain-Storming eine gruppenbezogene Methode. Kennzeichnend ist die über mehrere Stufen führende Verfremdung des Problems durch den Einsatz von Analogien. Die synektische Methode wurde von *Gordon* entwickelt. Seine Grundkonzeption: „Make the familiar strange and the strange familiar", d.h.: Mache das Gewöhnliche ungewöhnlich und das Ungewöhnliche gewöhnlich.

*Arnold* (1962) beschreibt die ursprüngliche Methode *Gordons*, die dadurch gekennzeichnet war, daß allein der Gruppenleiter das anstehende Problem bzw. die Aufgabenstellung kannte; zur Veranschaulichung das Standardbeispiel *Arnolds*:

*„Wie löst man das Parkproblem auf neue Weise?"*

Als Einstiegsproblem, das der Gruppenleiter zu lösen hat, könnte die Lagerung von „Dingen" sein. Die Sitzung würde dann mit der Erörterung beginnen, was „Lagerung" bedeutet. Dies könnte zu einer Darstellung der erwünschten Merkmale eines guten Lagersystems führen. Als Merkmale wären etwa zu nennen: Minimum an Kosten, Übersichtlichkeit, schnelle Verfügbarkeit u.ä. Die Diskussion könnte verschiedene Bereiche in Natur, Technik, Haushalt tangieren, in denen unterschiedliche Lagermethoden angewendet werden, etwa wie Bienen ihren Honig lagern. Hier könnte sich eine Lösung umrißhaft ergeben, wenn man die wabenartige Struktur für das Parken ausnutzt.

Andere Überlegungen führen möglicherweise zur Lagerung von Würstchen durch Aufhängen. In diesem Zusammenhang könnte eine anderes Gruppenmitglied den Vorschlag unterbreiten, Gegenstände hochkant zu lagern, um Platz zu sparen.

Ist die anfängliche Ideensammlung erschöpft, so engt der Leiter das Problem durch eine genauere Definition ein. Ist er zusätzlich der Meinung, daß die Gruppe einer guten Lösung sehr nahe ist, so enthüllt er das eigentliche Anliegen. Die Gruppe beginnt nun, ins einzelne gehende Gedanken zu entwickeln. Diese Vorgehensweise sollte anfänglich in jeder Synektik-Gruppe eingeübt werden, um „Bewertungen" aufzuschieben. Weiter empfiehlt *Gordon*, die Sitzungsdauer auf maximal drei Stunden zu limitieren.

Seine Gründe:

- Für den allgemeinen Teil muß genügend Zeit vorhanden sein, um sich nicht zu früh einzuschränken.
- Oft kommen die besten Lösungen, wenn die Teilnehmer „am Ende" sind. In diesem Stadium werden Blockierungen oder Hemmungen durch Übermüdung gelöst.

Diese ursprüngliche Methode wurde von *Gordon* weiterentwickelt Es entstand die nachstehende Vorgehensweise:

(1) Erste Phase: Studium des Problems – Vorbereitungsphase

Im Gegensatz zur ursprünglichen Methode befassen sich die Gruppenmitglieder ausführlich mit dem ihnen gestellten Problem; es wird gründlich erörtert, analysiert, eingegrenzt und schließlich die (vorläufig) endgültige Problemformulierung fixiert. Selbstverständlich werden schon jetzt alle spontanen Lösungsideen notiert. Man kann auch ein erstes Brain-Storming an dieser Stelle vorsehen.

(2) Zweite Phase: Verfremdung des Problems –
die Verfremdungsphase

Das Anliegen ist, neue gedankliche Verknüpfungen zu begünstigen. Die Gruppe sucht nach direkten Analogien (bevorzugt Naturanalogien). Es gilt die Regel: Alles ist erlaubt. Dem kritischen „Warum?" wird das „Warum nicht?" entgegengestellt. Jeder hat das Recht oder geradezu die Pflicht, bestehende Lösungsstrukturen zu demontieren. Dazu sollen verschiedene Spielarten von Analogien beitragen.

- Direkte Analogien

Ziel ist es, das Problem in einen anderen Bereich zu transportieren. So versetzt man etwa technische Probleme in die Natur, in die Biologie. Ein *Beispiel*: Es sollte eine Vorrichtung gefunden werden, um eine 20 Meter hohe Antenne aufzurichten. Was tat die Gruppe? Sie definierte das Problem (1. Phase) und suchte Analogien für die Funktion der Antenne im Naturbereich (2. Phase): Sie mieteten sich ein Taxi, besuchten ein naturgeschichtliches Museum, verweilten längere Zeit vor Tierskeletten, verglichen insbesondere das Aufrichten des Dinosauriers mit ihrem Problem.

- Persönliche Analogien

Um sich noch weiter vom ursprünglichen Problem zu entfernen, werden die Teilnehmer aufgefordert, eine der direkten Analogien auszuwählen und sich mit dem jeweiligen Objekt zu identifizieren, also das Objekt zu durchdringen, gefühlsmäßig zu erfassen, zu verstehen suchen.

(3) Dritte Phase: Übertragungs- und Vertiefungsphase – Problemverknüpfungsphase

Diese dritte Phase bringt die Problemlösung, indem man die gefundenen Analogien auswertet und mit der ursprünglichen Aufgabenstellung verknüpft.

### 5.2.6.4 Morphologischer Kasten

Die Methode wurde von Fritz *Zwickly* (1966) entwickelt, der drei Arbeitsschritte unterscheidet:

- Zerlegung des Problems in die wesentlichsten Merkmale (Parameter). Die Merkmale müssen sachlich unabhängig sein und dürfen sich nicht gegenseitig bedingen.
- Auflistung der möglichen Ausprägungen (Gestaltungsmöglichkeiten) je Merkmal; alle denkbaren Ausprägungen sollen erfaßt werden.
- Systematische Kombination der Ausprägungen zu Gestaltungsalternativen

(1) Ermittlung der Merkmale

Der erste Schritt besteht in der Analyse der Struktur des Problems, die oft auf eine Situationsanalyse hinausläuft. Das erklärte Ziel ist das Finden der relevanten Merkmale der Lösung. Das Ziel ist in den Analyseprozeß miteinbezogen. Bei gegenständlichen Gestaltungsproblemen geht es um das „Material" der Lösungskonzeption. Weiter sind die Funktionen der Lösung zu analysieren: Welche Funktionen müssen erfüllt sein? Um zu diesen Funktionen zu kommen, ist der Ablauf häufig Gegenstand der Zergliederung.

*Beispiel*: Garagentor (*Dries, 1962*):

| Merkmal Funktion | Ausprägung, Lösungsmöglichkeiten | | | | | | |
|---|---|---|---|---|---|---|---|
| Anzahl der Türen | eine | zwei | keine | | | | |
| Energie-einsatz | Muskel-kraft | Schwer-kraft | Flüssig-keit | Elektr. Strom | Gas | Öl | Dampf |
| Material | Blech | Kunst-stoff | Glas | Holz | | | |
| Fixieren | Verriegeln | Kleben | Verklemmen | Anbinden | Nageln | | |
| Öffnen | Falten | Ver-senken | Kippen | Drehen | Ziehen | | |

Lösungsalternativen ergeben sich durch sinnvolle Kombination von Lösungsmöglichkeiten aller Merkmale.

Die Merkmale können durch Ziel- bzw. Funktionsanalyse (Welchem Zweck dient …? Was soll erreicht werden?), aber auch durch eine andere Kreativitätstechnik (z. B. Brain-Storming) gefunden werden. Die Gliederung der Ideen läßt erkennen, welche Merkmale für die Morphologie zu berücksichtigen sind.

(2) Ermittlung der Ausprägungen

Bei der Ermittlung der Lösungsmöglichkeiten ist es wichtig, jedes Merkmal für sich, zunächst ohne Berücksichtigung der Aufgabenstellung, zu untersuchen. Die Hauptaufgabe dieser Stufe ist die Suche nach vielen brauchbaren Gestaltungsmöglichkeiten bzw. Ausprägungen des jeweiligen Merkmals. Die Methoden zur Ermittlung der Ausprägung entsprechen denen bei den Merkmalen. Wertende Überlegungen zu den einzelnen Ausprägungen sind bei dieser zweiten Stufe nicht zugelassen; sie würden zu diesem Zeitpunkt die Kreativität behindern.

(3) Systematische Kombination der Ausprägungen der Merkmale zu Gestaltungsalternativen

Die Kombination der Lösungsmöglichkeiten für die einzelnen Funktionen zu Gestaltungsalternativen erfolgt bei diesem dritten

Schritt unter Beachtung der Bewertungskriterien. Jede Kombination stellt eine Lösungsmöglichkeit dar. Häufig müssen die gefundenen Kombinationen weiterentwickelt bzw. vertieft werden.

### 5.2.6.5 Kartenabfrage

Im Zentrum Kartenabfrage steht die Visualisierung der Gedanken und der Beiträge, des Expertenwissens der Teammitglieder (*Klebert* et al., 1997). Die Vorschläge werden von dem Teammitglied auf Kärtchen (je eine Idee pro Kärtchen) geschrieben und an eine Pinwand geheftet, damit jedes Teammitglied die Ideen der anderen sehen kann.

*Vorteile der Visualisierung*

(1) Visualisierte Aussagen erleichtern eine gleiche Interpretation bei allen Teilnehmern und erhöhen die Chance, Probleme konkreter zu diskutieren und alle Teilnehmer auf einen gemeinsamen Punkt zu konzentrieren.
(2) Die Visualisierung zwingt den Darstellenden zu einer Selektion zwischen wesentlichen und unwesentlichen Informationen. Dadurch wird die Aufnahmekapazität der Teilnehmer nicht überfordert.
(3) Verbal schwierig zu erklärende Sachverhalte sind durch die Unterstützung der Visualisierung leichter zu vermitteln. Dadurch läßt sich Informationsgefälle einfacher ausgleichen.
(4) Visualisierungen ermöglichen es, Ergebnisse und Aussagen – für alle sichtbar – sofort festzuhalten, es entstehen keine Schwierigkeiten bei Zusammenfassungen, Dokumentationen, Informationsweitergaben und Interpretationen.

Die Abfragetechnik wird von der Notwendigkeit geleitet, in kürzester Zeit von einem Team Expertenwissen (Tatbestände, Informationen, Erfahrungen, Ideen, Visionen, Daten, Kenntnisse, Wissen), aber auch emotionale Befindlichkeiten (Erwartungen, Wünsche, Bedürfnisse, Gefühle, Stimmungen, Haltungen, Einstellungen) auf eine Problem- bzw. Fragestellung zu bekommen. Die Kartenabfrage baut auf schriftlichen Aussagen auf, die den Vorteil haben

- überlegter,
- leicht auswertbar,
- nicht so leicht zu zerreden,
- aufbewahrbar zu sein.

Bei der Durchführung dieser Methode ist zu achten:

(1) Themenstellung klar formulieren und abgrenzen.
(2) Frage verständlich und genau formulieren.
(3) Antworten (Beiträge der Teammitglieder) auf Karten (Kärtchen verschiedener Größen, Farben, Formen – je nach Problem- bzw. Interpretationserfordernis) – mit Filzschreiber groß und deutlich (für alle Gruppenmitglieder auf der Pinwand lesbar) schreiben; je Kärtchen nur eine Aussage.
(4) Aussagen sichtbar zu machen durch Anbringen der Kärtchen auf Pinwänden, Stecktafeln bzw. Wänden.

Die Aussagen können dann entsprechend dem Zweck der Problemstellung

- nach bestimmten Kriterien strukturiert,
- weiteranalysiert,
- diskutiert,
- bewertet
- oder in Kleingruppen weiterbearbeitet werden.

Diese Technik hat den Vorteil, daß sie nicht nur jeden Teilnehmer zur Artikulation seiner Meinung zwingt, sondern auch die Tragfähigkeit einer Entscheidung – der sogenannten Gruppenmeinung – offenbart.

Im Verlaufe einer Diskussion werden erfahrungsgemäß innerhalb von 5 Minuten etwa 20 Aussagen unterschiedlichsten Inhalts produziert. Die Erfahrung aber zeigt – leider –, daß

- viele mündliche Aussagen verlorengehen,
- die Teilnehmer Schwierigkeiten haben, an Aussagen anzuknüpfen, die vor einigen Minuten oder Stunden artikuliert wurden (Spontanantworten sind oft nicht möglich, da Gesprächsverlagerung zu anderen Themen),
- Gespräche meist einseitig werden, da das ausschließliche Sprechen miteinander dazu zwingt, einen „roten Faden“ zu finden, um sich nicht zu verlieren,
- die Gruppenmeinung in ihrer Differenzierung und Gewichtung dem einzelnen kaum sichtbar wird.

Die beste Art, Aussagen, Gesprächsbeiträge, Ideen und Expertenwissen sichtbar zu machen, ist also die Visualisierung auf Kärtchen, Flip-Charts und Tafeln. Die sofortige Umsetzung von gesprochenem Text in schriftliche Aussagen oder Bilder im Rahmen einer

Diskussionsrunde verlangt die *Beherrschung der Visualisierungstechniken.*

- Kurze Aussagen (1 Schlagwort oder 1–2 kurze Sätze),
- für alle deutlich lesbar (entsprechende Schriftgröße)
- mittels Filzschreiber,
- sofort niederschreiben,
- an Tafeln anheften oder ankleben.

*Bewertungstechniken*

Die Ergebnisse von Problemlösungssitzungen sind meist Gruppierungen von Aussagen der Teammitglieder. Nicht immer sind nach diesen Ergebnisdarstellungen auch schon Prioritäten erkennbar. Deshalb wurden Bewertungsverfahren entwickelt, die es jedem Teammitglied ermöglichen, seine Schwerpunkte, seine Interessen und seine Einschätzung des Gruppenergebnisses offenzulegen und damit zu einer Rangreihe zu kommen, nach der die Einzelthemen abzuarbeiten sind. Bewertungstechniken können auch sehr wesentlich zur Entscheidungsfindung beitragen, indem man anstelle stundenlanger Verteidigungs- und Rechtfertigungsreden einen Bewertungsgang einschiebt und die sich daraus ergebende Situation diskutiert.

*Punkteverfahren*

Dieses Verfahren eignet sich zur Ermittlung von Rangreihen und Gruppenstimmungen sowie zur Strukturierung von Kleingruppenarbeiten.

*Technik.* Jeder Teilnehmer erhält die gleiche Anzahl (z.B. 5) Selbstklebepunkte. Diese kann er nach eigenem Ermessen mehreren oder auch nur einer Aussage, bzw. einer Gruppe von Aussagen (wenn diese vorher schon strukturiert und geordnet worden waren) zuordnen. Die Auswertung und damit die Festlegung der Rangreihe erfolgt durch Auszählen.

## 5.3 Förderung von Mitarbeiterinitiativen

Zu den wichtigsten Aufgaben von Vorgesetzten gehört es, das Expertenwissen, das Innovationspotential, das Engagement der unterstellten Mitarbeiter zu fördern und für den Betrieb zu nutzen. Eine besondere Bedeutung haben dabei Gruppeninitiativen wegen der in der Regel höheren Effektivität der Gruppenvorschläge.

### 5.3.1 Entwicklung von Mitarbeiterinitiativen

Betrachtet man den *„Kontinuierlichen Verbesserungs-Prozeß“* (KVP), so gibt es darin drei Stationen der Wertschöpfung:

- den Entstehungsprozeß einer Verbesserungsidee beim Mitarbeiter,
- seine Initiative zur Umsetzung dieser Idee und
- deren nutzbringende Realisierung.

Alles andere ist im Sinne von KVP *Verschwendung* (*Siemens*, 1997).

#### 5.3.1.1 Kaizen – Kontinuierlicher Verbesserungs-Prozeß (KVP)

Das japanische Wort „Kaizen“ setzt sich aus „Kai“, übersetzt mit: ständige Veränderung und „Zen“, übersetzt mit: Bewegung zum Besseren (Guten) zusammen. Nach *Imai* (1993) bedeutet Kaizen ein ständiges Bemühen von Vorgesetzten und Mitarbeitern um eine Veränderung zum Besseren. Das Kaizen-Managementprinzip wurde von europäischen, insbesondere deutschen Unternehmungen, übernommen und als „Kontinuierlicher Verbesserungs-Prozeß“ (KVP) eingeführt.

Ein wichtiges Element dieses Prinzips ist die Synthese des prozeß- und ergebnisorientierten Denkens, denn eine ausschließliche Ergebnisorientierung würde zur Folge haben, daß ein kurzfristiges Erfolgsdenken vorherrscht und keine Zeit für eine vertiefte Analyse von Problemen erlaubt wird. Es würde der Imperativ herrschen, daß eine Verbesserung eine sofortige Ergebnissteigerung bringen muß.

Aber auch die alleinige Konzentration auf die Prozeßverbesserung kann zu einer Gefährdung der Ergebnisse führen. Kaizen (KVP) führt nur dann zum Erfolg, wenn das Denken aller Betriebsangehörigen verändert bzw. weiterentwickelt wird. Dieser Veränderungsprozeß ist ein Lernprozeß aller Betriebsangehörigen, und braucht Zeit und ein konsequentes Festhalten an dieser Zielvorstellung. Kaizen bedeutet, alle Fähigkeiten der Mitarbeiter zur ständigen Verbesserung der Geschäftsabläufe im Sinne der Unternehmensziele zu wecken und zu nutzen. Die Aktivitäten aller Mitarbeiter werden in einem Zielvereinbarungsprozeß auf die Geschäftsziele ausgerichtet, die Produktivität in vielen kleinen Schritten durch Qualifizieren und Motivieren jedes einzelnen Mitarbeiters gesteigert.

### 5.3.1.2 Wege zur Verbesserung

Nach *Imai* (1993) lassen sich derzeit zwei Ansätze zur Verbesserung unterscheiden:

(1) Durch verschiedene Wettbewerbsstrategien ist die Vorgehensweise westlicher Unternehmen innovationsbetont und erfolgt in größeren Schritten mit dem Ziel eines technologischen Durchbruchs. Innovation bedeutet, daß mit großem Investment ein neuer Weg, eine neue Erfindung oder eine neue Theorie eingeführt wird. Die meisten Mitarbeiter sind nicht in den Innovationsprozeß involviert, sondern nur „Empfänger“ der Innovation, des neuen Produktes, der neuen Arbeitsablauforganisation, des Arbeitsplatzes.

(2) Kaizen betont dagegen die Vorgehensweise in kleinen Schritten, ist insbesondere auf längerfristige Erfolge angelegt. Mit wenig Aufwand und in kleinen Schritten werden das konventionelle Know-how und der jeweilige Stand der Technik benutzt, um langfristig Verbesserungen zu erreichen. Alle Mitarbeiter sollen am Verbesserungsprozeß beteiligt werden. Das Ziel der Entwicklung der Mitarbeiterinitiativen ist die Zusammenfassung und Optimierung von Innovation und kontinuierlichem Verbesserungsprozeß unter Einbeziehung aller Mitarbeiter. Nach einem Innovationsprozeß werden Kaizen bzw. KVP eingesetzt, um das Erreichte zu sichern und zu verbessern.

Das wirtschaftliche Globalziel eines Unternehmens ist Gewinnoptimierung. Kunden- und Mitarbeiterzufriedenheit und Zukunftssicherung durch Innovation und Marktpenetranz sind wesentliche Voraussetzungen, um den gewünschten wirtschaftlichen Erfolg langfristig sicherzustellen. Durch Kaizen sollen die Prozesse beherrscht werden, d.h. Qualität und Flexibilität müssen steigen, die Kosten sinken. Dadurch steigt die Produktivität und damit die Wettbewerbsfähigkeit.

### 5.3.1.3 Beim KVP steht der Mensch im Mittelpunkt

Die Arbeitsorganisation nach *Taylor* sieht den unterstellten Mitarbeiter (Untergebenen) als reines Ausführungsorgan. Es wird dem

Arbeiter verwehrt, planende oder organisatorische Aufgaben und Verbesserungen im Arbeitssystem bzw. Arbeitsprozeß vorzunehmen. Dieser Einsatz des unterstellten Mitarbeiters als reinem „Produktionsfaktor", der den technologischen und organisatorischen Strukturen angepaßt wird, ist oft eine Vergeudung menschlicher Fähigkeiten.

Mit der KVP-Strategie rückt eine dem Menschen angepaßte Nutzung seiner Ressourcen in den Vordergrund. Es wird zur Arbeitsaufgabe aller im Unternehmen, ständig Verbesserungen anzustreben. KVP kann als *Umdenkungsprozeß bei den Mitarbeitern und Vorgesetzten* verstanden werden. Man versucht, alle Mitarbeiter zu einem engagierten und eigenverantwortlichen Arbeiten zu bringen. Die Vorgesetzten haben die Aufgabe, den Wertschöpfungsprozeß und die damit befaßten Mitarbeiter zu unterstützen.

Dieser Umdenkungsprozeß bedarf einer längeren Schulung „Top down" und hat schließlich jeden Mitarbeiter einzubeziehen. Alle haben zu lernen, mit Problemen im Arbeitsprozeß offener umzugehen und verursachte Fehler einzugestehen – ohne Furcht vor Bestrafung.

*Fehlerverständnis:* Fehler entstehen immer wieder. Die Ursachen dafür können in der Über- oder Unterforderung der Mitarbeiter, in ungeeigneten Aufgabenstellungen, im mangelnden Überblick, in fehlenden Informationen o.ä. liegen. Deshalb ist ein neues Problem- bzw. Fehlerverständnis notwendig, damit die Suche nach den Ursachen die Suche nach den Verantwortlichen in den Hintergrund drängt. Problemerkennung ist die wichtigste Basis für den Verbesserungsprozeß, d.h. Probleme werden angesprochen und nicht vertuscht.

Damit die Schuld nicht einfach anderen (Abteilungen, Stellen, Kollegen) zugeschoben wird, sind teilweise die Grenzen zwischen den Beteiligten aufzuheben bzw. alle Betroffenen einzubeziehen. Um abteilungsübergreifende Probleme zu lösen, sind KVP-Gruppen mit Gruppenmitgliedern aus den verschiedensten Funktionsbereichen zu bilden. Kleine Fehler bzw. Probleme sollten möglichst sofort vor Ort, wo die Arbeit getan wird, wo die Wertschöpfung erfolgt, wo die Probleme auftreten, wohin die Problemlösung delegiert werden muß, angegangen werden.

Jeder Fehler darf aber nur einmal auftreten. Vorbeugung gegen wiederauftretende Fehler heißt, 5mal „Warum?" zu fragen.

Dazu ein Beispiel von *Taiichi Ohno* (Toyota):

*Frage*: Warum steht die Maschine still? *Antwort*: Die Sicherung ist durchgebrannt wegen Überlastung.

*Frage*: Woher kommt die Überlastung? *Antwort*: Das Lager war nicht richtig geölt.

*Frage*: Warum war das Lager nicht richtig geölt? *Antwort*: Die Ölpumpe hat nicht richtig gearbeitet.

*Frage*: Warum hat die Ölpumpe nicht richtig gearbeitet? *Antwort*: Die Pumpenachse war verschlissen.

*Frage*: Warum war die Achse verschlissen? *Antwort*: Es kam Dreck ins Lager.

Jetzt kann die Ursache beseitigt werden, statt die Sicherung auszuwechseln, die dann wieder durchbrennt.

#### 5.3.1.4 Zielvorgaben bzw. Zielvereinbarungen im KVP

Die Unternehmensführung setzt (globale) Ziele. Mit Hilfe von Zielvereinbarungen zwischen den verschiedenen hierarchischen Ebenen werden die Ziele bis in die unterste Ausführungsebene „heruntergebrochen“.

Leitsätze

- Jeder kennt und trägt die Ziele des Unternehmens.
- Jeder hat persönliche Zielvorgaben und setzt sich dafür ein.
- Jeder weiß, was seine Ziele für andere bedeuten.
- Jeder ist über die Zielerreichung aller informiert.

Um den Zielvereinbarungsprozeß anzuwenden, benötigt man

- Meßgrößen für die Ziele,
- einen Prozeß der Zielauflösung,
- regelmäßige Soll-Ist-Vergleiche,
- Visualisierung der Ergebnisse,
- interne Veröffentlichungen der Ergebnisse

#### 5.3.1.5 Zielvorgaben bzw. Zielvereinbarungen mittels Kennzahlen

Aus der Division zweier leistungszielbezogener Daten ergibt sich eine Kennzahl:

$$\text{Kennzahl} = \frac{\text{Soll-Zustand}}{\text{Ist-Zustand}}$$

*a) Produktivität*

Ein Hauptziel eines Unternehmens ist die Erhöhung der Produktivität. Die Produktivität ist die Erfüllung der Kundenwünsche mit möglichst geringem Aufwand (Input) und möglichst hohem Ertrag (Output):

$$\text{Produktivität} = \frac{\text{Output}}{\text{Input}}$$

So können mit jeder Hierarchieebene Ziele vereinbart werden, welche Produktivität, quantifiziert durch eine definierte Kennzahl, in einem Zeitraum zu leisten ist. Da durch KVP-Aktivitäten Verschwendungen reduziert werden können, sinken z. B. die Herstellungskosten. Dadurch wird das Verhältnis Output zu Input mit stetigen kleinen, in der Regel investitionsarmen Verbesserungen positiv beeinflußt.

*b) Qualität*

„Qualität muß erarbeitet, gefertigt, nicht erprüft werden" – das ist ein wichtiger Grundsatz des Qualitätsmanagements. Zielvorgaben lassen sich mit der Kennzahl: Qualitätsgrad beschreiben, z. B.

$$\text{Qualitätsgrad} = \frac{\text{GUT-Teile}}{\text{geprüfteTeile}}$$

Jeder Mitarbeiter prüft sein Arbeitsergebnis hinsichtlich der geforderten Soll-Werte (Qualität) und gibt es nur dann weiter, wenn die Anforderungen des Nachfolgenden im Arbeitsprozeß bzw. die Forderungen des Kunden erfüllt sind.

c) *Durchlaufzeit* = Zeit von der Anlieferung des Materials, des Inputs, bis zur Auslieferung (des Outputs an den externen oder internen Kunden)

Analysiert man die einzelnen Ablaufabschnitte der Durchlaufzeit, so wird häufig erkennbar, daß ein Großteil der Verweilzeit eines Produktes im Betrieb in Liege-, Transport- und Kontrollzeiten besteht. Der KVP bezieht sich hier insbesondere auf die Reduzierung der nichtwertschöpfenden Zeitanteile.

Eine Kennzahl zur Zielvorgabe der Durchlaufzeitoptimierung ist das *Durchlaufzeitverhältnis*:

$$\text{Durchlaufzeitverhältnis} = \frac{\text{Soll-Durchlaufzeit je Auftrag}}{\text{Ist-Durchlaufzeit je Auftrag}}$$

#### 5.3.1.6 Der kontinuierliche Verbesserungsprozeß in Gruppen

KVP ist in hohem Maße auf Gruppenarbeit angelegt. Die aktive Einbindung der Mitarbeiter in eine Gruppe dient gleichzeitig auch der Einbindung in den ständigen Verbesserungsprozeß. In der betrieblichen Praxis wird versucht, den Umdenkungsprozeß in kleinen Gruppen zu fördern.

In Kleingruppen (z. B. in Qualitätszirkeln) werden Arbeitsabläufe in der eigenen Arbeitsumgebung kontinuierlich analysiert und verbessert. Die Gruppe besteht aus Mitarbeitern, die in einem Aufgabenbereich zusammenarbeiten. Verschwendungen werden durch die Zusammenarbeit der Gruppenmitglieder reduziert bzw. beseitigt. Die Kleingruppe hat einen Gruppensprecher, der die Interessen der Gruppe nach außen vertritt. Durch die Gruppenarbeit lernt der Mitarbeiter, Probleme zu lösen, und verbessert auch seine Einstellung gegenüber seiner Arbeitsaufgabe.

Eine andere Gruppenart ist die sogenannte *QKL-Gruppe*, die sich aus Spezialisten verschiedener Funktionen zusammensetzt. Die Themen für die Gruppenaktivitäten von QKL-Gruppen werden von den Unternehmenszielen:

(1) Erhöhung der *Q*ualität,
(2) Verminderung der *K*osten,
(3) Verkürzung der *L*ieferzeit

abgeleitet.

Manche Betriebe sprechen von *Lernwerkstatt*, wenn sie ihre gruppenbezogenen KVP voranbringen wollen. Meist ist die Lernwerkstatt im Fertigungsbereich angesiedelt. Die Mitarbeiter einer Fertigungslinie, Montagegruppe o. ä. treffen sich in bestimmten Zeitabständen (in manchen Betrieben werden monatlich zwei Arbeitsstunden für jeden beteiligten Mitarbeiter bezahlt), um über die Reduzierung von Verschwendungen an Zeit, Material o. ä. zu beraten. Die Gruppe entscheidet unter Beachtung der allgemeinen betrieblichen Zielsetzungen, welches Thema behandelt, welches Problem untersucht werden soll.

*Zusammenfassung*

(1) Die Unternehmensziele werden als „Orientierungspunkte" für den KVP benutzt.
(2) Die Einbeziehung der Vorgesetzten, des Managements für die Zielsetzung und Umsetzung der Ergebnisse in die Praxis wird angeraten; ohne Commitment kann KVP nicht erfolgreich sein.
(3) In den Betrieben wird insbesondere die Veränderung der Einstellungen der Mitarbeiter als sehr wichtig bewertet.

### 5.3.2 Anregungen zur Entwicklung von Mitarbeiterinitiativen mit Hilfe des KVP

#### 5.3.2.1 Methodisches Vorgehen im KVP-Prozeß

*a) 5A-Kampagne*

Die 5A-Kampagne wurde aus der japanischen 5S-Bewegung (*Imai*, 1993) eingedeutscht. Dort wurde die Kaizen-Bewegung in 5 einfache Schritte gegliedert. Sie sollte überall zunächst eingeführt und dann als dauerndes Ziel beibehalten werden.

(1) *Seiri* = Aussortieren unnötiger Dinge
(2) *Seiton* = Aufräumen, jeder Gegenstand hat seinen Platz
(3) *Seiso* = Arbeitsplatz sauber halten
(4) *Seiketsu* = Anordnungen zur Regel machen
(5) *Shitsuke* = Alle Punkte einhalten und ständig verbessern

### *b) Verschwendung*

Das Erkennen und Beseitigen von Verschwendungen aller Art ist ein Wesensmerkmal von KVP. Unter Verschwendung versteht man sämtliche Tätigkeiten, die nicht zur Wertschöpfung beitragen. Wertschöpfend ist alles, was der Kunde zu zahlen bereit ist. Verschwendungen erkennt man durch Analysen der aktuellen Situation

Es lassen sich sieben Verschwendungsarten (japanisch: *Muda*) unterscheiden:

(1) Überproduktion. Verschwendung durch Überproduktion, d.h. die produzierte Menge übersteigt die Nachfrage. Die Verschwendung durch Überproduktion gilt als gravierendste Verschwendung, da sie die meisten anderen Verschwendungsarten bedingt.

(2) Überflüssige Transporte. Verschwendung durch Transporte, wenn Folgeschritte zu weit voneinander entfernt sind oder infolge der Überproduktion.

(3) Fehler. Verschwendungen durch Fehler, d.h. ihre Entstehungsursachen müssen erkannt und beseitigt werden.

(4) Bestände. Verschwendung durch Bestände als Folge der Überproduktion.

(5) Wartezeit. Verschwendungen durch Wartezeiten infolge hoher Umlaufbestände im Produktionsprozeß oder durch das Warten auf den Transport von zwischengelagerten Teilen.

(6) Bewegungen. Bewegungen der Mitarbeiter werden verschwendet, wenn Maschinen und Arbeitsplätze nicht ergonomisch konzipiert worden sind oder Arbeitsplätze zu weit auseinanderliegen.

(7) Innerhalb der Herstellung. Zu Verschwendungen innerhalb der Herstellung kann es durch die technische Ausstattung kommen.

### *c) Visuelles Management*

Die Visualisierung als Komponente des KVP ist wichtig für die Motivation der Mitarbeiter. So kann z.B. in jeder Abteilung das Ziel für die nächste Periode aufgezeigt und Schritt für Schritt der jeweilige Ist- mit dem Sollzustand verglichen werden. Auch die übergeordneten Firmenziele können visualisiert werden und zeigen auf, wofür der Mitarbeiter arbeitet.

### 5.3.2.2 Werkzeuge des KVP

Diese Werkzeuge des KVP sind statistischer Natur und dienen vordringlich dem Auffinden und der Analyse von Problemen, die durch den KVP gelöst werden sollen.

*Imai* (1993) empfiehlt:

(1) Das Pareto-Diagramm. Dieses Diagramm klassifiziert die Probleme nach ihren Ursachen und Vorkommen. Die Probleme werden als Balkendiagramme dargestellt, der Gesamtverlust = 100% gesetzt.

(2) Das Ursache-Wirkungs-Diagramm. Dieses Diagramm wird zur Darstellung der Eigenschaften von Prozessen oder Situationen und aller Faktoren verwendet, welche diese beeinflussen.

(3) Das Histogramm. Meßdaten weisen im Verlauf einer Zeitreihe häufig eine Spitze um einen definierten Wert auf. Die Varianz der Qualitätseigenschaften wird „Verteilung“ genannt. Ihre graphische Darstellung ist das Histogramm. Es ermöglicht, Probleme mittels einer Verteilungskurve, ihres Mittelwertes und der Art ihrer Streuung darzustellen.

(4) Kontrollkarten. Bei den Abweichungen, z.B. um den Sollwert, kann man zwischen zwei Arten unterscheiden: den unvermeidlichen Abweichungen, die unter normalen Bedingungen auftreten und solchen, deren Ursachen zurückverfolgt werden sollten. Letztere heißen „abnormale“ Abweichungen. Kontrollkarten ermöglichen es, abnormale Entwicklungen in Form von Kurven darzustellen. Sie unterscheiden sich insofern von anderen Kurven, als in ihrer Mitte sowie an ihrem oberen und unteren Rand Kontrollgrenzen eingezeichnet sind. Zur Darstellung der momentanen Situation des Prozesses und seiner Entwicklung werden auf der Kontrollkarte laufend die Ergebnisse von Stichprobenmessungen eingetragen.

(5) Das Streudiagramm. Im Streudiagramm werden die Werte von zwei zueinander in Beziehung stehenden Variablen bzw. Faktoren dargestellt. Die Verteilung der einzelnen Punkte in der Graphik ermöglicht Rückschlüsse über die Art der Beziehung oder Abhängigkeit der beiden Variablen bzw. Faktoren.

(6) Kurven. Hier gibt es je nach der gewünschten Darstellung und nach dem Zweck der Analyse viele Möglichkeiten. In Balkendiagrammen z.B. werden Werte in Form von parallelen Balken mitein-

ander verglichen, in Liniendiagrammen eine bestimmte Entwicklung über einen Zeitraum dargestellt. Kreisdiagramme zeigen den jeweiligen Anteil eines Teils (einer Stichprobe) innerhalb der Gesamtheit, und Spinnendiagramme helfen bei der zeitlichen Entwicklung von Werten (Ausprägungen).

(7) Prüfformulare. Sie dienen zur Darstellung der Ergebnisse von Routineprüfungen in Form einer Tabelle. *Imai* (1993) beschreibt auch eine andere Gruppe von Werkzeugen, wenn Daten noch nicht zur Verfügung stehen, etwa bei neuen Produktentwicklungen.

- *Beziehungsdiagramm.* Es dient zur Darstellung von Ursache-Wirkungs-Beziehungen zwischen Variablen (Faktoren).
- *Affinitätsdiagramm.* Dabei handelt es sich im wesentlichen um eine Brainstorming-Methode.
- *Baumdiagramm.* Das ist eine Erweiterung der Funktionsanalyse und kommt bei der Darstellung der Zusammenhänge zwischen Zielen und Maßnahmen zum Einsatz.
- *Das Matrixdiagramm.* Es zeigt die Zusammenhänge zwischen zwei verschiedenen Faktoren (Variablen). Es wird z.B. verwendet, um Qualitätsforderungen in technische Spezifikationen und dann in Produktionsforderungen zu übersetzen.
- *Diagramm zur Entscheidungsfindung.* Dabei handelt es sich um eine Operation-Research-Methode, die dazu beitragen soll, zu optimalen Entscheidungen zu kommen und unerwünschte Überraschungen zu minimieren.
- *Pfeildiagramm.* Die zur Umsetzung erforderlichen Schritte werden in Form eines Netzwerkes dargestellt.

#### 5.3.2.3 Förderung von Mitarbeiterinitiativen durch Entgeltgestaltung

Das Entgeltsystem sollte KVP-Aktivitäten bzw. Mitarbeiterleistungen anregen und gerecht honorieren.

Grundsätze zur Förderung von Mitarbeiterinitiativen durch Entgeltgestaltung:

- Das Entgelt muß erfolgsorientiert und nicht tätigkeitsorientiert gestaltet werden.
- Das Entgeltsystem muß eine hohe Änderungsflexibilität beinhalten.

- Durch die Transparenz des Entgeltsystems muß der Mitarbeiter rasch den Zusammenhang zwischen KVP-Aktivitäten und Entlohnung erkennen.

In bezug auf den KVP bieten sich vor allem zwei Möglichkeiten an, um zu Beurteilungskriterien für die Honorierung zu kommen:

(1) Tarifliche Beurteilungskriterien sind nach KVP-Gesichtspunkten neu zu definieren bzw. zu modifizieren. Die Tarifverträge sehen meist „Öffnungsklauseln“ vor, die es ermöglichen, tariflich vorgeschriebene Kriterien zu verändern.
(2) Spezielle KVP-Beurteilungskriterien sind einzuführen.

Bei der Entwicklung von Beurteilungskriterien müssen nicht zwingend möglichst viele, sondern zweckmäßige Kriterien ausgewählt werden. Diese sollten unter Berücksichtigung von Organisation, Tätigkeit, Produkt und Betriebsstruktur gesucht werden.

Die betrieblichen Verhältnisse können recht unterschiedlich sein. Deshalb erscheint es wenig sinnvoll, eine einheitliche Lösung für alle Betriebe anzustreben. Betriebs- bzw. tätigkeitsorientierte Beurteilungskriterien müssen aber durch entsprechende Betriebsvereinbarungen zwischen der Betriebsleitung und dem Betriebsrat beschlossen werden.

#### *5.3.2.3.1 Modifizierung tariflicher Beurteilungskriterien*

Als ein exemplarisches Beispiel für den Weg der Modifizierung tariflicher Bewertungskriterien nach KVP-Gesichtspunkten sollen metalltarifvertragliche Regelungen skizziert werden bezüglich Inhalt und Gewichtung.

Die Tarifverträge lassen in Verbindung mit der Öffnungsklausel den Unternehmen Freiräume für die Leistungsbeurteilung.

Gestaltungs- bzw. Lösungselemente

- Die Beurteilung kann individuell oder kollektiv durchgeführt werden, somit werden gruppenbezogene Kriterien im Kollektiv angewandt und individuelle Kriterien, um den einzelnen zu beurteilen können.
- Der Kriterienblock tarifliche und KVP-Kriterien bedeutet, daß die KVP-Kriterien zusätzlich zu den tariflichen Kriterien eingesetzt werden.

| Kriterien | Gewichtung in Prozent (max.) |
|---|---|
| **Arbeitsqualität** | **20 %** |
| • Reduzierung der Fehlerquote durch Teamarbeit | |
| • Erreichte Güte durch KVP-Aktivitäten | |
| • Beachten von Arbeitsanweisungen | |
| • Einhalten der gesetzten Standards | |
| **Arbeitseinsatz** | **30 %** |
| • Aktivität/Initiative zu KVP-Maßnahmen | |
| • Kostenbewußtsein bei Problemlösung | |
| **Arbeitssorgfalt** | **20 %** |
| • Zuverlässiges, kostenbewußtes Verhalten | |
| • Sauberkeit, Sicherheit | |
| **Zusammenarbeit** | **30 %** |
| • Informationsaustausch bei Verbesserungen | |
| • Unterstützung anderer bei KVP-Aktivitäten | |
| • Mitarbeiter bei KVP-Arbeit führen, anweisen, unterstützen | |

- Die Zeiträume der Beurteilungen können verschieden sein, etwa die tarifliche Beurteilung einmal jährlich, die Beurteilung anhand von KVP-Kriterien mindestens zweimal jährlich.

Zusätzlich zu dem bekannten und weit verbreiteten *Zeitlohn* ohne/mit Leistungsbewertung, *Akkordlohn* und *Prämienlohn* sollten auch andere Entgeltsysteme für KVP-Aktivitäten geprüft werden: *Bonussystem*, *Kontrakt-* bzw. *Pensumlohn* und *Programmlohn.*

#### *5.3.2.3.2 Bonussystem*

Gegenwärtig genießt das Bonussystem eine gesteigerte Beliebtheit in den Unternehmungen. Der Bonus wird dabei als Zulage zum bestehenden Entgeltsystem gezahlt. Die meßbaren Kennzahlen dieser Entlohnungsform werden analog der Prämienentlohnung konzipiert. Bei dieser Lohnform werden bestimmte Ziele vorgegeben bzw. mit dem Mitarbeiter vereinbart, die in einem bestimmten Zeitraum erfüllt werden müssen. Vorab kann ein festgelegter Bonusanteil an die Mitarbeiter bezahlt werden. Anhand der festgelegten Kennzahlen wird die Zielerreichung kontrolliert, wobei bei Nichterreichung der vereinbarten Ziele die darauffolgende Vergütung entsprechend gekürzt wird.

Das Bonussystem hat die Zielerreichung der Mitarbeiter zu honorieren. Die Bonushöhe hängt von dem Grad der Zielerreichung ab. Die zeitliche Zielvorgabe sollte maximal sechs Monate betragen, damit die Mitarbeiter den direkten Zusammenhang zwischen Entgelt und ihren KVP-Aktivitäten erkennen können.

#### *5.3.2.3.3 KVP-orientierte Entgeltgestaltung*

Das nachstehende Konzept einer KVP-orientierten Entgeltgestaltung ist nicht mehr als eine Anregung und müßte noch an die spezifischen betrieblichen Gegebenheiten adaptiert werden.

Unser Vorschlag enthält drei Komponenten:

1. Ein anforderungsabhängiges Grundentgelt (Grundvergütung, Tarifgehalt, zeitabhängigen Stundenlohn o. ä.) z. B. auf der Grundlage einer summarischen oder analytischen Arbeitsbewertung.
2. Einen leistungsabhängigen Entgeltanteil, auf dem Wege der Leistungsbeurteilung, z. B. durch eine mindestens 2malige Beurteilung durch den Vorgesetzten im Jahr. KVP-abhängige Kriterien könnten z. B. sein: Arbeitsqualität; Problemlösungsverhalten; Initiative/Engagement; Kommunikationsbereitschaft/Zusammenarbeit.
3. Einen Zielvereinbarungsbonus, z. B. Gruppenbonus bei Erreichung der Zielvereinbarung (Kennzahl) mit gleichmäßiger Aufteilung unter den Gruppenmitgliedern oder Einzelbonus bei Einzelarbeitsplätzen.

### 5.3.3 Lernbausteine* zur Qualifizierung der Mitarbeiter, zur Förderung der Teamarbeit und zur Steigerung von Qualität und Effizienz

Das Ziel von Lernbausteinen in einem „lernenden Unternehmen“ ist es, in Gruppengesprächen Wissen und Fertigkeiten zu vermitteln und die Mitarbeiter weiterzuqualifizieren. Durch Lernbausteine soll die Effizienz betrieblicher Gruppenarbeit gefördert werden.

---

* Diese Konzeption entstand im Rahmen der Diplomarbeit von *Markus Birner*, unter der Betreuung des Autors in enger Zusammenarbeit mit dem Veränderungspromotor der BMW AG, Herrn *Dr.-Ing. H. Grof.*

Ein Lernbaustein ist ein Instrument zur Einbeziehung der Mitarbeiter in den betrieblichen Innovations- bzw. Rationalisierungsprozeß. Er verbindet die Vorteile der Gruppen- bzw. Teamarbeit mit der Konzeption des kontinuierlichen Verbesserungs-Prozesses (KVP).

Die Anwendung von Lernbausteinen bietet sich an, wenn

- die Arbeitsgruppe (-team) mit einem neuen (bisher ungelösten) Problem konfrontiert wird,
- der Vorgesetzte eine Arbeitsgruppe für neue, veränderte Anforderungen qualifizieren will,
- der Gruppensprecher (Teamleiter, Gruppenführer) Hilfe für seine Kollegen anfordert, um das Leistungsziel (streßärmer) erreichen zu können.

*Birner* (1997) beschreibt folgende Ziele der Lernbausteine:

- Unterstützung und Förderung der Gruppe auf dem Wege zur Zielerreichung;
- Verstärkung des Teamgedankens als Grundlage der Zusammenarbeit;
- Vermittlung von Kenntnissen und Fertigkeiten, damit die Gruppe leistungsfähiger wird und bessere Qualität erbringen kann;
- Vermittlung von Hintergrundwissen, damit die Mitarbeiter ihren Arbeitsplatz und das Produkt besser kennenlernen;
- Verbesserung des Gruppengesprächs;
- Förderung des kostenorientierten Denkens und Handelns am Arbeitsplatz;
- Verbesserung des flexiblen Personaleinsatzes (u.a. auch in der Arbeitsgruppe);
- schrittweise Weiterqualifizierung in der gewohnten Arbeitsumgebung;
- Verbesserung des Gruppen- bzw. Betriebsklimas;
- positivere Einstellung zur Arbeitsaufgabe;
- schnellere Umsetzung von Veränderungen.

#### 5.3.3.1 Ablauf eines Lernbausteins

Lernbausteine haben einen Prozeßcharakter, ähnlich wie der KVP-Prozeß. Sie dienen insbesondere der Sicherung und Stützung des Zielerreichungsprozesses.

*Vorbereitungsphase*

Dieses „Thema" ist – in der Regel vom Gruppensprecher (bzw. Moderator) so aufzubereiten, daß die allgemeinen Zielsetzungen: Wissens- bzw. Fertigkeitenvermittlung, Qualifikation der Mitarbeiter und Maßnahmenableitung erfüllt werden.

Jeder Gruppensprecher (Moderator, Vorgesetzter) sollte ein Gruppensprecher-Training absolviert haben. Schwerpunkte dieses Trainings sollten sein:

- Visualisierung
- Moderation und
- Hilfsmittel der Moderation.

„Ein Bild sagt mehr als tausend Worte" – für die Arbeit mit Lernbausteinen bedeutet diese alte Erfahrung, zu visualisieren. Visualisierung ist die bildhafte Darstellung von Fakten, Daten, Zahlen, Beurteilungen, Meinungen u. ä. Hilfsmittel sind Werkzeuge, die dem Gruppensprecher/Vorgesetzten helfen sollen, Probleme zu lösen.

Es lassen sich drei Schritte unterscheiden:

*1. Schritt:* In einem problemeinführenden Gespräch wird der Lernbaustein in der Regel vom Gruppensprecher der Arbeitsgruppe vorgestellt. Daran schließt sich die Diskussion der Gruppenmitglieder an, wie der Lernbaustein einzusetzen bzw. umzusetzen ist, um das Problem der Gruppe zu lösen. Die im Lernbaustein enthaltenen Hilfsmittel werden auf ihre Anwendbarkeit überprüft.

Ein Beispiel hierzu gibt der Lernbaustein „Ordnung und Sauberkeit am Arbeitsplatz" (unten 5.3.3.2).

*2. Schritt*: Im nächsten Gruppengespräch (nach ca. 2 Wochen) folgt das Nachgespräch, in dem die einzuführenden Hilfsmittel festgeschrieben werden. In dem dazwischenliegenden Zeitraum (ca. 2 Wochen) haben die Gruppenmitglieder Gelegenheit, Erfahrungen mit den Hilfsmitteln zu sammeln. Wichtig ist, daß alle Gruppenmitglieder die Hilfsmittel akzeptieren und anwenden. Das Ziel ist: „Aktion und Nachhaltigkeit".

*3. Schritt:* Viele Probleme treten erst nach Wochen bei der Umsetzung des Lernbausteins auf. Deshalb sollte nach 2–3 Monaten ein Rückblick erfolgen, in dem die eingeführten Hilfsmittel überprüft werden.

Die Gruppe stellt sich folgende Fragen:

- Wurden die eingeführten Hilfsmittel angewendet?
- Woran scheiterte die optimale Durchführung?
- Sind Verbesserungen notwendig? Wenn ja: Welche?

#### 5.3.3.2 Struktur des Lernbausteins

Jeder Lernbaustein besteht aus drei Elementen:

1. Schulungsunterlagen zur Unterstützung der Gespräche in bzw. mit der Arbeitsgruppe mit Basisinformationen für den Gruppensprecher (bzw. Vorgesetzten)
2. Ein methodischer Leitfaden enthält Vorschläge für eine mögliche Vorgehensweise für den Gruppensprecher bzw. Vorgesetzten.
3. Hilfsmittel, z. B. Kopierunterlagen und Hinweise für die Gestaltung von Flipcharts für die Arbeitsgruppe.

*Beispiel eines Lernbausteins:*
*„Ordnung und Sauberkeit am Arbeitsplatz"*

Dabei wurden als methodische Hilfsmittel die „5 A's" und eine „Begehung vor Ort" eingesetzt.

*a) Die 5 A's*

- *Aussortieren* unnötiger Dinge wie Werkzeuge, Vorrichtungen, Teile, Formulare, Papier, Ordner u. ä., die nicht mehr gebraucht werden. Dadurch entsteht mehr Platz im Arbeitsumfeld, und man kann sich wieder auf das Wichtige konzentrieren.
- *Aufräumen.* Bereitstellung der notwendigen Dinge am richtigen Platz (bei Bedarf griffbereit). Durch exakt markierte Stellflächen, Regale, Arbeitstische u. ä. können zeitraubende Suchvorgänge erspart werden. Die Arbeit wird dadurch sicherer und effektiver.
- *Arbeitsplatz sauberhalten.* Jeder Gruppenangehörige hält an seinem Arbeitsplatz, seinen Betriebsmitteln Sauberkeit und Ordnung. So werden Mängel an Arbeitsplatz und Betriebsmitteln frühzeitig entdeckt.
- *Allgemeine Standards erarbeiten.* Ein Standard ist z. B. eine von allen akzeptierte Arbeitsweise, eine Arbeit auszuführen. Bei der

Veränderung eines Standards wird der erarbeitete neue Zustand/ Verbesserung zum Standard.
- *Alle A's einhalten* und ständig verbessern erfordert persönliche Steuerung (Selbstdisziplin).

*b) Begehung vor Ort anhand von Checklisten, z. B. für den Lernbaustein „Ordnung und Sauberkeit"*

- *Fahrwege und Tore:* Sind Fahr- und Fluchtwege frei? Keine Stolperstellen oder Verschmutzungen vorhanden? Türen nicht verstellt? Fahrwegkreuzungen nicht verstellt?
- *Arbeitsplätze*: Werden Ordnung und Sauberkeit eingehalten, insbesondere bei Werkzeugen, Einrichtungen, Material? Befinden sich an den Arbeitsplätzen Nahrungsmittel?
- *Kennzeichnungen*: Sind alle Behälter und Gitterboxen gekennzeichnet? Sind alle Gefahrenbereiche gekennzeichnet?
- *Abfall*: Sind die Abfallkörbe überfüllt? Sind Spänewagen überfüllt? Wird Mülltrennung eingehalten (Spänewagen, Papierkörbe)?
- *Pausenräume*: Pausenräume/Brotzeitecken sauber? Leergut in Kästen?
- *Toiletten*: Genügend Toilettenpapier? Sauber?
- *Außenbereiche*: Treppenhäuser sauber, nicht verstellt? Hinweisschild vorhanden?

#### 5.3.3.3 Ablauf eines Gruppengesprächs im Rahmen eines Lernbausteins

Die Wissensvermittlung findet im Rahmen eines Gruppengesprächs statt. Der Gruppensprecher vermittelt das von ihm erarbeitete Wissen (Informationen) während des Gruppengesprächs im Dialog an seine Gruppenmitglieder. Er stellt den Lernbaustein vor und erarbeitet mit seiner Gruppe die gruppenspezifischen Hilfsmittel. Alle Gruppenmitglieder sind in das Gespräch einzubeziehen, weil ja jedes Gruppenmitglied dann eine „Rolle zu spielen" hat.

Der Wissenstransfer findet in einem solchen Gruppenlehrgespräch statt. Es sollte aus pädagogischen, aber auch aus organisatorisch-prozeßbedingten Gründen (das Gruppengespräch bedeutet ja auch eine Arbeitsunterbrechung) auf maximal 60 Minuten beschränkt werden. Bei einer umfangreicheren Themenstellung, etwa der Einführung des KVP könnten drei Gruppengespräche von je 45 Minuten durchgeführt werden.

Dieses Lehrgespräch in der Gruppe läßt sich in vier Abschnitte gliedern: Vorbereitung – Einführung – Wissensvermittlung – Umsetzung in die Praxis.

### 5.3.3.4 Vorbereitung des Gruppengesprächs

Der Erfolg eines Gruppengespräches hängt ganz entscheidend von einer sorgfältigen Vorbereitung ab.

Eine gründliche Vorbereitung bringt:

- größere persönliche Sicherheit im Auftreten,
- die Chance auf einen störungsfreien Ablauf,
- die Möglichkeit einer auf die Gruppe abgestimmten Visualisierung,
- eine größere thematische Klarheit,
- gezielte Informationen und Detailkenntnisse.

Der Gruppensprecher ist auf das Gruppengespräch vorbereitet, wenn er Vorbereitungen für die Teilbereiche

- Thema erfaßt,
- Ziel erkannt,
- Inhalt auf Ziel abgestimmt,
- Ablauf durchdacht

getroffen hat.

*Einarbeitung in den Lernstoff*

Als erstes empfiehlt es sich, die Schulungsunterlagen – soweit schon vorhanden – durchzuarbeiten. Dadurch wird der Gruppensprecher an das Thema herangeführt und findet u. a. auch Informationen und Anregungen zur gruppenspezifischen Vertiefung des Lernstoffes. Gespräche mit Fachleuten anderer Gruppen und Vorgesetzten sollten erwogen werden; ein Tip oder Ratschlag von „Externen“ vermag möglicherweise neue Gesichtspunkte bzw. Anregungen zu bringen. Wichtig bleibt aber, daß die Inhalte, Beispiele und Hilfsmittel auf die Gruppe abgestimmt werden.

Es ist nicht die Aufgabe des Gruppensprechers, möglichst viel anzusprechen, sondern dafür Sorge zu tragen, daß die Gruppe ihr Lernziel erreicht. Das Lernziel wurde ja gewählt, um ein Problem der Gruppe zu lösen, einen dringenden Lernbedarf zu befriedigen. Auch hier gilt die Erfahrung: „Weniger ist oft mehr!“

*Auswahl der Arbeitsmedien*

Der nächste Vorbereitungsschritt ist die Auswahl der Medien. Oft ist dabei der Gruppensprecher durch die Räumlichkeiten und örtlichen Gegebenheiten in seinen Möglichkeiten eingeschränkt. Der Gruppe zur Verfügung stehen sollte aber in jedem Falle: Flipchart, Pinwand und Overhead-Projektor.

Wenn noch kein ausgearbeiteter Lernbaustein vorhanden ist, sollten die nachstehenden Empfehlungen die Erstellung des Lernbausteins unterstützen:

(1) Lernziel festlegen. Wenn das Problem und der Lernbedarf beschrieben vorliegen, ist das Lernziel zu definieren. Dazu könnten die Fragen:

- Was soll erreicht werden?
- Was müssen die Gruppenmitglieder wissen?
- Wozu will ich die Gruppe motivieren?

beitragen.

(2) Aufbereitung des Lernstoffes. Die inhaltliche Aufbereitung des Lernstoffs kann in drei Schritten erfolgen:

- Stoff sammeln und selektieren (Auswählen der Lerninhalte);
- Stoff methodisch aufbereiten (Reduzieren der ausgewählten Inhalte auf das Wesentliche);
- Visualisieren.

### 5.3.3.5 Einführung in das Gruppengespräch

Ein partnerschaftlicher Umgang untereinander erfordert, daß der Gruppensprecher der Gruppe das Lernziel nicht aufoktroyiert, sondern mit ihr das Lernziel vereinbart. Er könnte der Gruppe das Lernziel zur Lösung des Gruppenproblems anbieten und sich für Ergänzungen bzw. Abänderungen offen zeigen, d. h. mit den Kollegen darüber sprechen.

Das Hauptziel dieses ersten Lernschrittes ist es, Motivation und Aufmerksamkeit zu sichern. Mögliche Wege dazu sind:

- Den persönlichen Nutzen für den einzelnen, für dic Gruppc aufzeigen: „Was habe ich, was hat die Gruppe davon?“
- Persönliche Betroffenheit klarlegen: „Das geht auch mich, die Gruppe etwas an.“
- Provozierende, Aufmerksamkeit erweckende Fragen stellen.

Motivierend wirkt oft auch eine Vertiefung des Problembewußtseins durch eine Ortsbegehung, die die Notwendigkeit einer Veränderung deutlich macht.

#### 5.3.3.6 Wissensvermittlung

Ein erster Schritt sollte zur Festigung und Vertiefung des bereits vorhandenen Wissens dienen.

Die Wissensvermittlung sollte durch:

- Visualisierung des Stoffes,
- Abwechslung in den Medien

unterstützt werden.

Das gesamte zu vermittelnde Wissen, das Lernziel, sollte in überschaubare Teilschritte zerlegt werden. Nach jedem Teilschritt sollten die wesentlichsten Punkte zusammengefaßt werden.

#### 5.3.3.7 Umsetzung in die Praxis

„Der erste Eindruck ist entscheidend, und der letzte bleibt.“ Diese pädagogische Einsicht sollte genutzt bzw. umgesetzt werden.

Ein wesentlicher Faktor jedes Lernbausteins ist die Förderung und Unterstützung der Gruppenarbeit. Die Umsetzung des erarbeiteten Wissens in der betrieblichen Aufgabenerledigung muß sichergestellt werden. Diesem Zweck dient die Gesamtzusammenfassung, die klare Fixierung von erarbeiteten Hilfen, die Benennung von „Kümmerern“ für definierte Teilaufgaben und das Aufstellen von Rahmenbedingungen für die Hilfsmittel.

#### 5.3.3.8 Organisation des Gruppengesprächs im Rahmen eines Lernbausteins

Zu einer guten Vorbereitung eines Gruppenlehrgesprächs zählt auch die sorgfältige Organisation der Durchführung. So muß geklärt werden, ob ein geeigneter Raum zum geplanten Zeitpunkt genutzt werden kann. Vorbereitet werden muß in diesem Zusammenhange auch eine geeignete Sitzordnung, etwa ein Sitzkreis, um gute Kommunikationsbedingungen zu haben, so daß jeder jeden sehen kann

Zur Organisation der Präsentation gehört auch die Planung der *Medien.*, d. h. die Bereitstellung von Pinwand, Flipchart und Overhead-Projektor; Verfügbarkeit, Funktion und Aufstellungsort sind zu prüfen. Nicht zu vergessen ist die *Einladung der Gruppenmitglieder*, vor allem aber der externen Experten, wenn diese benötigt werden, um ein spezifisches Problem zu bearbeiten. Aber auch an die *kopierten Unterlagen* oder an unterstützendes *Anschauungsmaterial* (z. B. Werkzeuge, Teile, Baugruppen o. ä.) ist zu denken. Der Erfolg des Gruppenlehrgesprächs hängt nicht zuletzt von der persönlichen (methodischen) Vorbereitung des Vortragenden bzw. moderierenden Gruppensprechers ab.

# Literaturverzeichnis


Alioth, A. Die Gruppe als Kern der Organisation. Olten 1993

Antoni, C. H. Gruppenarbeit im Unternehmen. Weinheim 1994

Arnold, J. E. Useful creative technique. In: Parnes/Hardney (eds.) Source book of creative thinking. New York 1962

Barron, F. Personality style and perceptual choice. J. of Pers. 1952, 20

Berkel, K. Konflikttraining. Heidelberg 1997

Birner, M. Qualifizierungskonzept Gruppenarbeit in der Produktion mit Lernbausteinen (unveröffentlichte Diplomarbeit FH München) 1997

Blanched, K. Der Minuten Manager: Führungsstile. Hamburg 1995

ders. Der Minutenmanager schult Hochleistungsteam. Hamburg 1992

Brugger, W. Philosophisches Wörterbuch. Freiburg 1971

Buber, M. Das Problem des Menschen. München/Heidelberg 1954

Carnegie, D. Wie man Freunde gewinnt. Bern/München 1979

Dries, G. M. Kreativität. Heidelberg 1962

Dunker, R. One problem-solving. Psych. Monogr., 48, 1948

Fittkau-Garthe, H./Fittkau, B. Fragebogen zur Vorgesetzten-Verhaltens-Beschreibung. Göttingen 1971

French, J. P. R./Raven, B. The bases of social power. In: Cartwright, D. (ed.) Studies of social power. Ann. Arbor/Mich. 1959

Grob, R./Haffner, H. Planungsleitlinien Arbeitsstrukturierung. Berlin 1983

| | |
|---|---|
| Grof, H. | Entwicklung der Motorenfertigung der BMW AG; Vortrag an der FH München 1997 |
| ders. | Gruppenarbeit im Motorenbau. München 1992 (zit. Nach Birner 1997) |
| Guilford, J.P. | Persönlichkeit. Weinheim 1965 |
| Haffner, H. | Planungsleitlinien Arbeitsstrukturierung. Berlin 1983 |
| Halder, H. | Kleines philosophisches Wörterbuch. Freiburg 1958 |
| Harris, Th. | Ich bin ok – Du bist ok. Hamburg 1975 |
| Hasenack, W. | Arbeithumanisierung und Betriebswirtschaft Fließband und Gruppenarbeit im Wettbewerb. München 1977 |
| Heckhausen, H. | Motivation und Handeln. Berlin 1980 |
| Herzberg, F. | Work and the nature of man. Cleveland/ New York 1967 |
| Imai, M. | Kaizen. Der Schlüssel zum Erfolg der Japaner im Wettbewerb. München 1993 |
| Jaspers, K. | Allgemeine Psychopathologie. Berlin, Heidelberg 1948 |
| Jonas, H. | Das Prinzip der Verantwortung. Frankfurt 1982 |
| Kiefer, J. | Grundwertorientierte Unternehmenspolitik und ethisches Vorbild der Führungskraft. Vortrag vor dem oberen Führungskreis der BMW AG, München 1982 |
| Klebert, K./ Schrader, E./ Straub, W. | Moderationsmethode. Hamburg 1991 |
| Knebel, H./ Schneider, H. | Die Stellenbeschreibung. Heidelberg 1997 |
| Korff, E. | Technik und Psychologie erfolgreicher Gesprächsleitung und Diskussion. München 1974 |
| Korff/Schmidt | Menschen beurteilen und Menschen führen. Heidelberg 1983 |

Landau, E. Psychologie der Kreativität. München, Basel 1974

Lersch, Ph. Der Mensch als soziales Wesen. München 1964

ders. Der Aufbau der Person. München 1964

Lowenfeld, V. Creativity. In: Parnes/Hardney (eds.) A source book of creative thinking. New York 1962

Mackenzie, A. Die Zeitfalle. Heidelberg 1995

Maslow, A. H. Motivation and Personality. New york 1981

McGregor, D. Der Mensch im Unternehmen. Düsseldorf 1971

Müller, M./ Halder, H. Kleines pilosophisches Wörterbuch. Freiburg 1958

Neuberger, O. Miteinander arbeiten – miteinander reden. Schrift des Bayerischen Staatsministeriums für Arbeit und Sozialordnung. München 1981

Peters, Th. J./ Watermann, R. H. Auf der Suche nach Spitzenleistungen. Landsberg/L. 1984

Pieper, J. Über das christliche Menschenbild. München 1964

Raven, B. The bases of social power. In: Cartwright, D. (ed.) Studies of social power. Am. Arbor. Mich. 1959

Remplein, H. Psychologie der Persönlichkeit. München 1967

Roos, P. Die zweite Revolution in der Automobilindustrie. Frankfurt 1991

Rosner, L. Moderne Führungspsychologie. München 1983

Rüttinger, R. Transaktionsanalyse. Heidelberg 1999

Sahm, A. Was Führungskräfte heute zur Leistung motiviert. Kissing 1981

Scanlan, B. K. Erfolgreiche Mitarbeitermotivierung. München 1973

| | |
|---|---|
| Schmidt, W. | Vorgesetztenpersönlichkeit. Frankfurt/M./ Bern/Cichester 1979 |
| ders. | Der Führungsstil als Mittel zur Realisierung betrieblicher Ziele. Darmstadt 1985 |
| ders. | Führungsethik. Heidelberg 1986 |
| ders. | Wie führe ich richtig? Düsseldorf 1990 |
| ders. | Akzeptiertes Führungsverhalten. Heidelberg 1996 |
| ders. | Führungs-Einstellungs-Test (Computertest über Fa. Schuhfried) Mödling 1997 a |
| ders. | Entwicklung zur Führungspersönlichkeit. Heidelberg 1997 b |
| Seiwert, L. J. | Mehr Zeit für das Wesentliche. Landsberg/ L. 1993 |
| Siemens AG | „Das 3 i-Programm. 1997 |
| Siemens AG (Hrsg.) | Organisationsplanung. München 1979 |
| Sikora, J. | Die neuen Kreativitäts-Techniken. München 1972 |
| Stoewer, G. | Motivierungshilfen aus der Praxis. Heidelberg 1986 |
| Strehle, H. | Mienen, Gesten und Gebärden. München/ Basel 1974 |
| Strohal, R. | Autorität. Freiburg 1955 |
| Szondi, L. | Lehrbuch der experimentellen Triebdiagnostik. Bern/Stuttgart/Wien 1972 |
| Ulrich, H. | Delegation. In: Grochla (Hrsg.) Handbuch der Organisation. Stuttgart 1973 |
| Wallas, G. | Art of thought. New York 1962 |
| Watermann, R. H. | Auf der Suche nach Spitzenleistungen. Landsberg/L. 1984 |
| Weber, M. | Wirtschaft und Gesellschaft. Köln, Berlin 1984 |
| Zwicky, F. | Entdecken, Erfinden, Forschen im morphologischen Weltbild. München, Zürich 1966 |

# Sachregister